银行业专业人员职业资格考试辅导系列

个人贷款(中级)

过关必做1000题(含历年真题)

(第2版)

主编：圣才学习网
www.100xuexi.com

中国石化出版社

内 容 提 要

本书是一本银行业专业人员职业资格考试科目“个人贷款(中级)”过关必做习题集。本书遵循最新版个人贷款(中级)考试大纲的章目编排，共分为8章，根据最新版《个人贷款》教材内容及相关法律法规精心编写了约1000道习题，包括历年机考真题。所选习题基本涵盖了考试大纲规定需要掌握的知识内容，侧重于选编常考重难点习题，并对大部分习题进行了详细的分析和解答。

圣才学习网(www.100xuexi.com)提供银行业专业人员职业资格考试辅导方案【视频课程、电子书、题库等】。购书即可享受大礼包增值服务【本书电子书(手机版、电脑版)】。手机扫码(本书封面右上角)领取本书大礼包。

图书在版编目(CIP)数据

个人贷款(中级)过关必做1000题:含历年真题/圣才学习网主编.—2版.—北京:中国石化出版社，2018.11(2021.5重印)
银行业专业人员职业资格考试辅导系列
ISBN 978-7-5114-5043-2

Ⅰ.①个… Ⅱ.①圣… Ⅲ.①个人-贷款-中国-资格考试-习题集 Ⅳ.①F832.479-44

中国版本图书馆CIP数据核字(2018)第228150号

中国石化出版社出版发行
地址:北京市东城区安定门外大街58号
邮编:100011　电话:(010)57512500
发行部电话:(010)57512575
http://www.sinopec-press.com
E-mail:press@sinopec.com
武汉市盛宏源印务有限公司印刷
全国各地新华书店经销
*
787×1092毫米16开本12印张299千字
2019年1月第2版　2021年5月第2次印刷
定价:48.00元

序　言

为了帮助考生顺利通过银行业专业人员职业资格考试，我们根据最新考试大纲和指定参考教材精心编写了银行业专业人员职业资格考试辅导系列。

1. 银行业法律法规与综合能力(中级)过关必做1200题(含历年真题)
2. 银行业法律法规与综合能力(中级)历年真题与考前押题详解
3. 个人理财(中级)过关必做1200题(含历年真题)
4. 个人理财(中级)历年真题与考前押题详解
5. 公司信贷(中级)过关必做1000题(含历年真题)
6. 公司信贷(中级)历年真题与考前押题详解
7. 个人贷款(中级)过关必做1000题(含历年真题)
8. 个人贷款(中级)历年真题与考前押题详解
9. 风险管理(中级)过关必做1000题(含历年真题)
10. 银行管理(中级)过关必做1000题(含历年真题)

本书是银行业专业人员职业资格考试科目“个人贷款(中级)”过关必做习题集。本书遵循最新版个人贷款(中级)考试大纲的章目编排，共分为8章，根据最新版《个人贷款》教材内容及相关法律法规精心编写了约1000道习题，包括历年机考真题。所选习题基本涵盖了考试大纲规定需要掌握的知识内容，侧重于选编常考重难点习题，并对大部分习题进行了详细的分析和解答。

购书即可享受大礼包增值服务。手机扫码(本书封面右上角)领取本书大礼包。具体包括：本书电子书(手机版、电脑版)。

与本书相配套，圣才学习网提供银行业专业人员职业资格考试视频课程、电子书、题库。

圣才学习网(www.100xuexi.com)是一家为全国各类考试和专业课学习提供名师视频课程、电子书、题库等全方位教育服务的综合性学习型视频学习网站，拥有近100种考试(含418个考试科目)、194种经典教材(含英语、经济、管理、证券、金融等共16大类)，合计近万小时的面授班、网授班课程。

资格考试：www.100xuexi.com(圣才学习网)
考研辅导：kaoyan.100xuexi.com(圣才考研网)

圣才学习网编辑部

目　录

第一章　个人贷款概述

一、单选题（下列选项中只有一项最符合题目的要求）

1. 以下关于个人贷款分类的说法中不正确的是（　　）。［2020 年 10 月真题］

A. 按照业务处理渠道不同，个人贷款可分为传统线下个人贷款以及线上个人贷款

B. 根据产品用途分类，个人贷款产品可分为个人消费类贷款和个人经营类贷款

C. 根据是否有担保的不同，个人贷款可分为个人抵押贷款和个人信用贷款

D. 按照业务载体的不同，个人贷款可分为传统个人贷款以及信用卡个人贷款

【解析】C 项，根据是否有担保的不同，个人贷款可以分为有担保贷款和无担保贷款。其中，前者包括个人抵押贷款、个人质押贷款和个人保证贷款，后者即个人信用贷款。

2. 以下关于个人贷款利率的说法中，错误的是（　　）。［2018 年 10 月真题］

A. 基准利率是央行用于调节社会经济和金融体系运转的货币政策之一，是各国利率体系的核心

B. 贷款利率是衡量利息高低的指标，也被称为货币资本的价格

C. 贷款利率是借款人为取得货币资金的使用权而支付给银行的价格

D. 贷款利率是一定时间内贷款利息额与贷款本息的比率

【解析】利率是一定时期内利息额与本金的比率，公式表示为：利率 = 利息额/本金，它是衡量利息高低的指标，有时也被称为货币资本的价格。

3. 使用等额本息还款法的贷款，每月还款额中（　　）。［2018 年 6 月真题］

A. 利息逐月递增，本金保持不变　　B. 利息逐月递减，本金逐月递增

C. 利息逐月递减，本金保持不变　　D. 利息逐月递增，本金逐月递减

【解析】等额本息还款法是每月以相等的额度偿还贷款本息，其中归还的本金和利息的配给比例是逐月变化的，利息逐月递减，本金逐月递增。

4. 关于个人质押贷款的特点，表述错误的是（　　）。［2017 年 6 月真题］

A. 贷款风险高，风控的重点是保证质物的真实价值充足、变现性强

B. 可在柜台办理，操作流程短

C. 质物范围广泛

D. 办理时间短，手续简便

【解析】个人质押贷款风险较低，担保方式相对安全。由于借款人需将价值充足、变现性强的权利凭证质押给银行，银行贷款风险较低，担保方式相对安全，此类贷款的风险控制重点是关注质物的真实性、合法性和可变现性，防范操作风险。

5. 下列关于个人贷款的表述，错误的是（　　）。［2017 年 6 月真题］

A. 个人贷款虽然风险权重高，但综合收益也较高

B. 个人贷款合同关系中，一般一方是贷款人，另一方主体是自然人

1C　2D　3B　4A　5A

C. 个人贷款业务对商业银行调整信贷结构、提高信贷资产质量起到了促进作用

D. 个人贷款可以成为商业银行分散风险的资金运用方式

【解析】《商业银行资本管理办法(试行)》规定，权重法下计量信用风险加权资产时，对个人住房抵押贷款风险设定权重为50%，对个人其他债权的风险权重设定为75%。然而，一般公司类贷款风险权重目前为100%。

6. 关于个人住房贷款，下列说法错误的是(　　)。[2016年11月真题]

A. 公积金个人住房贷款不以营利为目的，实行“低进低出”的利率政策，带有较强的政策性，贷款额度不受限制

B. 个人住房贷款包括自营性个人住房贷款、公积金个人住房贷款和个人住房组合贷款

C. 个人住房组合贷款是指按时足额缴存住房公积金的职工在购买、建造或大修住房时，可以同时申请公积金个人住房贷款和自营性个人住房贷款

D. 个人住房贷款是指银行向自然人发放的用于购买、建造和大修理各类型住房的贷款

【解析】公积金个人住房贷款不以营利为目的，实行“低进低出”的利率政策，带有较强的政策性，贷款额度受到限制。

7. 对于1年以内(含)个人贷款的展期(　　)。[2016年11月真题]

A. 展期期限累计不得超过原贷款期限

B. 展期期限累计与原贷款期限相加，不得超过三倍的原贷款期限

C. 展期期限累计与原贷款期限相加，不得超过该贷款品种规定的最长贷款期限

D. 展期期限累计不得超过该贷款品种规定的最长展期期限

【解析】一年以内(含)的个人贷款，展期期限累计不得超过原贷款期限；一年以上的个人贷款，展期期限累计与原贷款期限相加，不得超过该贷款品种规定的最长贷款期限。

8. 到期一次还本付息法一般适用于期限为(　　)的个人贷款。[2016年11月真题]

A. 1年以内(含1年)　　B. 1年以上(含1年)

C. 1年以内(不含1年)　　D. 1年以上(不含1年)

【解析】到期一次还本付息法又称期末清偿法，指借款人需在贷款到期日还清贷款本息，利随本清。此种方式一般适用于期限在1年以内(含1年)的贷款。

9. 关于个人经营类贷款，下列说法错误的是(　　)。[2016年11月真题]

A. 个人商用房贷款是指贷款人向借款人发放的用于购买商业用房的贷款

B. 个人经营贷款是指用于借款人合法经营活动的贷款

C. 创业担保贷款是指通过政府出资设立担保基金，委托担保机构提供贷款担保，由经办金融机构发放，以解决符合一定条件的待就业人员从事创业经营自筹资金不足的一项贷款

D. 农户贷款借款人是指长期居住在乡镇和城关镇的住宅区户、国有农场的职工和农村个体工商户

【解析】D项，农户贷款是指银行业金融机构向符合条件的农户发放的用于生产经营、生活消费等用途的贷款。其中，农户是指长期居住在乡镇和城关镇所辖行政村的住户、国

6A　7A　8A　9D

有农场的职工和农村个体工商户。

10. 李先生是做体育器械生意的，自己的公司近两年的营业状况良好，并且刚和某健身房签订进货合同，但如果从厂家直接进货需要首付定金500万元，因为最近资金周转紧张一时间拿不出这么多钱。李先生家庭经济情况良好，拥有市值800万元左右，评估价为650万元的高档住宅，李先生本人为公司股东，且公司运营情况良好。李先生资金使用时间为3~6个月，且以后可能会有不定期资金需求。若李先生向银行申请1年期个人经营贷款，最适合李先生申请的贷款种类为(　　)。[2016年11月真题]

A. 个人单笔贷款　　B. 个人不可循环授信额度

C. 个人可循环授信额度　　D. 个人信用贷款

【解析】在银行实际操作中，个人贷款产品可以分为个人单笔贷款和个人授信额度(又分为个人可循环授信额度和个人不可循环授信额度)。个人单笔贷款主要指用于每个单独批准在一定贷款条件下的个人贷款，其特点是被指定发放的贷款本金，一旦经过借贷和还款后，就不能再被重复借贷。个人不可循环授信额度是根据每次单笔贷款出账金额累计计算，即使单笔贷款提前还款，该笔贷款额度不能循环使用。个人可循环授信额度是由自然人提出申请，并提供符合银行规定的担保或信用条件，经银行审批同意，对借款人进行最高额度授信，借款人可在额度有效期内随借随还、循环使用的一种个人贷款。

11. 假设某人申请60万元个人住房贷款，还款期限20年，月利率5‰，如选择等额本金还款法，则第2年的第1个月还款额为(　　)元。[2016年11月真题]

A. 6150　　B. 5225　　C. 5500　　D. 5350

【解析】等额本金还款法是指在贷款期内每月等额偿还贷款本金，贷款利息随本金逐月递减。每月还款额计算公式为：每月还款额＝贷款本金/还款期数＋(贷款本金－已归还贷款本金累计额)×月利率。第2年的第一个月还款额＝600000÷(20×12)＋(600000－2500×12)×5‰＝5350(元)。

12. 银行向一位客户发放一笔一年期，年利率为10%的10万元贷款，该笔贷款采用按月付息、到期还本的还款方式，到第2个月客户支付金额为(　　)元。[2016年11月真题]

A. 763.89　　B. 9166.67　　C. 8333.33　　D. 833.33

【解析】按月还息、到期一次性还本还款法，即在贷款期限内每月只还贷款利息，贷款到期时一次性归还贷款本金，此种方式一般适用于期限在1年以内(含1年)的贷款，即第2个月支付金额＝100000×10%/12＝833.33(元)。

13. 个人贷款的担保方式不包括(　　)。[2016年11月真题]

A. 信用担保　　B. 保证担保　　C. 抵押担保　　D. 质押担保

【解析】个人贷款可采用抵押、质押、保证及无担保的信用方式。其中，无担保的信用贷款是指以借款人的信誉发放的贷款。

14. 借款人或第三人转移对法定财产的占有，将该财产作为贷款的担保，属于(　　)。

10C　11D　12D　13A　14A

［2017 年 6 月真题］

A. 质押担保　　B. 抵押担保　　C. 保证担保　　D. 信用贷款

【解析】个人贷款可采用抵押、质押、保证及无担保的信用方式。其中，质押担保是指借款人或第三人转移对法定财产的占有，将该财产作为贷款的担保。

15. 个人商用房贷款属于(　　)。［2016 年 6 月真题］

A. 个人耐用消费品贷款　　B. 个人住房贷款

C. 个人消费贷款　　D. 个人经营类贷款

【解析】个人经营类贷款包括个人商用房贷款、个人经营贷款、农户贷款和创业担保贷款等。

16. 下列关于个人贷款的表述，错误的是(　　)。［2015 年 10 月真题］

A. 个人贷款业务是以主体特征为标准进行贷款分类的一种结果

B. 个人贷款业务是金融机构贷款业务的重要组成部分

C. 开展个人贷款业务，不但有利于金融机构增加收入和分散风险，而且有助于满足城乡居民的消费需求

D. 在个人贷款业务的发展过程中，各商业银行仅限于目前现有的个人贷款品种，各家银行千篇一律

【解析】D 项，在个人贷款业务的发展过程中，商业银行等市场参与者不断开拓创新，逐渐形成了颇具特色的个人贷款产品体系和业务特点。

17. (　　)率先在国内开办了个人住房贷款业务。［2015 年 10 月真题］

A. 中国银行　　B. 中国建设银行　　C. 中国工商银行　　D. 中国农业银行

【解析】20 世纪 80 年代中期，随着我国住房制度改革、城市住宅商品化进程加快和金融体系的变革，为适应居民个人住房消费需求，中国建设银行率先在国内开办了个人住房贷款业务。

18. 个人贷款按产品用途分类，不包括(　　)。［2015 年 10 月真题］

A. 个人住房贷款　　B. 个人消费贷款

C. 个人经营类贷款　　D. 个人信用贷款

【解析】根据产品用途的不同，个人贷款产品可以分为个人消费类贷款和个人经营类贷款等。其中，个人消费类贷款又分为个人住房贷款、个人汽车贷款、个人教育贷款、其他个人消费贷款等。

19. 个人信用贷款的特点不包括(　　)。［2015 年 10 月真题］

A. 贷款额度小　　B. 准入条件严格　　C. 贷款风险较低　　D. 贷款期限短

【解析】个人信用贷款是银行向自然人发放的无须提供任何担保的贷款。个人信用贷款的特点有：①准入条件严格；②贷款额度小；③贷款期限短。

20. 经贷款人同意，个人贷款可以展期。一年以内(含)的个人贷款，展期期限累计不得超过________；一年以上的个人贷款，展期期限累计与原贷款期限相加，不得超过

15D　16D　17B　18D　19C　20C

________。(　　)[2015 年 10 月真题]

A. 原贷款期限；3 年

B. 1 年；原贷款期限

C. 原贷款期限；该贷款品种规定的最长贷款期限

D. 1 年；该贷款品种规定的最长贷款期限

【解析】贷款期限是指从具体贷款产品发放到约定的最后还款或清偿的期限。经贷款人同意，个人贷款可以展期。1 年以内(含)的个人贷款，展期期限累计不得超过原贷款期限；1 年以上的个人贷款，展期期限累计与原贷款期限相加，不得超过该贷款品种规定的最长贷款期限。

21. (　　)是借款人为取得货币资金的使用权而支付给银行的价格。[2015 年 10 月真题]

A. 固定利率　　B. 贷款利率　　C. 浮动利率　　D. 存款利率

【解析】贷款利率是借款人为取得货币资金的使用权而支付给银行的价格，利息是货币所有者因暂时让渡一定货币资金的使用权而从借款人那里取得的报酬，实际上就是借贷资金的“成本”。

22. 下列能做质押担保权利质物的是(　　)。[2015 年 5 月真题]

A. 纪念币和邮票　　B. 债券　　C. 名人字画　　D. 发票

【解析】权利质押是指以法律规定可以质押的，或贷款银行许可的质押物作为担保，借款人不履行还款义务时，贷款银行有权依法以权利凭证折价或以拍卖、变卖该权利凭证的价款优先受偿。根据《民法典》第四百四十条，债务人或者第三人有权处分的可出质权利包括：①汇票、支票、本票；②债券、存款单；③仓单、提单；④可以转让的基金份额、股权；⑤可以转让的注册商标专用权、专利权、著作权等知识产权中的财产权；⑥现有的以及将有的应收账款；⑦法律、行政法规规定可以出质的其他财产权利。

23. 下列关于个人贷款还款方式的表述，正确的是(　　)。[2015 年 5 月真题]

A. 等额累进还款法是指借款人在每个时间段以一定比例累进的金额偿还贷款，按还款间隔逐期归还，在贷款截止日期前全部还清本息

B. 等额本息还款法是指在贷款期内每月等额偿还贷款本金，贷款利息随本金逐月递减

C. 等额本金还款法是指贷款期内每月以相等的额度平均偿还贷款本息

D. 到期一次还本付息法是指借款人需在到期日还清贷款本息，利随本清

【解析】A 项是等比累进还款法的定义；B 项是等额本金还款法的定义；C 项是等额本息还款法的定义。

24. 我国利率体系的核心是(　　)。[2015 年 5 月真题]

A. 固定利率　　B. 浮动利率　　C. 基准利率　　D. 市场利率

【解析】基准利率是中央银行发布给商业银行的贷款指导性利率，是央行用于调节社会经济和金融体系运转的货币政策之一，是各国利率体系的核心。如果中央银行改变基准利率，会直接影响商业银行借款成本的高低，从而对信贷起着限制或鼓励的作用，

21B　22B　23D　24C

并同时影响其他金融市场的利率水平。

25. 个人质押贷款风险控制的重点是关注质物的真实性、合法性和(　　)。[2014 年 11 月真题]

A. 价值稳定性　　B. 收益可预期性　　C. 权利排他性　　D. 可变现性

【解析】个人质押贷款中，由于借款人需将价值充足、变现性强的权利凭证质押给银行，银行贷款风险较低，担保方式相对安全，此类贷款的风险控制重点是关注质物的真实性、合法性和可变现性，防范操作风险。

26. 下列关于个人住房贷款的表述，错误的是(　　)。[2014 年 11 月真题]

A. 公积金个人住房贷款实行“低进低出”的利率政策

B. 自营性个人住房贷款也称商业性个人住房贷款

C. 个人住房组合贷款不追求营利，是一种政策性贷款

D. 个人住房贷款是指银行向自然人发放的用于购买、建造和大修理各类型住房的贷款

【解析】C 项，公积金个人住房贷款实行“低进低出”的利率政策，是一种政策性个人住房贷款。个人住房组合贷款是指按时足额缴存住房公积金的职工在购买、建造或大修住房时，可以同时申请公积金个人住房贷款和自营性个人住房贷款，从而形成特定的个人住房贷款组合。

27. 下列不属于个人住房贷款的是(　　)。[2014 年 11 月真题]

A. 个人商用房贷款　　B. 公积金个人住房贷款

C. 自营性个人住房贷款　　D. 个人住房组合贷款

【解析】个人住房贷款是指银行向自然人发放的用于购买、建造和大修理各类型住房的贷款。按照资金来源划分，个人住房贷款包括自营性个人住房贷款、公积金个人住房贷款和个人住房组合贷款。A 项属于个人经营类贷款。

28. 应收账款可用于申请(　　)。[2014 年 11 月真题]

A. 抵押贷款　　B. 质押贷款　　C. 保证贷款　　D. 信用贷款

【解析】根据《民法典》第四百四十条，债务人或者第三人有权处分的可出质权利包括：①汇票、支票、本票；②债券、存款单；③仓单、提单；④可以转让的基金份额、股权；⑤可以转让的注册商标专用权、专利权、著作权等知识产权中的财产权；⑥现有的以及将有的应收账款；⑦法律、行政法规规定可以出质的其他财产权利。

29. 根据《民法典》的规定，下列财产不可以用于个人贷款抵押物的是(　　)。[2014 年 11 月真题]

A. 抵押人依法有权处分的机器、交通运输工具和其他财产

B. 抵押人所有的房屋和其他地上定着物

C. 抵押人的集体土地使用权、房屋和其他地上定着物

D. 抵押人所有的机器、交通运输工具和其他财产

【解析】《民法典》第三百九十九条规定了不得抵押财产范围：①土地所有权；②宅基地、自留地、自留山等集体所有土地的使用权，但是法律规定可以抵押的除外；③学

25D　26C　27A　28B　29C

校、幼儿园、医疗机构等为公益目的成立的非营利法人的教育设施、医疗卫生设施和其他公益设施；④所有权、使用权不明或者有争议的财产；⑤依法被查封、扣押、监管的财产；⑥法律、行政法规规定不得抵押的其他财产。

30. 下列关于个人贷款担保方式的表述，正确的是(　　)。[2014 年 11 月真题]

A. 中国人民银行可以担任其员工个人贷款的保证人

B. 保证担保主要是指保证人和借款人之间的一种约定

C. 个人贷款的借款人违约时，贷款银行有权依法以抵质押财产或权利凭证折价或者以拍卖、变卖财产的价款优先受偿

D. 抵押担保方式中，当借款人不履行还款义务时，由保证人承担还款责任

【解析】A 项，根据《民法典》的规定，机关法人不得为保证人；B 项，保证担保是指保证人和贷款银行约定，当借款人不履行还款义务时，由保证人按照约定履行或承担还款责任的行为；D 项，抵押担保中，借款人不履行还款义务时，贷款银行有权依法以该财产折价或者以拍卖、变卖财产的价款优先受偿。

31. 借款人贷款本金为 80 万元，贷款期限为 15 年，采用按月等额本金还款法，月利率为 3.465‰，借款人第一期的还款额为(　　)元。[2014 年 6 月真题]

A. 7989.62　　B. 7512.63　　C. 7216.44　　D. 7631.67

【解析】月等额本金还款法下，每月还款额计算公式为：每月还款额 = 贷款本金/还款期数 + (贷款本金 - 已归还贷款本金累计额) × 月利率，本题中第一期的还款额 = 800000 ÷ (12 × 15) + 800000 × 3.465‰ ≈ 7216.44(元)。

32. 下列关于等额本息还款法和等额本金还款法两种还款方式的表述，错误的是(　　)。[2013 年 11 月真题]

A. 采用等额本金还款法比等额本息还款法合算

B. 等额本息还款法是每月以相等的额度偿还贷款本息

C. 等额本金还款法是指在贷款期内每月等额偿还贷款本金，贷款利息逐月递减

D. 等额本金还款法的贷款门槛要高于等额本息还款法

【解析】A 项，等额本息还款法和等额本金还款法作为常用的个人住房贷款还款方法，分别适合不同情况的借款人，没有绝对的利弊之分。

33. 贷款额度是指(　　)。[2013 年 11 月真题]

A. 借款人每月需要偿还的金额

B. 银行批准借款人的额度

C. 贷款抵押物的评估价值

D. 银行向借款人提供的以货币计量的贷款数额

【解析】贷款额度是指银行向借款人提供的以货币计量的贷款数额。除了人民银行、银保监会或国家其他有关部门有明确规定外，个人贷款的额度可以根据申请人所购财产价值、所提供的抵押担保、质押担保和保证担保的额度以及资信等情况确定。

34. 一般来说，经济尚未稳定而且是初次贷款购房的人会选择的还款方式是(　　)。[2013

30C　31C　32A　33D　34A

年11月真题]

A. 等额本息还款法　　B. 等比累进还款法

C. 等额本金还款法　　D. 到期一次还本付息法

【解析】等额本息还款法和等额本金还款法是常用的个人住房贷款还款方法。在最初贷款购买房屋时，等额本金还款法的负担比等额本息还款法重，一般来说，对于经济尚未稳定而且是初次贷款购房的人来说是不利的，因此大多数借款人采用等额本息还款法还款。

35. 贷款20万元，贷款年利率6%，期限10年，采用等额本息法和等额本金法，在第一个月供款时利息支出额分别为(　　)。[2013年6月真题]

A. 1000元、1000元　　B. 833元、1000元

C. 1200元、1200元　　D. 1000元、833元

【解析】等额本息还款法和等额本金还款法在首期归还的利息金额是一样的，只是本金数额不一样，第一个月供款中的利息 = 本金 × 月利率 = 200000 × 0.5% = 1000(元)。

36. 下列关于个人贷款利率的表述，错误的是(　　)。[2012年6月真题]

A. 贷款利率一般可分为年利率、月利率、日利率

B. 贷款利率是借款人为取得货币资金的使用权而支付给银行的价格

C. 贷款利息水平的高低是通过利率表示的

D. 贷款利率是一定时期内利息额与储蓄存款额之间的比率

【解析】D项，贷款利率是指一定时期内利息额与本金之间的比率。

37. 公积金个人住房贷款是政策性贷款，实行(　　)的利率政策，带有较强的政策性。[2011年10月真题]

A. 低进高出　　B. 低进低出　　C. 高进低出　　D. 高进高出

【解析】公积金个人住房贷款不以营利为目的，实行“低进低出”的利率政策，带有较强的政策性，贷款额度受到限制。因此，它是一种政策性个人住房贷款。

38. 目前，我国个人住房贷款的期限最长可达(　　)年。[2010年10月真题]

A. 30　　B. 40　　C. 20　　D. 50

【解析】个人住房贷款的期限最长可达30年，而个人经营类贷款中，个别贷款的期限仅为6个月。

39. 李先生每月收入1万元，贷款20万元用于购买住房，采用等额本金还款法，期限10年，年利率为5%，李先生首月还款的金额为(　　)元。[2010年5月真题]

A. 2600　　B. 2800　　C. 2500　　D. 2400

【解析】等额本金还款法是指在贷款期内每月等额偿还贷款本金，贷款利息随本金逐月递减。每月还款额计算公式如下：每月还款额 = 贷款本金/还款期数 + (贷款本金 - 已归还贷款本金累计额) × 月利率，将题中数据代入上式得，李先生首月还款金额 = 200000/120 + (200000 - 0) × 5%/12 = 2500(元)。

35A　36D　37B　38A　39C

40. 个人贷款产品有不同的还款方式供借款人选择，可以比较灵活地按照借款人的还款能力规划还款进度，满足个性化需求程度最高的还款方式是(　　)。[2010 年 5 月真题]

A. 组合还款法　　B. 等额累进还款法

C. 等额本金还款法　　D. 等额本息还款法

【解析】组合还款法是一种将贷款本金分段偿还，根据资金的实际占用时间计算利息的还款方式。这种方法可以比较灵活地按照借款人的还款能力规划还款进度，真正满足个性化需求。

41. 下列说法不正确的是(　　)。[2010 年 5 月真题]

A. 当采用一种担保方式不能足额对贷款进行担保时，借款人可组合使用不同的担保方式对贷款进行担保

B. 组合还款法可以将贷款本金分段偿还

C. 在抵押担保中，借款人或第三人转移对法定财产的占有

D. 根据《民法典》的规定，以公益为目的的非营利法人、非法人组织不得为保证人

【解析】C 项，抵押担保是指借款人或第三人不转移对法定财产的占有，将该财产作为贷款的担保；质押担保是指借款人或第三人转移对法定财产的占有，将该财产作为贷款的担保。

42. 下列不属于按照担保方式划分的个人贷款产品的是(　　)。[2009 年 10 月真题]

A. 个人抵押贷款　　B. 个人质押贷款

C. 个人信用贷款　　D. 个人流动资金贷款

【解析】根据是否有担保的不同，个人贷款可以分为有担保贷款和无担保贷款。其中，前者包括个人抵押贷款、个人质押贷款和个人保证贷款，后者即个人信用贷款。

43. 下列关于个人贷款还款方式的表述中，正确的是(　　)。[2009 年 10 月真题]

A. 等额累进还款法与等比累进还款法的相似之处在于，在每个时间段上约定还款的固定额度

B. 等额累进还款法与等比累进还款法的相似之处在于，当借款人还款能力发生变化时，只能通过调整累进额来适应客户还款能力的变化

C. 对收入减少的客户，可采取增大累进额、缩短间隔期等办法，使借款人分期还款额增多，从而减少借款人的利息负担

D. 等额累进还款法中，对收入水平下降的客户，可采取减少累进额、扩大累进间隔期等办法使借款人分期还款额减少，以减轻借款人的还款压力

【解析】AB 两项，等额累进还款法与等比累进还款法的相似之处在于，当借款人还款能力发生变化时，可通过调整累进额或间隔期来适应客户还款能力的变化；C 项，对收入增加的客户，可采取增大累进额、缩短间隔期等办法，使借款人分期还款额增多，从而减少借款人的利息负担。

44. 某支行给某客户发放个人商用房贷款 60 万元，期限 10 年，还款方式为按月等额本金还款，基准利率为年利率5.94%，合同约定利率为基准利率上浮10%，则第10期归还

40A　41C　42D　43D　44A

本息为(　　)元。(不考虑贷款期内基准利率的调整)。[2009年10月真题]

A. 8021.98　　B. 7021.98　　C. 9021.98　　D. 6021.98

【解析】该贷款采用等额本金还款法，则每月偿还本金额 $=60/(12\times10)=0.5$(万元)，第10期应支付贷款利息 $=(60-0.5\times9)\times[5.94\%\times(1+10\%)/12]\approx0.302198$(万元)，则客户第10期应偿还本息 $=0.5+0.302198=0.802198$(万元)，即8021.98元。

45. 每月的还款本金额固定，而利息越来越少，贷款人起初还款压力较大，但是随时间的推移每月还款数也越来越少，这种还款方式称为(　　)。[2009年10月真题]

A. 等额本息　　B. 等额本金　　C. 等额递减　　D. 等比递增

【解析】等额本金还款法是指在贷款期内每月等额偿还贷款本金，贷款利息随本金逐月递减。等额本金还款法的特点是定期、定额还本，即在贷款后，每期借款人除了缴纳贷款利息外，还需要定额摊还本金。由于等额本金还款法每月还本额固定，所以其贷款余额以定额逐渐减少，每月付款及每月贷款余额也定额减少。

46. 个人贷款业务区别于公司贷款业务的重要特征是(　　)。[2009年6月真题]

A. 个人贷款的利率明显高于公司贷款

B. 个人贷款较公司贷款手续简化

C. 个人贷款的品种较多、用途较广

D. 个人贷款业务与公司贷款业务的主体特征不同

【解析】在商业银行业务中，个人贷款业务是以主体特征为标准进行贷款分类的一种结果，即借贷合同关系的一方主体是银行，另一方主体是自然人，这也是与公司贷款业务相区别的重要特征。

47. 到目前为止，我国个人贷款业务的发展经历了业务起步、迅速壮大、日趋规范以及创新发展等阶段，其诱因不包括(　　)。[2009年6月真题]

A. 住房制度的改革　　B. 国内消费和创业需求的增长

C. 商业银行股份制改革　　D. 公司信贷业务的蓬勃发展

【解析】在我国个人贷款业务的发展历程中，住房制度的改革促进了个人住房贷款的产生和发展，国内消费和创业需求的增长推动了个人信贷的蓬勃发展，商业银行股份制改革推动了个人贷款业务的规范发展。

48. 关于我国现有个人贷款业务的特征，下列说法不正确的是(　　)。

A. 个人贷款业务的办理较为便利

B. 客户可在网上银行、手机银行以及第三方合作平台等渠道办理个人贷款业务

C. 可采取灵活多样的还款方式，但还款方式一经确定中途不可变更

D. 还款方式有等额本息还款法、等额本金还款法、等比累进还款法、等额累进还款法及组合还款法等多种方法

【解析】C项，客户可以根据自己的需求和还款能力的变化情况，与贷款银行协商后改变还款方式。

49. 个人贷款的对象是(　　)。

45B　46D　47D　48C　49C

A. 法人　　B. 经济组织　　C. 自然人　　D. 社会团体

【解析】个人贷款的对象仅限于自然人，而不包括法人。合格的个人贷款申请人必须是具有完全民事行为能力的自然人。

50. 个人消费类贷款是指银行向个人客户发放的有指定消费用途人民币贷款业务，下列关于该贷款的说法错误的是(　　)。

A. 个人医疗贷款一般由贷款银行和保险公司联合当地特定合作医院办理

B. 个人汽车贷款所购车辆按注册登记情况可以划分为新车和二手车

C. 国家助学贷款是指银行自主向个人发放的用于支持境内高等院校学生学费、住宿费和就读期间基本生活费的贷款

D. 个人住房装修贷款可以用于支付家庭装潢和维修工程的施工款、相关的装修材料和厨卫设备款等

【解析】C 项，商业助学贷款是指银行按商业原则自主向自然人发放的用于支持境内高等院校学生学费、住宿费和就读期间基本生活费的商业贷款。国家助学贷款是由政府主导、财政贴息、财政和高校共同给予银行一定风险补偿金，银行、教育行政部门与高校共同操作的，帮助高校家庭经济困难学生支付在校学习期间所需的学费、住宿费的银行贷款。

51. 下列关于个人经营类贷款的说法，错误的是(　　)。

A. 个人经营类贷款包括个人商用房贷款、个人经营贷款、农户贷款和创业担保贷款

B. 个人商用房贷款是指银行向自然人发放的用于购买、建造和大修理各类型住房的贷款

C. 个人经营贷款是指用于借款人合法经营活动的贷款

D. 农户贷款是指银行业金融机构向符合条件的农户发放的用于生产经营、生活消费等用途的贷款

【解析】B 项，个人住房贷款是指银行向自然人发放的用于购买、建造和大修理各类型住房的贷款，个人商用房贷款是指贷款人向借款人发放的用于购买商业用房的贷款。

52. 个人抵押贷款在各商业银行较为普遍，下列关于个人抵押贷款的说法错误的是(　　)。

A. 《民法典》规定了可以抵押的财产

B. 当借款人不履行还款义务时，贷款银行有权依法以该财产折价或者以拍卖、变卖财产的价款优先受偿

C. 抵押人所有的建筑物和其他土地附着物均可以作为抵押品

D. 个人抵押贷款是指贷款银行以自然人的、经贷款银行认可的、符合规定条件的财产作为抵押物而向个人发放的贷款

【解析】D 项，个人抵押贷款在各商业银行较为普遍，它是指贷款银行以借款人或第三人提供的、经贷款银行认可的、符合规定条件的财产作为抵押物而向自然人发放的贷款。

53. 关于个人信用贷款特点的说法，错误的是(　　)。

50C　51B　52D　53C

A. 准入条件严格

B. 可根据个人信用状况对贷款期限进行相应调整

C. 贷款额度大，最低不低于 100 万元

D. 贷款期限短

【解析】个人信用贷款的特点包括：①准入条件严格，银行对个人信用贷款的借款人一般有严格的规定，需要经过严格审查；②贷款额度较小，与一般的抵质押贷款相比，个人信用贷款额度相对较小；③贷款期限短，可根据个人信用状况对其进行相应调整。

54. 国家助学贷款属于(　　)。

A. 个人消费贷款　　B. 个人经营贷款

C. 个人抵押贷款　　D. 个人保证贷款

【解析】国家助学贷款属于个人教育贷款，而个人教育贷款又是个人消费贷款的一种。

55. 下列关于个人住房贷款的说法，错误的是(　　)。

A. 主要有自营性个人住房贷款与公积金个人住房贷款两种

B. 指贷款人向借款人发放的用于购买、建造和大修理各类型住房的贷款

C. 自营性个人住房贷款也称商业性个人住房贷款

D. 公积金个人住房贷款也称委托性住房公积金贷款

【解析】A 项，个人住房贷款主要有三种：①自营性个人住房贷款；②公积金个人住房贷款；③个人住房组合贷款。

56. 商业助学贷款发放所遵循的原则不包括(　　)。

A. 部分自筹　　B. 信用发放　　C. 专款专用　　D. 按期偿还

【解析】商业助学贷款的发放实行“部分自筹、有效担保、专款专用和按期偿还”的原则；国家助学贷款的发放实行“财政贴息、风险补偿、信用发放、专款专用和按期偿还”的原则。

57. 关于我国现有的个人贷款品种，下列说法不正确的是(　　)。

A. 尚无个人经营类贷款

B. 既有自营性个人贷款，也有委托性个人贷款

C. 既有单一性个人贷款，也有组合性个人贷款

D. 可满足个人购房、购车、旅游、装修、临时性资金周转等各方面需求

【解析】A 项，目前，在我国个人贷款市场上既有个人消费类贷款，也有个人经营类贷款，可满足个人在个人消费、从事生产经营等各方面的需求。

58. 下列关于个人抵押授信贷款特点的描述，不正确的是(　　)。

A. 借款人向银行申请办理个人抵押授信贷款手续，取得授信额度后，借款人方可使用贷款

B. 借款人只需要一次性地向银行申请办理个人抵押授信贷款手续，取得授信额度后，便可以在有效期和贷款额度内循环使用

C. 客户申请个人抵押授信额度时具有明确的指定使用用途

54A　55A　56B　57A　58C

D. 个人抵押授信贷款提供了一个有明确授信额度的循环信贷账户，借款人可使用部分或全部额度，一旦已经使用的余额得到偿还，该信用额度又可以恢复使用

【解析】C 项，客户申请个人抵押授信额度时没有明确指定使用用途，其使用用途比较综合。在额度获批后申请用款时，需要提供贷款使用用途证明。

59. 采用等额累进还款法时，对于收入增加的客户，可采取(　　)等方法，使借款人分期还款额增多，从而减少借款人的利息负担。

A. 增大累进额、缩短间隔期　　B. 增大累进额、扩大间隔期

C. 减少累进额、缩短间隔期　　D. 减少累进额、扩大间隔期

【解析】采用等额累进还款法，当借款人还款能力发生变化时，可通过调整累进额或间隔期来适应客户还款能力的变化。对于收入增加的客户，可采取增大累进额、缩短间隔期的办法，使借款人分期还款额增多，从而减少借款人的利息负担；对于收入水平下降的客户，可采取减少累进额、扩大累进间隔期的方法使借款人分期还款额减少，以减轻其还款压力。

60. 保证人是指银行认可的，具有(　　)的法人、其他经济组织或自然人。

A. 一定的经济实力　　B. 良好信誉

C. 代位清偿能力　　D. 代位求偿能力

【解析】保证人是指银行认可的，具有代位清偿债务能力的法人、其他经济组织或自然人。当借款人不履行还款义务时，由保证人按照约定履行或承担还款责任的行为。

61. 下列情况中，可能获得贷款的是(　　)。

A. 小明今年 16 岁，欲分期付款购买变形金刚

B. 小丽刚刚辞职，成为一名自由职业者

C. 小红一贯遵纪守法，并且具有良好的信用记录，欲分期付款购买住房

D. 由于最近贷款利率下降，小东决定先贷一笔款，再决定其用途

【解析】银行一般要求个人贷款客户至少需要满足以下基本条件：①具有完全民事行为能力的自然人，年龄一般在 18(含) ~65 周岁(含)；②具有合法有效的身份证明(居民身份证、户口簿或其他有效身份证明)及婚姻状况证明等；③遵纪守法，没有违法行为，具有良好的信用状况；④具有稳定的收入来源和按时足额偿还贷款本息的能力；⑤具有还款意愿；⑥贷款具有真实合法的使用用途等。本题 A 项不符合①，B 项不符合④，D 项不符合⑥。

62. 到期一次还本付息还款方式一般适用于期限在(　　)年以内的贷款。

A. 10　　B. 5　　C. 3　　D. 1

【解析】到期一次还本付息法又称期末清偿法，指借款人需在贷款到期日还清贷款本息，利随本清。此种方式一般适用于期限在 1 年以内(含 1 年)的贷款。

63. 小周刚毕业，目前收入较少，但他预计 5 年后自己的收入会有一个较大的提高。因此他在向银行贷一笔 10 年的贷款时与银行约定，第一个 5 年间每月还本息 750 元，第二个 5 年间的月还款额比第一个 5 年上浮 50%，则由题中资料可判断，该还款方式

59A　60C　61C　62D　63C

为(　　)。

A. 等额本息还款法　　B. 等额本金还款法

C. 等比累进还款法　　D. 等额累进还款法

【解析】根据题中资料可知，该笔贷款还款期划分为了两段，第二段还款额比前一段上浮了固定的比例，在两段还款期中，每月均以相同的偿还额归还贷款本息，此种还款方式属于等比累进还款法。

64. 某贷款本金分三段偿还，利息根据实际的占用时间计算，则该还款方式属于(　　)。

A. 等额本息还款　　B. 等比累进还款

C. 等额累进还款　　D. 组合还款

【解析】组合还款法是一种将贷款本金分段偿还，根据资金的实际占用时间计算利息的还款方式。

65. 以下不属于创业担保贷款对象的是(　　)。[2018 年 10 月真题]

A. 就业困难人员(含残疾人)　　B. 创投基金管理人

C. 刑满释放人员　　D. 城镇登记失业人员

【解析】创业担保贷款的对象包括城镇登记失业人员、就业困难人员(含残疾人)、复员转业退役军人、刑满释放人员、高校毕业生(含大学生村官和留学回国学生)、化解过剩产能企业职工和失业人员、返乡创业农民工、网络商户、建档立卡贫困人口。上述群体中的妇女，应纳入重点对象范围。

66. 关于金融科技推动个人贷款业务创新发展的说法，错误的是(　　)。

A. 个人贷款业务等零售金融业务是金融科技应用的重点领域之一

B. 在参与主体上，除商业银行之外，持牌小贷金融公司基于各自客群定位和技术特征，推出了特色化的个人网络消费贷款

C. 在产品设计上，互联网贷款业务有全线上自动“秒批”的贷款产品，也有半线上的贷款产品

D. 半线上的贷款产品易出现过度授信、多头共债、资金用途不合规等问题

【解析】在产品设计上，互联网贷款业务有全线上自动“秒批”的贷款产品，也有半线上的贷款产品。其中全线上的产品，因全流程线上自动运作、极速审批放贷等特点，具有强大的市场竞争力，但因为在风险管理方面面临挑战，易出现过度授信、多头共债、资金用途不合规等问题。

二、多选题(下列选项中有两项或两项以上符合题目要求)

1. 关于个人贷款还款方式，下列说法正确的是(　　)。[2016 年 11 月真题]

A. 对收入增加的客户，可采取增大累进额、缩短间隔期等办法，使借款人分期还款额增多、从而减少借款人的利息负担

B. 如果预期未来收入呈递减趋势，可选择等比递增法，减少利息支出

C. 组合还款法还款期间，每个阶段约定偿还的本金在规定的年限中按等额本金的方式计算每周偿还额

64D　65B　66D　▎　1AE

D. 按月还息、到期一次性还本还款法，一般适用于期限在1年以上的贷款

E. 等额累进还款法和等比累进还款法相似的特点是当借款人还款能力发生变化时，可通过调整累进额或间隔期来适应客户还款能力的变化

【解析】B项，如果预期未来收入呈递增趋势，可选择等比递增法，减少提前还款的麻烦；如果预期未来收入呈递减趋势，则可选择等比递减法，减少利息支出。C项，组合还款法还款期间，每个阶段约定偿还的本金在规定的年限中按等额本息的方式计算每月偿还额，未归还的本金部分按月计息，两部分相加即形成每月的还款金额。D项，按月还息、到期一次性还本还款法，即在贷款期限内每月只还贷款利息，贷款到期时一次性归还贷款本金，此种方式一般适用于期限在1年以内(含1年)的贷款。

2. 对于个人贷款分类，下列说法正确的有(　　)。[2016年6月真题]

A. 个人单笔贷款主要指用于每个单独批准在一定贷款条件(收入的使用、最终到期日、还款时间安排、定价、担保等)下的个人贷款

B. 个人可循环授信额度通常可达抵押房产评估价值的70%

C. 个人不可循环授信额度为余额控制

D. 在银行实际操作中，个人贷款产品可以分为个人单笔贷款和个人授信额度

E. 个人单笔贷款的特点是被指定发放的贷款本金，在经过借贷和还款后，还可以被重复借贷

【解析】C项，个人可循环授信额度为余额控制；E项，个人单笔贷款的特点是被指定发放的贷款本金，一旦经过借贷和还款后，就不能再被重复借贷。

3. 个人贷款还款方式包括(　　)。[2016年6月真题]

A. 等额本金还款法　　B. 等额递增(减)还款法

C. 按期付息一次还本还款法　　D. 固定利率还款法

E. 等额本息还款法

【解析】个人贷款的还款方式主要包括：到期一次还本付息法，等额本息还款法，等额本金还款法，等比累进还款法，等额累进还款法(分为等额递增还款法和等额递减还款法)，组合还款法以及按月还息、到期一次性还本还款法等。

4. 个人贷款的特征有(　　)。[2015年10月真题]

A. 风险水平较低　　B. 还款方式灵活　　C. 贷款便利　　D. 收益水平较高

E. 贷款品种多、用途广

【解析】在个人贷款业务的发展过程中，商业银行等市场参与者不断开拓创新，逐渐形成了颇具特色的个人贷款产品体系和业务特点。个人贷款的特征有：①贷款品种多、用途广；②贷款便利；③还款方式灵活；④低资本消耗。

5. 下列关于个人抵押授信贷款的表述，正确的有(　　)。[2015年10月真题]

A. 贷款用途单一　　B. 借款申请人无任何不良信用记录

C. 一次授信，循环使用　　D. 先授信，后用信

E. 借款人无需提供贷款使用用途证明

2ABD　3ABCE　4BCE　5CD

【解析】A 项，个人抵押授信贷款的用途比较综合；B 项，个人抵押授信贷款的贷款对象要满足“借款申请人无重大不良信用记录”的条件；E 项，客户申请个人抵押授信额度时没有明确指定使用用途。在额度获批后申请用款时，需要提供贷款使用用途证明。

6. 下列关于个人保证贷款的说法，正确的有(　　)。[2015 年 10 月真题]

A. 其保证人必须具备代位清偿能力

B. 出现纠纷可通过法律程序进行解决

C. 个人保证贷款相比个人抵押贷款办理时间短，环节少

D. 如出现逾期，银行可按合同约定依法向保证人追索或直接向保证人扣收贷款

E. 整个过程涉及银行、借款人和担保人三方

【解析】个人保证贷款是指银行以银行认可的，具有代位清偿债务能力的法人、其他经济组织或自然人作为保证人而向自然人发放的贷款。个人保证贷款手续简便，只要保证人愿意提供保证，银行经过核保认定保证人具有保证能力，签订保证合同即可，整个过程涉及银行、借款人和担保人三方，贷款办理时间短，环节少。如果贷款出现逾期，银行可按合同约定依法向保证人追索或直接向保证人扣收贷款。

7. 下列关于个人贷款合同利率的说法，正确的有(　　)。[2015 年 10 月真题]

A. 应根据法定贷款利率和中国人民银行规定的浮动幅度确定贷款合同利率

B. 贷款银行确定合同利率应与借款人共同商定

C. 合同利率由贷款银行单方确定，借款人只能被动接受

D. 合同利率应与法定贷款利率一致

E. 合同利率在借款合同中载明

【解析】合同利率是指贷款银行根据法定贷款利率和中国人民银行规定的浮动幅度范围以及利率政策等，经与借款人共同商定，并在借款合同中载明的某一笔具体贷款的利率。

8. 关于抵押担保的表述，正确的有(　　)。[2015 年 5 月真题]

A. 抵押担保包括动产抵押和权利抵押

B. 借款人或第三人不转移对法定财产的占有，将该财产作为贷款的担保

C. 借款人不履行还款义务时，贷款银行有权依法以该财产折价或以拍卖、变卖财产的价款优先受偿

D. 一般需要到相关部门办理抵押登记

E. 借款人或第三人转移对法定财产的占有，将该财产作为贷款的担保

【解析】A 项，质押担保分为动产质押和权利质押两类；E 项，抵押担保是指债务人或者第三人不转移对法定财产的占有，将该财产作为贷款的担保。

9. 下列关于个人贷款利率的表述，正确的有(　　)。[2014 年 11 月真题]

A. 浮动利率有利率上浮和利率下浮两种情况

B. 贷款利率 = 利息额/本息之和

C. 一般来说，贷款期限在 1 年以内(含 1 年)的实行合同利率，遇法定利率调整不分段计息，执行原合同利率

6ABCDE　7ABE　8BCD　9ACDE

D. 浮动利率是指银行等金融机构规定的以基准利率为中心，在一定幅度内上下浮动的利率

E. 贷款期限在 1 年以上的，合同期内遇法定利率调整时，可由借贷双方按商业原则确定

【解析】B 项，贷款利率的公式为：利率 = 利息额/本金。

10. 下列对个人贷款特征的表述中，正确的有(　　)。

A. 高资本消耗

B. 用途广，可用于购房、购车、股票投资、旅游、装修、教育、经营等

C. 还款方式灵活

D. 贷款便利

E. 低资本消耗

【解析】在个人贷款业务的发展过程中，商业银行等市场参与者不断开拓创新，逐渐形成了颇具特色的个人贷款产品体系和业务特点，其特征包括：①贷款品种多、用途广，满足个人在购房、购车、旅游、装修、购买消费用品和解决临时性资金周转、从事生产经营等方面的需求；②贷款便利；③还款方式灵活；④低资本消耗。

11. 下列选项中属于个人经营类贷款的有(　　)。[2014 年 6 月真题]

A. 创业担保贷款　　B. 个人商用房贷款

C. 个人住房装修贷款　　D. 个人医疗贷款

E. 农户贷款

【解析】个人经营类贷款包括个人经营贷款、个人商用房贷款、农户贷款和创业担保贷款等。

12. 根据贷款性质不同将个人教育贷款分为(　　)。[2014 年 6 月真题]

A. 户口所在地助学贷款　　B. 国家助学贷款

C. 校源地助学贷款　　D. 个人留学贷款

E. 商业助学贷款

【解析】根据贷款性质的不同，个人教育贷款可以分为国家助学贷款、商业助学贷款和个人留学贷款。

13. 签订个人保证贷款合同时，涉及的当事人包括(　　)。[2014 年 6 月真题]

A. 代理人　　B. 介绍人　　C. 担保人　　D. 银行

E. 借款人

【解析】个人保证贷款手续简便，只要保证人愿意提供保证，银行经过核保认定保证人具有保证能力，签订保证合同即可，整个过程涉及银行、借款人和担保人三方，贷款办理时间短，环节少。

14. 个人贷款的意义有(　　)。[2013 年 11 月真题]

A. 个人贷款可以为商业银行带来新的收入来源

B. 个人贷款对商业银行调整信贷结构、提高信贷资产质量，增加经营效益以及繁荣金

10CDE　11ABE　12BDE　13CDE　14ABCDE

融业起到了促进作用

C. 个人贷款能有效支持城乡居民的消费需求、满足人民日益增长的美好生活需要

D. 个人贷款对启动、培育和繁荣消费市场起到了催化和促进的作用

E. 个人贷款可以帮助金融机构分散风险

【解析】AE 两项是个人贷款业务对金融机构的重要意义；BCD 三项是个人贷款业务对于宏观经济的意义。

15. 个人质押贷款的特点包括(　　)。[2013 年 11 月真题]

A. 质物范围广泛　　B. 贷款风险较低

C. 操作流程短　　D. 时间长、周转慢

E. 担保方式相对安全

【解析】个人质押贷款的特点包括：①贷款风险较低，担保方式相对安全；②时间短、周转快，个人质押贷款一般是急用，要求效率较高，办理时间短，手续简便；③操作流程短，个人质押贷款可在柜台办理，部分质押贷款也可以通过网上银行自助办理，按照网点授权大小进行审批，同时开出的权利凭证办理质押贷款便于核实，效率较高；④质物范围广泛。

16. 下列选项中属于个人贷款产品要素的有(　　)。[2013 年 11 月真题]

A. 还款方式　　B. 贷款条件　　C. 贷款额度　　D. 贷款期限

E. 贷款对象

【解析】个人贷款产品的要素主要包括贷款对象、贷款利率、贷款期限、还款方式、担保方式和贷款额度。它们是贷款产品的基本组成部分，不同贷款要素的设定赋予了个人贷款产品千差万别的特点。

17. 等比累进还款法分为(　　)。[2010 年 10 月真题]

A. 等比递增还款法　　B. 等额递增还款法

C. 等比递减还款法　　D. 等额递减还款法

E. 阶梯还款法

【解析】等比累进还款法是指借款人每个时间段上以一定比例累进的金额(分期还款额)偿还贷款，其中每个时间段归还的金额包括该时间段应还利息和本金，按还款间隔逐期归还，在贷款截止日期前全部还清本息。等比累进还款法又分为等比递增还款法和等比递减还款法。

18. 关于按产品用途划分的各类个人贷款，下列说法错误的有(　　)。[2009 年 6 月真题]

A. 按时足额缴存住房公积金的职工在购买住房时，可同时申请公积金个人住房贷款和自营性个人住房贷款，从而形成个人住房组合贷款

B. 根据产品用途的不同，个人贷款产品可分为个人住房贷款、个人汽车贷款、个人教育贷款等

C. 国家助学贷款实行“部分自筹、有效担保、专款专用和按期偿还”的原则

D. 公积金个人住房贷款是一种政策性个人住房贷款

15ABCE　16ACDE　17AC　18BC

E. 个人经营类贷款人发放对象是从事合法生产经营的自然人

【解析】B 项，根据产品用途的不同，个人贷款产品可以分为个人消费类贷款和个人经营类贷款等；C 项，国家助学贷款实行“财政贴息、风险补偿、信用发放、专款专用和按期偿还”的原则，商业助学贷款实行“部分自筹、有效担保、专款专用和按期偿还”的原则。

19. 下列关于个人住房贷款的说法，错误的有（　　）。［2009 年 6 月真题］

A. 贷款还款期限越长越好

B. 等额本金还款法优于等额本息还款法

C. 从每月还款的角度讲，等额本息还款法是固定的，而等额本金还款法在还款初期高于等额本息还款法

D. 公积金个人住房贷款以营利为目的，实行“低进高出”的利率政策

E. 个人住房贷款包括自营性个人住房贷款、公积金个人住房贷款和个人住房组合贷款

【解析】A 项，借款期限越长，每月还款就越少，但总还款额必然上升；B 项，等额本息还款法和等额本金还款法作为常用的个人住房贷款还款方法，分别适合不同情况的借款人，没有绝对的利弊之分；D 项，公积金个人住房贷款不以营利为目的，实行“低进低出”的利率政策，带有较强的政策性，贷款额度受到限制，是一种政策性个人住房贷款。

20. 下列关于个人贷款特征的说法，正确的有（　　）。

A. 贷款品种多，但有特定的用途，故用途不是很广

B. 为了使个人贷款业务办理便利，其个人信用审查逐渐放松

C. 各商业银行的个人贷款可以采取灵活多样的还款方式

D. 各商业银行可以通过改进服务手段、提高服务质量，尤其是互联网技术和移动通信等技术的应用，使得个人贷款业务的办理日趋便利

E. 各银行为了更好地满足客户的多元化需求，不断推出个人贷款业务新品种

【解析】A 项，个人贷款具有用途广的特征；B 项，各商业银行都在为个人贷款业务简化手续、改进服务手段、提高服务质量，尤其是互联网技术和移动通信等技术的应用，使得个人贷款业务的办理日趋便利，但并没有放松对个人信用的审查。

21. 下列关于个人住房贷款的说法，正确的有（　　）。

A. 公积金个人住房贷款带有较强的政策性

B. 商业性住房贷款不属于个人住房贷款的范畴

C. 公积金个人住房贷款不以营利为目的

D. 公积金个人住房贷款实行“低进高出”的利率政策

E. 已经申请公积金个人住房贷款的借款人，不能再申请自营性个人住房贷款

【解析】B 项，商业性住房贷款也称为自营性个人住房贷款，属于个人住房贷款的一种；D 项，公积金个人住房贷款实行“低进低出”的利率政策，贷款额度受到限制；E 项，按时足额缴存住房公积金的职工在购买、建造或大修住房时，可以同时申请公积金个人住房贷款和自营性个人住房贷款，从而形成特定的个人住房贷款组合。

19ABD　20CDE　21AC

22. 国家助学贷款和商业助学贷款均要坚持的原则有(　　)。

A. 财政贴息　B. 信用发放　C. 有效担保　D. 专款专用

E. 按期偿还

【解析】国家助学贷款实行“财政贴息、风险补偿、信用发放、专款专用和按期偿还”的原则；商业助学贷款实行“部分自筹、有效担保、专款专用和按期偿还”的原则。二者均要坚持“专款专用、按期偿还”的原则。

23. 下列情况下，可申请个人住房贷款的有(　　)。

A. 房地产公司开发某个人住房楼盘　B. 个人购买第二套住房

C. 个人建造住房　D. 个人住房翻新装修

E. 个人租房

【解析】个人住房贷款是指银行向自然人发放的用于购买、建造和大修理各类型住房的贷款。

24. 按照产品用途的不同，个人贷款产品包括(　　)。

A. 个人消费类贷款　B. 个人质押贷款

C. 个人保证贷款　D. 个人信用贷款

E. 个人经营类贷款

【解析】个人贷款产品的种类有以下几种划分方法：①根据产品用途不同，个人贷款产品分为个人消费类贷款和个人经营类贷款等；②根据有无担保，个人贷款产品可以分为有担保贷款和无担保贷款，其中前者包括个人抵押贷款、个人质押贷款、个人保证贷款，后者即个人信用贷款；③根据贷款是否可循环，个人贷款产品分为个人单笔贷款、个人不可循环授信额度、个人可循环授信额度；④按照业务载体的不同，个人贷款可分为传统个人贷款以及信用卡个人贷款；⑤按照业务处理渠道的不同，个人贷款还可分为传统线下个人贷款以及线上个人贷款。

25. 贷款行与借款人确定贷款合同利率时必须参考的因素有(　　)。

A. 法定利率　B. 伦敦同业拆借利率

C. 国内同业拆借利率　D. 借款人意见

E. 央行制定的浮动幅度

【解析】合同利率是指贷款银行根据法定贷款利率和中国人民银行规定的浮动幅度范围以及利率政策等，经与借款人共同商定，并在借款合同中载明的某一笔具体贷款的利率。

26. 质押担保是指借款人或第三人转移对法定财产的占有，将该财产作为贷款的担保。质押担保分为(　　)。

A. 动产质押　B. 不动产质押　C. 固定资产质押　D. 流动资产质押

E. 权利质押

【解析】质押担保主要可分为动产质押和权利质押。动产质押是指借款人或第三人将其动产移交贷款银行占有，将该动产作为贷款的担保，借款人不履行还款义务时，贷款

22DE　23BCD　24AE　25ADE　26AE

银行有权依法以动产折价或以拍卖、变卖该动产的价款优先受偿；权利质押是指以法律规定可以质押的，或贷款银行许可的质押物作为担保，借款人不履行还款义务时，贷款银行有权依法以权利凭证折价或以拍卖、变卖该权利凭证的价款优先受偿。

27. 个人贷款的额度可以根据申请人所购财产价值提供的(　　)确定。

A. 抵押担保额度　　B. 质押担保额度

C. 保证担保额度　　D. 资信情况

E. 收入证明

【解析】除了人民银行、银保监会或国家其他有关部门有明确规定外，个人贷款的额度可以根据申请人所购财产价值提供的抵押担保、质押担保和保证担保的额度以及资信等情况确定。

三、判断题(请对下列各题的描述做出判断，正确的用A表示，错误的用B表示)

1. 个人保证贷款手续涉及银行、借款人、担保人三方，因此贷款办理环节较多，办理时间长。(　　)[2018年6月真题]

【解析】个人保证贷款手续简便，只要保证人愿意提供保证，银行经过核保认定保证人具有保证能力，签订保证合同即可，整个过程涉及银行、借款人和担保人三方，贷款办理时间短，环节少。

2. 等比累进还款法是借款人每个时间段以一定比例累进的金额偿还贷款，其中每个时间段归还的金额仅包括该时间段应还本金，按还款间隔逐期归还，在贷款截止日期前全部还清本息。(　　)[2017年6月真题]

【解析】等比累进还款法是指借款人每个时间段上以一定比例累进的金额(分期还款额)偿还贷款，其中每个时间段归还的金额包括该时间段应还利息和本金，按还款间隔逐期归还，在贷款截止日期前全部还清本息。此种方法通常与借款人对于自身收入状况的预期相关。

3. 自营性个人住房贷款，是指银行运用信贷资金向在城镇或农村购买、建造或大修理各类住房的个人发放的贷款。(　　)[2016年11月真题]

【解析】自营性个人住房贷款，也称商业性个人住房贷款，是指银行运用信贷资金向在城镇购买、建造或大修理各类型住房的自然人发放的贷款。

4. 贷款利息是货币所有者因暂时让渡一定货币资金使用权而从借款人那里取得的报酬。(　　)[2015年10月真题]

【解析】贷款利率是借款人为取得货币资金的使用权而支付给银行的价格，利息是货币所有者因暂时让渡一定货币资金的使用权而从借款人那里取得的报酬，实际上就是借贷资金的"成本"。利息水平的高低是通过利率的大小表示的。

5. 客户申请个人抵押授信额度时没有明确指定使用用途，因此贷款不需要提供用途证明。(　　)[2015年5月真题]

【解析】客户申请个人抵押授信额度时没有明确指定使用用途，其使用用途比较综合。在

27ABCD　‖　1B　2B　3B　4A　5B

额度获批后申请用款时，需要提供贷款使用用途证明。

6. 个人信用贷款无须办理任何担保手续，风险成本相对高，但银行操作成本低，所以，银行在核定贷款利率时，通常较担保贷款利率低。(　　)[2015 年 5 月真题]

【解析】银行对个人信用贷款的借款人一般有严格的规定，需要经过严格审查。此外，由于个人信用记录和个人信用评级时刻都在变化，因此还需要时时跟踪个人的信用变化状况，银行操作成本并不低。

7. 个人信用贷款是商业银行向个人发放的，无需提供任何抵、质押物，只需保证人提供保证的人民币贷款。(　　)[2014 年 11 月真题]

【解析】个人信用贷款是银行向自然人发放的无须提供任何担保的贷款。

8. 个人抵押授信贷款提供了一个有明确授信额度的循环信贷账户，借款人可使用部分或全部额度，一旦已经使用的余额得到偿还，该信用额度又可以恢复使用。(　　)[2014 年 11 月真题]

【解析】在个人抵押授信贷款中，借款人只需要一次性地向银行申请办理个人抵押授信贷款手续，取得授信额度后，便可以在有效期和贷款额度内循环使用。个人抵押授信贷款提供了一个有明确授信额度的循环信贷账户，借款人可使用部分或全部额度，一旦已经使用的余额得到偿还，该信用额度又可以恢复使用。

9. 个人保证贷款仅包括以银行认可的、具有代位清偿债务能力的法人或其他经济组织作为保证人而向个人发放的贷款。(　　)[2014 年 11 月真题]

【解析】个人保证贷款是指银行以银行认可的，具有代位清偿债务能力的法人、其他经济组织或自然人作为保证人而向个人发放的贷款。

10. 期限在 1 年以内(含 1 年)的个人贷款的利率可分段计息。(　　)[2014 年 6 月真题]

【解析】一般来说，贷款期限在 1 年以内(含)的实行合同利率，遇法定利率调整不分段计息，执行原合同利率；贷款期限在 1 年以上的，合同期内遇法定利率调整时，可由借贷双方按商业原则确定，可在合同期间按月、按季、按年调整，也可采用固定利率的确定方式。

11. 如果个人保证贷款出现逾期，银行可直接向保证人扣收贷款，无须通过法律程序。(　　)[2013 年 11 月真题]

【解析】个人保证贷款是指银行以银行认可的，具有代位清偿债务能力的法人、其他经济组织或自然人作为保证人而向自然人发放的贷款。如果贷款出现逾期，银行可按合同约定依法向保证人追索或直接向保证人扣收贷款。

12. 个人汽车贷款所购车辆按注册登记情况可以划分为新车和二手车。(　　)[2012 年 10 月真题]

【解析】个人汽车贷款所购车辆按注册登记情况可以划分为新车和二手车。二手车是指从办理完机动车注册登记手续到规定报废年限一年之前进行所有权变更并依法办理过户手续的汽车。

6B　7B　8A　9B　10B　11A　12A

13. 个人贷款业务，可以帮助金融机构增加收入、分散贷款过于集中的风险，也可以满足居民的消费需求。(　　)[2010 年 10 月真题]

【解析】开展个人贷款业务，不但有利于金融机构增加收入和分散风险，而且有助于满足城乡居民的消费需求、繁荣金融行业、促进国民经济的健康发展。

14. 二手车是指从办理完机动车注册登记手续到规定报废年限一年之前进行所有权变更的汽车。(　　)[2010 年 5 月真题]

【解析】二手车是指从办理完机动车注册登记手续到规定报废年限一年之前进行所有权变更并依法办理过户手续的汽车。

15. 组合还款法使得借款人可以在贷款期限内将本金分为几个部分，各部分采用不同还款方式。(　　)[2009 年 6 月真题]

【解析】组合还款法是一种将贷款本金分段偿还，根据资金的实际占用时间计算利息的还款方式，即根据借款人未来的收支情况，首先将整个贷款本金按比例分成若干偿还阶段，然后确定每个阶段的还款年限。还款期间，每个阶段约定偿还的本金在规定的年限中按等额本息的方式计算每月偿还额，未归还的本金部分按月计息，两部分相加即形成每月的还款金额。

16. 客户可以通过个人贷款业务服务中心、声讯电话、网上银行、电话银行办理个人贷款业务。(　　)

【解析】客户可以通过银行营业网点、专门的个人贷款服务中心、网上银行、电话银行等多种方式了解、咨询银行的个人贷款业务；可以在银行所辖营业网点、网上银行、个人贷款服务中心、手机银行以及第三方合作平台等渠道办理个人贷款业务。

17. 银行一般要求贷款人的年龄一般在 18(含)~60 周岁(含)。(　　)

【解析】银行一般要求个人贷款客户至少需要满足的基本条件之一为：具有完全民事行为能力的自然人，年龄一般在 18(含)~65 周岁(含)。

18. 客户可以基于各类数据和风险模型，实现线上自动受理贷款申请、风险评估、授信审批、合同签订、贷款支付、贷后管理等核心业务环节操作。(　　)

【解析】目前，客户可以基于各类数据和风险模型，实现线上自动受理贷款申请、风险评估、授信审批、合同签订、贷款支付、贷后管理等核心业务环节操作，为个人贷款客户提供了极大的便利。

四、综合题

沈阳市民郑女士一家最近购买了一套总价 40 万元的新房，首付 10 万元，商业贷款 30 万元，期限 20 年，年利率 6%。

(1)郑女士可以选择等额本金还款法与等额本息还款法中的一种，两者相比(　　)。

A. 前者前期还款压力较小　　B. 后者后期还款压力较小

C. 后者利息支出总额较小　　D. 前者利息支出总额较小

【解析】银行的个人住房贷款的还款方式主要有等额本息还款法与等额本金还款法。等

13A　14B　15B　16B　17B　18A　▌　(1)D

额本息还贷方式每月按相同金额还贷款本息，月还款中利息逐月递减，本金逐月递增；等额本金还贷方式还款金额递减，月还款中本金保持相同金额，利息逐月递减。二者的主要区别在于，前者每期还款金额相同，即每月本金加利息总额相同，客户还贷压力均衡，但利息负担相对较多；后者又称“递减还款法”，每月还款本金相同，利息不同，前期还款压力大，但以后的还款金额逐渐递减，利息总负担较少。

(2)如果采用等额本息方式还款，每月还款额为(　　)元。(取整数)(填空题)

【解析】采用等额本息还款法，每月还款的金额(本息和)是相同的。每月还款额 = $300000 \times 6\%/12 \times (1+6\%/12)^{240}/[(1+6\%/12)^{240}-1] \approx 2149$(元)。

(3)等额本息还款方式的利息总额为(　　)元。(取整数)(填空题)

【解析】由上题可知，总还款额为 $2149 \times 20 \times 12 = 515760$(元)，其利息总额 $= 515760 - 300000 = 215760$(元)。

(4)如果采用等额本金方式还款，第二个月还款额为(　　)元。(填空题)

【解析】采用等额本金还款法，每月还款本金相同，利息递减。第二个月还款额为：每月还款本金 = 贷款本金/还款期数 $= 300000/(20 \times 12) = 1250$(元)，当月还款利息 =(贷款本金 - 累计已还本金) × 月利率 $= (300000 - 1250) \times 6\%/12 = 1493.75$(元)，当月还款金额 = 每月还款本金 + 当月还款利息 $= 1250 + 1493.75 = 2743.75$(元)。

(5)等额本金方式的利息总额为(　　)元。(填空题)

【解析】第一个月还款利息 $= 300000 \times 6\%/12 = 1500$(元)，第二百四十个月还款利息 $= (300000 - 1250 \times 239) \times 6\%/12 = 6.25$(元)，根据等差数列求和公式可得利息总额 $= (1500 + 6.25)/2 \times 240 = 180750$(元)。

(6)若郑女士选用了等额本金还款法。8 年后郑女士有一笔 10 万元的偶然收入，她计划用这笔钱来提前归还部分商业贷款，提前还贷后，希望还款期限不变，接下来的第一个月还款额为(　　)元。(填空题)

【解析】8 年后已还款 $= 1250 \times 8 \times 12 = 120000$(元)，郑女士又有一笔 10 万元的偶然收入，所以未还贷款本金 $= 300000 - 120000 - 100000 = 80000$(元)，在还款期限不变的条件下，即 80000 元在 $20 - 8 = 12$ 年还清，接下来的第一个月还款额为 $80000/(12 \times 12) + 80000 \times 6\%/12 \approx 955.56$(元)。

---

(2)2149　(3)215760　(4)2743.75　(5)180750　(6)955.56

第二章 个人贷款管理

一、单选题（下列选项中只有一项最符合题目的要求）

1. 以下选项中，优先选择的估值方法不包括市场比较法的是（　　）。［2019 年 6 月真题］

A. 居住用建设用地使用权　　B. 机器设备

C. 居住用房地产　　D. 交通运输设备

【解析】A 项，居住用建设用地使用权优先选择的估值方法为市场比较法；B 项，机器设备优先选择的估值方法为成本法；C 项，居住用房地产优先选择的估值方法为市场比较法；D 项，交通运输设备优先选择的估值方法包括成本法、市场比较法。

2. 关于贷款回收的要求，下列说法错误的是（　　）。［2018 年 10 月真题］

A. 借款人要按照借款合同中规定的还款方式进行还款

B. 一般来讲，贷款到期之前贷后管理人员应向借款人发送还本付息通知单，以督促借款人筹备资金按时足额还本付息

C. 贷款回收的原则一般是先收息、后收本，全部到期，利随本清

D. 贷款的支付方式有委托扣款和柜面还款两种方式，借款人可在合同中约定其中一种方式，一旦约定在贷款期间不能变更

【解析】贷款的支付方式有委托扣款和柜面还款两种方式。借款人可在合同中约定其中一种方式，也可以根据情况在贷款期间进行变更。

3. 个人风险评价中的信用评分模型，运用先进的数据挖掘技术和统计分析方法，对消费者进行系统分析，发展出预测性的模型，以（　　）来综合评估消费者未来的某种信用表现。［2020 年 10 月真题］

A. 在待定群体中的信用等级　　B. 信用评分值

C. 当年的综合收入　　D. 当年的消费总金额

【解析】信用评分模型运用先进的数据挖掘技术和统计分析方法，通过对消费者的人口特征、信用历史记录、行为记录、交易记录等大量数据进行系统分析，挖掘数据中蕴含的行为模式、信用特征，捕捉历史信息和未来信用表现之间的关系，发展出预测性的模型，以一个信用评分来综合评估消费者未来的某种信用表现。

4. 下列关于抵质押登记说法正确的是（　　）。［2018 年 6 月真题］

A. 抵质押登记时间或质物交付银行占有的时间除追加押品情形及例外情况外，不得晚于抵质押贷款的合同签订时间

B. 办理预告登记的，经办行（机构）应关注可办理正式登记的时间，并在能够办理登记之日起的规定期限内申请办理抵质押权登记

C. 如登记部门明确要求的登记期限长于授权期限，经办行（机构）应及时重新办理登记

D. 登记部门要求明确登记期限的，登记届满期限原则上不得晚于授信到期期限

【解析】A 项，抵质押登记时间或质物交付银行占有的时间除追加押品情形及例外情况外

1B　2D　3B　4B

不得晚于抵质押贷款的实际发放时间；C 项，如登记部门明确要求的登记期限短于授信期限，经办行(机构)应及时办理展期登记或在确保银行原有抵质押顺位不变的前提下，重新办理登记；D 项，登记部门要求明确登记期限的，登记届满期限原则上不得早于授信到期期限。

5. 客户盈利分析模型进行贷款定价的思想中，错误的是(　　)。[2020 年 10 月真题]
A. 该模型要求以客户为基本核算单位，对银行的成本核算管理有较高的要求
B. 客户盈利分析模式体现了“成本导向”定价思想
C. 根据客户对银行的贡献来制定差别化的个人贷款价格
D. 银行经营中存在“二八定律”，即 20% 的客户带来 80% 的利润

【解析】B 项，客户盈利分析模式摒弃了传统的“成本导向”定价思想，树立了“以客户为中心”的经营理念，体现了客户的地位和重要性。

6. 关于个人贷款定价原则的表述，错误的是(　　)。[2018 年 6 月真题]
A. 在个人贷款与其他业务组合销售的情况下，银行应提高个人贷款价格
B. 应使个人贷款价格充分反映和弥补信贷风险
C. 个人贷款的资金来源主要是中长期存款，贷款利率在相当程度上取决于存款利率
D. 当宏观经济趋热时，银行应提高个人贷款价格

【解析】A 项，为了鼓励客户更多地购买银行的产品，银行可以对综合贡献度较高的个人客户，在个人贷款定价上给予一定的优惠。一方面，客户所需的金融服务不限于个人信贷，还需要银行提供其他金融服务；另一方面，个人贷款的资金来源不限于存款，还有其他成本不同的资金来源。因此，银行在组合资金来源以及组合信贷产品销售的情况下，可综合测算组合成本与组合收益，使两者相互匹配，并在确保适度利润的前提下定价。

7. 下列关于个人借款合同变更的表述，错误的是(　　)。[2017 年 10 月真题]
A. 银行允许借款人在合同履行期间申请调整分期还款额，并分清原因，分别处理
B. 个人借款合同主体变更包括贷款银行的变更和借款人的变更两方面
C. 在合同履行期间，借款人可以向银行提出变更贷款担保申请
D. 个人借款合同变更包括合同主体变更、贷款期限变更、分期还款额变更、还款方式变更等

【解析】B 项，在合同履行期间，须变更借款合同主体的，借款人或财产继承人持有效法律文件，向贷款银行提出书面申请。经审批同意变更借款合同主体后，贷款银行与变更后的借款人、担保人重新签订有关合同文本。

8. 关于信用风险监控，下列说法错误的是(　　)。[2017 年 6 月真题]
A. 授信余额超过一定限额的借款人，贷后检查次数可适当降低
B. 客户风险状况变化时，贷后管理的频率、措施及考核的方式进行相应调整
C. 对风险级别较高的客户，应纳入重点关注客户清单管理
D. 信用风险监测是一个动态、连续的过程，需要风险管理者通过各种监控手段，动态捕捉信用风险领域的异常变动

5B　6A　7B　8A

【解析】A 项，授信风险越高的客户，贷后检查次数应越多、频率应越高，例如对于个人经营贷款、商业用房贷款等投资经营性质的高风险贷款，以及授信余额超过一定限额的借款人，应定期进行检查。

9. 关于合格的个人贷款申请人，下列说法正确的是(　　)。[2016 年 11 月真题]
A. 必须是中国国籍的公民
B. 必须是年满 18 周岁的公民
C. 必须是具有完全民事行为能力的自然人
D. 可以是自然人，也可以是法人

【解析】个人贷款申请应具备以下条件：①借款人为具有完全民事行为能力的中华人民共和国公民或符合国家有关规定的境外自然人；②贷款用途明确合法；③贷款申请数额、期限和币种合理；④借款人具备还款意愿和还款能力；⑤借款人信用状况良好，无重大不良信用记录；⑥贷款人要求的其他条件。

10. 贷款受理人应对借款申请人提交的借款申请书及申请材料进行初审，初审环节的内容不包括(　　)。[2016 年 11 月真题]
A. 借款申请人所提交材料的完整性　　B. 借款申请人所提交材料的真实性
C. 借款申请人所提交材料的规范性　　D. 借款申请人的主体资格

【解析】贷款受理人应对借款申请人提交的借款申请书及申请材料进行初审，主要审查借款申请人的主体资格及借款申请人所提交材料的完整性与规范性。

11. 贷款人受托支付完成后，应(　　)，归集保存相关凭证。[2016 年 11 月真题]
A. 对账户进行分析　　B. 详细记录资金流向
C. 不必掌握资金流向　　D. 核查相关凭证

【解析】采用贷款人受托支付的个人贷款，银行应明确受托支付的条件，规范受托支付的审核要件，贷款人应要求借款人在使用贷款时提出支付申请，并授权贷款人按合同约定方式支付贷款资金。贷款人应在贷款资金发放前审核借款人相关交易资料和凭证是否符合合同约定条件，支付后做好有关细节的认定记录。贷款人受托支付完成后，应详细记录资金流向，归集保存相关凭证。

12. 关于银行的营销策略，下列说法错误的是(　　)。[2016 年 11 月真题]
A. 交叉营销的立足点主要在于争取新客户
B. 差异化策略主要适用于竞争对手使用的差异化服务的数目少于有效的差异性服务的数目时
C. 大众营销策略的特点是目标大、针对性不强、效果差
D. 在客户对价格十分敏感的情况下，竞争基本上是在价格层面展开的，此时成本领先战略特别奏效

【解析】A 项，交叉营销的立足点不是放在争取新客户上，而是把工夫花在留住老客户上，一个客户拥有银行的产品越多，被留住的机会就越大。

13. 核实借款人提供的个人资信及收入状况材料时，下列说法错误的是(　　)。[2016 年

9C　10B　11D　12A　13C

11月真题]

A. 提供个人金融及非金融资产证明的，需提供相关权利凭证

B. 提供租赁收入证明的，需提供租赁合同、租赁物所有权证明文件及租金入账证明等

C. 提供个人工资性收入证明的，需提供申请人所在单位加盖公章的收入证明及营业执照等

D. 提供经营性收入证明的，需提供营业执照、财务报表及纳税证明等

【解析】在贷前调查中，应注意核实借款人提供的个人资信及收入状况材料的真实有效性，判断借款人还款资金来源是否稳定，是否能够按时偿还贷款本息。其中，提供的个人工资性收入证明，应由申请人所在单位确认收入证明。

14. 关于借款合同的填写和审核，下列说法错误的是(　　)。[2020年10月真题]

A. 合同填写必须做到标准、规范、要素齐全、数字正确、字迹清晰、不错漏、不潦草，防止涂改

B. 合同填写完毕后，填写人员应及时复核或将有关合同文本交合同复核人员进行复核

C. 需要填写空白栏，且空白栏后有备选项的，在横线上填好选定的内容后，对未选的内容应加横线表示删除；合同条款有空白栏，但根据实际情况不准备填写内容的，应加盖"此栏空白"字样的印章

D. 合同文本要使用统一格式的个人贷款的有关合同文本，对单笔贷款有特殊要求的，可以在合同中的其他约定事项中约定

【解析】B项，合同填写完毕后，填写人员应及时将有关合同文本交合同复核人员进行复核。同笔贷款的合同填写人与合同复核人不得为同一人。

15. 合同变更属于个人住房贷款流程中的(　　)环节。[2016年11月真题]

A. 贷后与档案管理　　B. 贷款的签约和发放

C. 贷款的受理和调查　　D. 贷款的审查和审批

【解析】个人贷款业务贷款流程包括贷款的受理与调查、审查与审批、签约与发放、支付管理和贷后管理五个环节。其中，贷后与档案管理是指贷款发放后到合同终止期间对有关事宜的管理，包括贷后检查、合同变更、本息回收、贷款的风险分类与不良贷款管理以及贷款档案管理等工作。

16. 关于行为评分的应用，下列说法错误的是(　　)。[2017年6月真题]

A. 贷后风险监控中的日常性监控主要通过报表系统实现，面向各级机构的管理者

B. 零售分池系统的输入项包括个贷行为评分和信用卡行为评分

C. 信用卡额度调整中，如果客户申请的信用额度高于影子额度，则可以自动通过客户的额度调整申请

D. 用于预警的决策机制主要基于行为评分卡，再根据业务需要结合其他风险因素

【解析】C项，额度调整的基本思路是：根据一定规则，每个月末自动计算各个信用卡客户的"影子信用额度"，如果客户申请的信用额度低于影子额度，则可以自动通过客户的额度调整申请。

14B　15A　16C

17. 关于资产组合风险监控的关键风险指标，下列说法错误的是(　　)。[2016年11月真题]

A. 贷款迁徙率指标主要指正常及关注类贷款迁徙率

B. 不良资产率一般是指可疑类和损失类贷款之和与信贷资产总额之比

C. 不良贷款拨备覆盖率是准备金占不良贷款余额的比例

D. 风险管理运营效率指标主要包括审批处理量变动、审批通过率变动、催收成功率变动等

【解析】不良资产率，一般是指不良资产(次级类贷款+可疑类贷款+损失类贷款)与信贷资产总额之比。

18. 某银行为某个人优质客户的贷款进行定价时，选取优惠利率为4%。违约风险贴水为50基点，期限风险贴水为30基点，则根据基准利率加点定价模型，该客户的贷款利率为(　　)。[2019年6月真题]

A. 4.8%　　B. 4.2%　　C. 3.2%　　D. 3.8%

【解析】根据基准利率加点定价模型的计算公式，风险加点=违约风险贴水+期限风险贴水=(50+30)×0.01%=0.8%，贷款利率=优惠利率+风险加点=4%+0.8%=4.8%。

19. 根据《个人贷款管理暂行办法》规定，贷款银行调查人应履行尽职调查职责，对个人贷款申请内容和相关情况的真实性、准确性、(　　)进行调查核实，形成调查评价意见。[2016年6月真题]

A. 风险性　　B. 合法性　　C. 合规性　　D. 完整性

【解析】根据《个人贷款管理暂行办法》第十三条，贷款人受理借款人贷款申请后，应履行尽职调查职责，对个人贷款申请内容和相关情况的真实性、准确性、完整性进行调查核实，形成调查评价意见。

20. 数字化营销的途径不包括(　　)。[2016年6月真题]

A. 利用信息发布和信息收集手段来增强银行竞争优势

B. 利用电话推广实施主动营销和客户关系管理

C. 利用搜索引擎来扩大银行网站的知名度

D. 建立形象统一、功能齐全的商业银行网站、APP及公众号

【解析】数字化营销有以下几种途径：①建立形象统一、功能齐全的商业银行网站、APP及公众号；②利用搜索引擎来扩大银行网站的知名度；③利用网络广告开展银行形象、产品和服务的宣传；④利用信息发布和信息收集手段来增强银行的竞争优势；⑤利用交互链接和广告互换增加银行网站、APP及公众号的访问量；⑥利用电子邮件推广实施主动营销和客户关系管理。

21. 居住用房地产作为押品时，价值评估优先选择的估值方法是(　　)。[2020年10月真题]

A. 现金价值法　　B. 市场比较法和收益法孰低原则

C. 市场比较法　　D. 收益现值法

【解析】A项，保单作为押品时，价值评估优先选择的估值方法是现金价值法；B项，

17B　18A　19D　20B　21C

商用房地产作为押品时，应根据市场比较法和收益法孰低原则选择抵质押品价值评估方法；D 项，公路收费权、应收租金、学校收费权等作为押品时，价值评估优先选择的估值方法是收益现值法。

22. 2015 年 6 月，刘某到银行申请贷款 200 万元，贷款期限 2 年，贷款年化利率为 7%，担保物为深圳证券交易所市场发行的记账式国债(记账式国债期限为 5 年期，到期日为 2020 年 1 月 30 日，发行价为 195 元/张，面值 200 元/张，市值 190 元/张)3200 手(1 手 = 10 张)。请问押品评估价值为(　　)元。[2016 年 6 月真题]

A. 6840000　　B. 6400000　　C. 6240000　　D. 6080000

【解析】当客户以上海或深圳证券交易所记账式国债质押时，采用"发行价、市价、面值孰低法"评估押品价值。该记账式国债的发行价、市价、面值分别为 195、190、200 元/张，因此评估价值采用市价计算，即 $3200 \times 10 \times 190 = 6080000$(元)。

23. 在个人贷款业务中，出现(　　)情形时，银行须限期要求借款人更换银行认可的新的担保。[2015 年 10 月真题]

A. 抵押人经银行同意转让抵押物，但所得价款未用于提前清偿所担保债权的

B. 因第三人的行为导致抵押物的价值减少，而抵押人将损害赔偿金存入银行指定账户的

C. 抵押人妥善保管抵押物的

D. 经银行书面同意，抵押人转让、出租、再抵押或以其他方式处分抵押物的

【解析】发现抵押物出现下列情况的，应限期要求借款人更换贷款银行认可的新的担保：①抵押人未妥善保管抵押物、拒绝贷款银行对抵押物是否完好进行检查的；②因第三人的行为导致抵押物的价值减少，而抵押人未将损害赔偿金存入贷款银行指定账户的；③抵押物毁损、灭失、价值减少，足以影响贷款本息的清偿，抵押人未在一定期限内向贷款银行提供与减少的价值相当的担保的；④未经贷款银行书面同意，抵押人转让、出租、再抵押或以其他方式处分抵押物的；⑤抵押人经贷款银行同意转让抵押物，但所得价款未用于提前清偿所担保的债权的；⑥抵押物被重复抵押。

24. 在个人贷款的受理与调查环节中，抵押人对抵押物占有的合法性的调查内容不包括(　　)。[2015 年 10 月真题]

A. 财产共有人是否同意抵押

B. 抵押物是否已设定抵押权属

C. 借款申请人提供的抵押物是否为抵押人所拥有

D. 抵押物是否真实存在，交易价格是否合理

【解析】采取抵押担保方式的，应调查以下内容：①抵押物的合法性；②抵押物权属情况是否符合设定抵押的条件，借款申请人提供的抵押物是否为抵押人所拥有，财产共有人是否同意抵押，抵押物所有权是否完整；③抵押人对抵押物占有、处分的合法性，包括抵押物已设定抵押权、居住权等情况；④抵押物价值与存续状况，包括抵押物是否真实存在、存续状态，评估价格是否合理等。

22D　23A　24D

25. 对于银行的高端个人客户，营销策略适用性不强的是(　　)。[2015 年 10 月真题]

A. 情感营销策略　B. 大众营销策略　C. 单一营销策略　D. 专业化策略

【解析】商业银行可以通过以下几种策略来达到营销目的：①低成本策略；②差异化策略；③专业化策略；④大众营销策略；⑤单一营销策略；⑥情感营销策略；⑦分层营销策略；⑧交叉营销策略；⑨定向营销策略。其中，大众营销是指银行的产品和服务是满足大众化需求，适宜所有的人群。其特点是目标大、针对性不强、效果差。

26. 下列关于个人贷款合作机构营销的说法，不正确的是(　　)。[2015 年 10 月真题]

A. 在挑选经销商作为合作单位时，银行应对其注册资本、经营业绩、行业排名、门店及经纪人数量、信誉状况等指标进行综合分析评价

B. 商业银行与经销商合作的典型做法是与其签署合作协议，由经销商向银行提供客户信息或推荐客户

C. 对于二手个人购房贷款而言，商业银行最主要的合作单位是房地产经纪公司

D. 对于一手个人购房贷款而言，在借款人购买的房屋没有办好抵押登记之前，由银行提供阶段性或全程担保

【解析】D 项，对于一手个人购房贷款，在借款人购买的房屋没有办好抵押登记之前，一般要求由开发商提供阶段性或全程担保。

27. 下列关于个人贷款信用风险分析中的专家判断法，说法错误的是(　　)。[2015 年 10 月真题]

A. 要维持专家制度，需要的专业分析人员数量会越来越多

B. 专家判断法是一种最古老的信用风险分析方法

C. 专家判断法实施的效果比较稳定

D. 运用专家判断法，容易造成信贷评估的主观性、随意性和不一致性

【解析】C 项，专家判断法实施的效果很不稳定，因为专家制度依靠的是具有专业知识的信贷人员，而这些人员本身的素质高低和经验多少将会直接影响该项制度的实施效果。

28. 根据《个人贷款管理暂行办法》规定，贷款人应加强对贷款的发放管理，遵循________分离的原则，设立________放款管理部门或岗位，负责落实放款条件，发放满足约定条件的个人贷款。(　　)[2015 年 5 月真题]

A. 前台与后台；独立的　B. 调查与审查；专门的

C. 审贷与放贷；专门的　D. 审贷与放贷；独立的

【解析】贷款人应加强对贷款的发放管理，遵循审贷与放贷分离的原则，设立独立的放款管理部门或岗位，负责落实放款条件，发放满足约定条件的个人贷款。借款合同生效后，贷款人应按合同约定及时发放贷款。

29. 银行业务部门应根据贷款审批人的审批意见，对未获批准的借款申请，及时告知(　　)，将有关材料退还，并做好解释工作，同时做好信贷拒批记录存档。[2015 年 5 月真题]

A. 调查人　B. 贷款人　C. 审查人　D. 借款人

25B　26D　27C　28D　29D

【解析】银行业务部门对未获批准的借款申请，应及时告知借款人，将有关材料退还，并做好解释工作，同时做好信贷拒批记录存档；对需要补充材料的，应按要求及时补充材料后重新履行审查、审批程序。

30. 商业银行营销策略中的(　　)，是商业银行依据客户需求的差异性和类似性，把整个市场划分为若干客户群，区分为若干子市场。[2015 年 5 月真题]

A. 单一营销策略　　B. 低成本策略

C. 差异化策略　　D. 分层营销策略

【解析】客户分层是指银行依据客户需求的差异性和类似性，把整个市场划分为若干客户群，区分为若干子市场。分层营销是现代营销最基本的方法，它把客户分成不同的细分市场，提供不同的产品和不同的服务。

31. 银行营销策略中的(　　)，是指针对每一个客户的个体需求而设计不同的产品和服务，有条件地满足单个客户的需要。[2014 年 11 月真题]

A. 产品差异策略　　B. 单一营销策略

C. 低成本策略　　D. 专业化策略

【解析】单一营销策略，又称一对一的营销，它是针对每一个客户的个体需求而设计不同的产品或服务，有条件地满足单个客户的需要。

32. 关于个人贷款还款方式变更，下列说法正确的是(　　)。[2014 年 6 月真题]

A. 借款人可通过电话或书面方式提出还款方式变更申请

B. 各种还款方式之间可以随意相互变更

C. 借款人贷款账户中应没有拖欠本息及其他费用

D. 借款人可在变更还款方式后归还当期贷款本息

【解析】AD 两项，借款人若要变更还款方式，需要满足如下条件：①向银行提交还款方式变更申请书；②借款人的贷款账户中没有拖欠本息及其他费用；③借款人在变更还款方式前应归还当期的贷款本息。B 项，由于各种还款方式是在一定条件下，需要遵循不同的计息规定的，因此，并不是所有的还款方式之间都可以随意互相变更。

33. 按照中国银行保险监督管理委员会《贷款风险分类指引》规定，(　　)三类贷款称为不良贷款。[2014 年 6 月真题]

A. 次级类、关注类和损失类　　B. 关注类、可疑类和损失类

C. 次级类、可疑类和损失类　　D. 关注类、可疑类和次级类

【解析】按照五级分类方式，不良个人贷款包括五级分类中的后三类贷款，即次级、可疑和损失类贷款。

34. 下列不属于个人贷款合作单位的是(　　)。[2014 年 6 月真题]

A. 担保机构　　B. 开发商　　C. 汽车经销商　　D. 房地产交易中心

【解析】公积金个人住房贷款、个人汽车贷款等贷款种类中均涉及与担保机构的合作。对于一手个人购房贷款，商业银行最主要的合作单位是房地产开发商。在消费场所或网络购物平台开展营销，典型做法是与经销商及网络平台合作，与其签署合作协议，

30D　31B　32C　33C　34D

由其向银行提供客户信息或推荐客户。

35. 不良个人住房贷款的处置方式不包括(　　)。[2013 年 11 月真题]

A. 通过拍卖行竞拍　　B. 申请强制执行

C. 向法院提起诉讼　　D. 与借款人协商变卖

【解析】不良贷款的抵押物处置可采取与借款人协商变卖、向法院提起诉讼或申请强制执行依法处分。

36. 按照银保监会文件规定，贷款人受托支付是指(　　)。[2013 年 11 月真题]

A. 贷款人根据借款人的提款申请和支付委托，将贷款资金支付给符合合同约定用途的借款人交易对象

B. 贷款人根据借款人的提款申请和支付委托，将贷款资金发放至借款人账户，并由借款人支付给符合合同约定用途的借款人交易对象

C. 贷款人根据借款人的提款申请和支付委托，将贷款资金支付给专门成立的托管机构

D. 贷款人根据借款人的提款申请和支付委托，将贷款资金支付给第三方托管机构

【解析】贷款人应按照借款合同约定，通过贷款人受托支付或借款人自主支付的方式对贷款资金的支付进行管理与控制。其中，贷款人受托支付是指贷款人根据借款人的提款申请和支付委托，将贷款资金支付给符合合同约定用途的借款人交易对象。

37. 个人贷款的贷前调查应以(　　)为主。[2013 年 11 月真题]

A. 间接调查　　B. 委托调查　　C. 实地调查　　D. 网上调查

【解析】个人贷款的贷前调查应以实地调查为主、间接调查为辅，采取现场核实、电话查问以及信息咨询等途径和方法。

38. 对于二手个人购房贷款，银行最主要的合作单位是(　　)。[2013 年 11 月真题]

A. 房地产开发商　　B. 房地产经纪公司

C. 房产局　　D. 住房置业担保公司

【解析】对于二手个人购房贷款，商业银行最主要的合作单位是房地产经纪公司；对于一手个人购房贷款而言，较为普遍的贷款营销方式是银行与房地产开发商合作的方式。

39. 数字化业务不具备的特点是(　　)。[2013 年 11 月真题]

A. 运行环境开放　　B. 电子虚拟服务方式

C. 提高了银行成本　　D. 模糊的业务时空界限

【解析】数字化业务的特征包括：①电子虚拟服务；②运行环境开放；③模糊的业务时空界限；④业务实时处理；⑤减少操作人员投入，降低了银行运营成本；⑥严密的安全系统，保证交易安全。

40. (　　)是现代营销最基本的方法，介于大众营销和一对一营销之间。[2013 年 11 月真题]

A. 专业化营销策略　　B. 差异化营销策略

C. 分层营销策略　　D. 交叉营销策略

35A　36A　37C　38B　39C　40C

【解析】分层营销是现代营销最基本的方法，它把客户分成不同的细分市场，提供不同的产品和不同的服务，但又不同于一对一的营销，研究的是某一层面所有的需求，介于大众营销和一对一营销之间，用相对少的资源满足一批客户的需求。

41. 个人贷款采取抵押担保方式的，不属于调查内容的是(　　)。[2012 年 10 月真题]

A. 抵押物价值与存续状况　　B. 保证担保是否有效

C. 抵押物的合法性　　D. 评估价格是否合理

【解析】采取抵押担保方式的，应调查以下内容：①抵押物的合法性，包括调查抵押物是否属于《民法典》规定且银行认可的抵押财产范围；②抵押物权属情况是否符合设定抵押的条件，借款申请人提供的抵押物是否为抵押人所拥有，财产共有人是否同意抵押，抵押物所有权是否完整；③抵押人对抵押物占有、处分的合法性，包括抵押物已设定抵押权、居住权等情况；④抵押物价值与存续状况，包括抵押物是否真实存在、存续状态，评估价格是否合理，对抵押物交易价格或评估价格明显高于当地平均房屋价值或明显高于当地同类物业价格的，调查人可要求经贷款银行认可的评估机构重新评估。

42. 对于采取抵押担保方式的个人贷款业务，贷款人应调查抵押物的合法性，包括调查抵押物是否属于(　　)及其司法解释规定且银行认可的抵押财产范围。[2016 年 11 月真题]

A.《保险法》　　B.《商业银行法》

C.《民法典》　　D.《银行业监督管理法》

43. 准确把握个人贷款业务操作流程，可有效规避贷款风险。下列环节不属于贷款操作流程的是(　　)。[2012 年 6 月真题]

A. 审查与审批　　B. 支付管理与贷后管理

C. 受理与调查　　D. 产品开发与设计

【解析】个人贷款业务操作流程包括受理与调查、审查与审批、签约与发放、支付管理和贷后管理。

44. 以下关于“直客式”个人贷款营销模式的表述错误的是(　　)。[2010 年 10 月真题]

A. 可以让客户摆脱房地产商指定贷款银行的限制

B. 银行客户经理要按照“了解你的客户，服务熟悉客户”的原则，直接营销客户

C. 有利于银行全面了解客户的需求

D. 它的缺点在于客户在买房时不能享受一次性付款的优惠

【解析】D 项，“直客式”个人贷款营销模式的特点在于买房时享受一次性付款的优惠。

45. 个人贷款发放以后，还要进行贷后管理，下列不属于贷后检查范畴的是(　　)。[2010 年 5 月真题]

A. 对借款人的检查　　B. 对保证人的检查

C. 对抵押物、质押权利的检查　　D. 对借款企业公司治理的检查

【解析】个人贷款贷后检查包括：①对借款人的检查；②对担保情况的检查，包括对保证人的检查、对抵押物的检查以及对质押权利的检查。

41B　42C　43D　44D　45D

46. 贷款的回收是指借款人按借款合同约定的还款计划、还款方式及时、足额地偿还(　　)。[2010年5月真题]

A. 贷款本息　　B. 贷款利息　　C. 贷款违约金　　D. 贷款本金

【解析】贷款的回收是指借款人按借款合同约定的还款计划、还款方式及时、足额地偿还贷款本息。贷款回收的原则一般是先收息、后收本，全部到期、利随本清。

47. 银行在与开发商签订《商品房销售贷款合作协议》前，要对房地产开发商及其所开发的项目进行全面审查，审查内容不包括(　　)。[2010年5月真题]

A. 项目自有资金到位情况　　B. 开发商行业排名

C. 项目开发和销售合法性　　D. 开发商资信及经营状况

【解析】银行在与开发商签订《商品房销售贷款合作协议》前，要对房地产开发商及其所开发的项目进行全面审查，包括对开发商的资信及经营状况审查、项目开发和销售的合法性审查、项目自有资金的到位情况审查以及对房屋销售前景的了解等。

48. 下列关于个人贷款合同的说法，错误的是(　　)。[2009年6月真题]

A. 应使用统一格式的个人贷款的有关合同文本

B. 对不准备填写内容的空白栏不需再做处理

C. 同笔贷款的合同填写人与合同复核人不得为同一人

D. 对采取抵押担保方式的，应要求抵押物共有人在相关合同文本上签字

【解析】在填写个人贷款合同时，需要填写空白栏，且空白栏后有备选项的，在横线上填好选定的内容后，对未选的内容应加横线表示删除；合同条款有空白栏，但根据实际情况不准备填写内容的，应加盖“此栏空白”字样的印章。

49. 在个人贷款业务中，下列主体可能具有担保资格的是(　　)。

A. 与借款人有关系的自然人

B. 不具有代偿能力的法人

C. 有重大违法行为损害银行利益的法人

D. 三年内连续亏损的法人

【解析】在个人贷款中，保证人为法人的要具备保证人资格和代偿能力。如果保证人三年内连续亏损、在银行黑名单之列或有重大违法行为损害银行利益的，均不得作为保证人。与借款人有关系的自然人如果具备保证人资格和代偿能力，可以担当保证人。

50. 个人贷款合同填写并复核无误后，贷款发放人应与借款人、担保人签订合同，则下列关于合同签订的说法错误的是(　　)。

A. 保证人如为法人，保证方签字人应为其管理者

B. 借款人、保证人为自然人的，应当面核实签约人身份证明之后由签约人当场签字

C. 如果签约人委托他人代替签字，签字人必须出具委托人委托其签字并经公证的委托授权书

D. 在签订(预签)有关合同文本前，贷款发放人应履行充分告知义务

【解析】个人贷款保证人为法人的，保证方签字人应为其法定代表人或其授权代理人，

46A　47B　48B　49A　50A

授权代理人必须提供有效的书面授权文件。

51. 借款人委托其他自然人代办个人贷款的划付时，代理人需要持有的证件或材料不包括(　　)。

A. 本人身份证件　　B. 借款人身份证件

C. 借款人授权委托书　　D. 个人住房贷款审批表

【解析】在个人贷款的划付环节，借款人可以委托贷款银行或其他代理人代为办理。如借款人委托其他自然人代办的，代理人应持本人身份证件、借款人身份证件和借款人授权委托书到柜台办理。贷款银行认为有必要的，可以要求对授权委托书进行公证。

52. 根据《个人贷款管理暂行办法》规定，贷款人应按照借款合同约定，收回贷款本息。对于未按照借款合同约定偿还的贷款，贷款人应采取措施进行清收，或者(　　)。[2012年6月真题]

A. 协议重组　　B. 催收　　C. 核销　　D. 起诉

【解析】根据《个人贷款管理暂行办法》第四十条，贷款人应按照借款合同约定，收回贷款本息。对于未按照借款合同约定偿还的贷款，贷款人应采取措施进行清收，或者协议重组。

53. 关于借款合同的变更与解除，下列说法错误的是(　　)。

A. 借款合同依法需要变更的，必须经借贷双方协商同意，协商未达成之前借款合同继续有效

B. 如需办理抵押变更登记的，借款人应到原抵押登记部门办理变更抵押登记手续及其他相关手续

C. 当借款保证人失去保证能力时，借款人可申请以信用贷款替代原贷款

D. 借款人在还款期限内丧失民事行为能力后，如果没有财产继承人和受遗赠人，贷款银行有权提前收回贷款，并依法处分抵押物或质物，用以归还未清偿部分

【解析】当发生保证人失去保证能力或保证人破产、分立、合并等情况时，借款人应及时通知贷款银行，并重新提供贷款银行认可的担保。

54. 中国银行(香港)有限公司根据人的生命周期设计了从婴儿开始到年老每个生长阶段的金融产品，有“安儿保”“置业理想按揭”“全方位投资”“业主万用钱”“积富之选”“幸运星”“期权宝”等系列金融品种，这属于(　　)策略。

A. 情感营销策略　　B. 分层营销策略

C. 差异化策略　　D. 专业化策略

【解析】情感营销是在单一营销的基础上注入人性化的营销理念，它不局限于满足客户的一次性需要，而是用情感打动客户的心，成为一家银行的忠实客户。如某银行根据人的生命周期设计了从婴儿开始到年老每个生长阶段的金融产品，使客户从小到大自觉接受银行的营销理念，主动选择适合自己的金融产品。

55. 目前，银行最常见的个人贷款营销渠道不包括(　　)。

A. 合作机构营销　　B. 网点机构营销

51D　52A　53C　54A　55D

C. 数字化营销　　　　　　　　　　　　D. 上门拜访营销

【解析】银行营销渠道是指提供银行服务和方便客户使用银行服务的各种手段，即银行产品和服务从银行流转到客户手中所经过的流通途径。从目前情况看，银行最常见的个人贷款营销渠道主要有合作机构营销、网点机构营销和数字化营销三种。

56. 下列关于数字化业务功能的说法，错误的是(　　)。

A. 客户可以在任何时候、任何地点向银行咨询有关信息

B. 用户可以通过查询了解他人的账户和交易情况

C. 用户可以通过上网查询了解银行的情况

D. 能够为客户提供各种信息并处理客户的各种资料报表等

【解析】用户只能通过上网查询了解自己的账户和交易情况，不能查询他人的账户和交易情况。

57. (　　)是指交易对方未能履行义务而造成经济损失的风险。

A. 政策风险　　B. 信用风险　　C. 法律风险　　D. 技术风险

【解析】信用风险是指债务人或交易对手未能履行合同规定的义务或信用质量发生变化，影响金融产品价值，从而给债权人或金融产品持有人造成经济损失的风险。传统上，信用风险是债务人未能如期偿还债务而给经济主体造成损失的风险，因此又被称为违约风险。

58. 申请评分模块是整个个贷审批流程中的一个环节，以下关于评分环节的说法正确的是(　　)。

A. 评分环节是在贷款调查和审核之后，人工审批和贷款发放之前

B. 评分环节是在人工审批和贷款调查之后，审核和贷款发放之前

C. 评分环节是在贷款调查和审核之后，自动审批和贷款发放之前

D. 评分环节是在自动审批和贷款调查之后，审核和贷款发放之前

【解析】申请评分模块是整个个贷审批流程中的一个环节，在贷款调查和审核之后，人工审批和贷款发放之前，是贷前风险识别评估的重要手段。要实现申请评分进行自动审批、提高审批效率、统一风险偏好的功能目标，必须保证评分所依据的数据真实、有效、合法合规。

59. 下列哪一项不是评分卡所包含的内容？(　　)

A. 风险排序　　　　　　　　　　　B. 自动化的审批决策

C. 人工审批贷款的风险点提示　　　D. 个人业务管理水平

【解析】申请评分卡提供的客户评分可用于以下内容：①不同客户的风险排序；②自动审批决策；③对每一笔未自动审批贷款的各种风险点提示。

60. 对客户进行行为评分时，所依据的关键信息不包括(　　)。

A. 还款与拖欠行为历史记录　　　　B. 账户使用记录

C. 额度信息　　　　　　　　　　　D. 客户关系信息

【解析】行为评分主要依据客户的账户历史使用行为进行评分，具体细分为还款与拖欠

56B　57B　58A　59D　60D

行为历史记录、账户使用记录、额度信息等几类行为信息。D 项为申请评分卡决策所依据的关键信息。

61. 催收评分是一系列计量分析模型的总称，其模型种类不包括(　　)。
A. 违约概率模型　　B. 损失程度模型
C. 客户盈利分析模型　　D. 催收响应模型
【解析】C 项为个人贷款定价模型的一种。

62. 挑选政策被划分为高分挑选政策和低分挑选政策，其中，高分挑选政策主要用于(　　)。
A. 挑选具有某些良好特征的高分客户，进行人工审批
B. 随机挑选一定比例的高分客户，进行人工审批
C. 挑选有瑕疵的高分申请，不允许其直接通过
D. 挑选评分相对较低的申请，不允许其直接通过
【解析】高分挑选政策主要用于挑选有瑕疵的高分申请，如有违约记录的客户不可直接通过；低分挑选政策主要用于挑选具有某些目标客户特征的低分客户进行人工审批。

63. 下列信息中，不属于评分卡关注的征信信息的是(　　)。
A. 银行信贷汇总信息　　B. 为他人担保汇总信息
C. 黑名单信息　　D. 人民银行征信信息的查询历史
【解析】评分卡关注的征信信息主要包括银行信贷汇总信息、信用卡汇总信息、准贷记卡汇总信息、为他人担保汇总信息，以及上述信息的明细信息，另外还包括人民银行征信信息的查询历史等。

64. 下列评分方法中，不属于个贷行为评分的是(　　)。
A. 房贷行为评分　　B. 消费贷行为评分
C. 车贷行为评分　　D. 信用卡行为评分
【解析】零售行为评分主要包括信用卡行为评分和个贷行为评分。其中，个贷行为评分一般包括房贷行为评分、消费贷行为评分和车贷行为评分。

65. 通过预测客户未来可能还款金额的多少计算信贷的预期损失水平的模型是(　　)。
A. 违约概率模型　　B. 损失程度模型
C. 客户盈利分析模型　　D. 催收响应模型
【解析】损失程度模型根据客户的历史行为，预测客户未来可能还款金额的多少，从而计算信贷的预期损失水平，该模型应用范围较广，可以用于 90 天以上的已违约客户。

66. 在实际应用催收评分时，对于不同的客户情况，下面说法错误的是(　　)。
A. 行为模型以客户的历史行为信息为预测变量
B. 对于“新开户即逾期”的客户，不能使用违约概率模型
C. 对于有催收历史的客户，可以根据以往的催收历史应用催收响应模型
D. 对于首次逾期的客户，需要根据其他的行为特征应用催收响应模型
【解析】B 项，违约概率模型可细分为行为模型和无行为模型，行为模型以客户的历史

61C　62C　63C　64D　65B　66B

行为信息为预测变量，对于类似于“新开户即逾期”的无行为信息的客户，需要根据基本信息或其他外部信息构建预测变量。

67. 关于催收策略的优化，以下说法正确的是(　　)。

A. 策略制定好之后一般不轻易改变

B. 策略制定好之后并不是一成不变的，但是最优的策略一般不轻易调整

C. 策略制定好之后并不是一成不变的，即便是最优的策略，也要随时间的推移不断调整与优化

D. 策略制定好之后，最优策略一般会维持较长时间，而其他策略则随时间的推移不断调整与优化

【解析】催收策略制定好之后并不是一成不变的，即便是最优的策略，随着时间推移也会变得不适合，这就需要定期采用冠军/挑战者方法对策略进行优化。

68. 下列关于押品种类的说法正确的是(　　)。

A. 银行的存量押品分为金融质押品、应收账款、商用房地产和居住用房地产三大类

B. 应收账款包括交易类应收账款和应收租金两种

C. 金融质押品包括现金及其等价物、贵金属、债券、股票/基金、保单、保本型理财产品等

D. 商用房地产和居住用房地产大类中不包括房地产类在建工程

【解析】A项，银行的存量押品分为金融质押品、应收账款、商用房地产和居住用房地产、其他押品四大类；B项，除交易类应收账款和应收租金外，应收账款还包括公路收费权、学校收费权等；D项，商用房地产和居住用房地产包括商用房地产、居住用房地产、商用建设用地使用权和居住用建设用地使用权、房地产类在建工程等。

69. 下列选项中，不属于押品价值评估的主要方法的是(　　)。

A. 市场法　　B. 收益法　　C. 成本法　　D. 对比法

【解析】押品价值评估的主要方法有市场法、成本法和收益法等。评估人员可根据押品的类型、特点、在评估过程中所处的状态、评估目的、评估时的市场条件及数据资料的搜集情况等因素选择与押品相适应的评估方法。

70. 关于押品的选择次序，以下说法中不正确的是(　　)。

A. 优先选择缓释能力强、押品价值稳定、不易变现的押品

B. 抵押物应优先选择现房、以出让方式取得的国有土地使用权及其他价值相对稳定、变现能力较强、可设定第一顺位的押品

C. 质押物应优先选择现金、存单、凭证式国债、银行承兑汇票等价值相对稳定、变现能力较强的金融质押品

D. 对一年期以上应收账款、收费权等不易评估、不易监测、价值波动较大的质物应谨慎接受

【解析】A项，优先选择缓释能力强、押品价值稳定、容易变现的押品。在缓释能力相同的情况下，优先选择合格押品、同币种计价的金融质押品。

67C　68C　69D　70A

71. 通过估测被评估资产未来预期收益的现值来确定资产价值的各种评估方法的总称是(　　)。

A. 市场法　　B. 比较法　　C. 收益法　　D. 成本法

【解析】AB 两项，市场法又称市场比较法或比较法，指利用市场上同样或类似资产的近期交易价格，经过直接比较或类比分析来估测资产价值的各种评估技术方法的总称；D 项，成本法是指首先估测被评估资产的重置成本，然后估测被评估资产业已存在的各种贬损因素，并将其从重置成本中予以扣除而得到被评估资产价值的各种评估方法的总称。

72. 有关合同订立、抵质押登记、保险办理的具体要求，下列说法错误的是(　　)。

A. 对容易受到意外事故影响造成损失的押品，经办行应自主办理保险

B. 登记部门要求明确登记期限的，登记届满期限原则上不得早于授信到期期限

C. 经办行应根据授信方案和审批决策文件，与抵质押人签订抵质押合同

D. 对一些法律法规规定可以办理预告登记的特殊情形，经办行应申请办理抵押权预告登记

【解析】A 项，对容易受到自然灾害或意外事故影响造成损失的押品，经办行(机构)应陪同投保人共同办理保险，原则上应购买财产综合险或财产一切险，保险费用由投保人承担。

73. 有关合同订立、抵质押登记、保险办理的具体要求，下列说法错误的是(　　)。

A. 保单金额应至少是贷款本息的两倍

B. 抵质押合同签订后，对于登记生效或未经登记不得对抗善意第三人的押品，经办行应及时到登记部门办理押品登记手续

C. 办理抵质押担保前，已办理保险的，应要求保险公司出具变更为银行优先受偿人的批单

D. 经办行应根据抵质押人和押品状况，确定是否需要办理公证

【解析】A 项，保单金额应至少覆盖贷款本息。

74. 押品类别为应收账款或保本型理财产品的，应在(　　)登记。

A. 证券登记结算公司　　B. 所在地的工商行政管理部门

C. 商业银行　　D. 中国人民银行征信中心

【解析】押品类别为应收账款、保本型理财产品的，在中国人民银行征信中心登记；押品类别为企业的设备和其他不动产的，在财产所在地的工商行政管理部门登记；押品类别为基金份额、证券登记结算机构登记的股权的，在证券登记结算公司登记。

75. 下列做法中，符合押品处置阶段控制的要求的是(　　)。

A. 办理解押手续时，委托客户单独办理

B. 变更后的抵质押率不得低于审批核定的抵质押率

C. 对授信资产转入资产保全部门管理的，授信合同项下押品随授信资产一并移交

D. 授信合同项下押品所担保的全部债务清偿完毕后，经办行客户经理保管押品权属

71C　72A　73A　74D　75C

证明

【解析】A 项，办理解押手续，原则上要按还款进度分次分批办理，不得委托客户单独办理，不得提前、超比例解除押品；B 项，变更后的抵质押率不得超过抵质押率上限或审批核定的抵质押率；D 项，授信合同项下押品所担保的全部债务清偿完毕后，经办行(机构)客户经理应返还办理抵押(出质)人所保管的押品权属证明及有关单证。

二、多选题(下列选项中有两项或两项以上符合题目要求)

1. 商业银行管理操作风险的工具有(　　)。[2018 年 10 月真题]

A. 风险与控制自我评估
B. 产品组合管理
C. 关键风险指标监测
D. 操作风险损失数据收集
E. 情景分析

【解析】商业银行管理操作风险应用的工具主要有操作风险损失数据收集、风险与控制自我评估、关键风险指标监测等，实施巴塞尔协议高级计量法的银行还需开展情景分析工作。

2. 对实行模型评分的银行来说，关于个人贷款的行为评分，下列说法错误的是(　　)。[2018 年 6 月真题]

A. 对于信用卡客户，保持较高额度使用率的客户，一般行为评分较低
B. 一般来说，账龄较长的账户，行为评分较低
C. 目前商业银行个贷行为评分通常每个月计算一次，完全批量、自动计算
D. 当前逾期 30 天的客户，其行为评分比 3 个月前逾期 60 天的客户高
E. 对于普通额度的个贷，余额占初始资金金额越大，一般行为评分越低

【解析】A 项，对于信用卡客户，额度是客户可以支用的最大金额，保持较高额度使用率但不拖欠的客户，其行为评分较高；B 项，一般来说，账龄较长的账户，其正常还款时间较长，行为评分较高；D 项，行为评分并不仅仅参考客户当前的逾期状况，而是综合考虑客户过去一年甚至更长时间的还款情况，例如，一个当前逾期 30 天的客户，其行为评分不一定比 3 个月前逾期 60 天的客户低。

3. 债务人或者第三人有权处分的可抵押财产不包括(　　)。

A. 建筑物和其他土地附着物
B. 土地所有权
C. 海域使用权
D. 交通运输工具
E. 宅基地、自留地、自留山等集体所有土地的使用权

【解析】《民法典》第三百九十九条规定了不得抵押财产范围：①土地所有权；②宅基地、自留地、自留山等集体所有土地的使用权，但是法律规定可以抵押的除外；③学校、幼儿园、医疗机构等为公益目的成立的非营利法人的教育设施、医疗卫生设施和其他公益设施；④所有权、使用权不明或者有争议的财产；⑤依法被查封、扣押、监管的财产；⑥法律、行政法规规定不得抵押的其他财产。

1ACDE　2ABD　3BE

4. 银行网点机构营销渠道的分类主要包括(　　)。[2017 年 6 月真题]

A. 高端化网点机构营销渠道　　B. 网络型网点机构营销渠道

C. 专业性网点机构营销渠道　　D. 全方位网点机构营销渠道

E. 零售型网点机构营销渠道

【解析】网点机构是银行业务人员面向客户销售产品的场所。其营销渠道主要包括：①全方位网点机构营销渠道；②专业性网点机构营销渠道；③高端化网点机构营销渠道；④零售型网点机构营销渠道。

5. 在实施个人贷款风险监测过程中，充分考虑不同风险评级客户的风险程度差异，按照(　　)的原则进行管理。[2017 年 6 月真题]

A. 差别管理　　B. 动态管理　　C. 重点关注　　D. 实时监控

E. 集中管理

【解析】商业银行应对客户风险进行监测。在实施个人贷款风险监测过程中，充分考虑不同风险评级客户的风险程度差异，按照差别管理、动态管理、重点关注的原则进行管理。

6. 办理个人住房贷款，贷前咨询的内容包括(　　)。[2016 年 11 月真题]

A. 个人贷款品种介绍、申请个人贷款需提供的资料

B. 个人贷款经办机构的地址及联系电话

C. 申请个人贷款应具备的条件，办理个人贷款的程序

D. 个人贷款合同中的主要条款

E. 获取个人贷款申请书、申请表格及有关信息的渠道

【解析】个人住房贷款贷前咨询的主要内容包括：①个人贷款品种介绍；②申请个人贷款应具备的条件；③申请个人贷款需提供的资料；④办理个人贷款的程序；⑤个人贷款合同中的主要条款，如贷款利率、还款方式和还款额等；⑥获取个人贷款申请书、申请表格及有关信息的渠道；⑦个人贷款经办机构的地址及联系电话；⑧其他相关内容。

7. 个人贷款申请应具备的条件包括(　　)。[2016 年 11 月真题]

A. 贷款用途明确合法

B. 借款人信用状况良好，无重大不良信用记录

C. 借款人具备还款意愿和还款能力

D. 借款人必须是具有完全民事行为能力的中华人民共和国公民

E. 贷款申请数额、期限和币种合理

【解析】个人贷款申请应具备以下条件：①借款人为具有完全民事行为能力的中华人民共和国公民或符合国家有关规定的境外自然人；②贷款用途明确合法；③贷款申请数额、期限和币种合理；④借款人具备还款意愿和还款能力；⑤借款人信用状况良好，无重大不良信用记录；⑥贷款人要求的其他条件。

8. 下列属于个人贷款营销渠道的有(　　)。[2016 年 11 月真题]

A. 自动柜员机　　B. 电话银行　　C. 网上银行　　D. 自助银行

4ACDE　5ABC　6ABCDE　7ABCE　8BCDE

E. 手机银行

【解析】目前，银行最常见的个人贷款营销渠道主要有：①合作机构营销，包括一手个人购房贷款合作机构营销、二手个人购房贷款合作机构营销、其他个人贷款合作机构营销；②网点机构营销，包括全方位网点机构、专业性网点机构、高端化网点机构、零售型网点机构；③数字化营销，包括网上银行、手机银行、自助银行、网上支付、网上清算等。

9. 个人贷款业务中，借款人在贷款期间发生违约行为时，贷款人可以采取的措施包括（　　）。[2016 年 6 月真题]

A. 要求限期纠正违约行为
B. 提前收回部分或全部贷款本息
C. 停止发放尚未使用的贷款
D. 直接变卖抵押物
E. 在原贷款利率基础上加收利息

【解析】除 ABCE 四项外，借款人、担保人在贷款期间发生任何违约事件，贷款银行可采取的措施还包括：①要求增加所减少的相应价值的抵(质)押物，或更换担保人；②定期在公开报刊及有关媒体上公布违约人姓名、身份证号码及违约行为；③向保证人追偿；④依据有关法律及规定处分抵(质)押物；⑤向仲裁机关申请仲裁或向人民法院起诉。

10. 关于个人贷款定价模型，下列说法正确的有（　　）。[2016 年 6 月真题]

A. 成本加成定价模型是“外向型”贷款定价模式，通过这种模式制定的贷款价格更贴近市场
B. 基准利率加点定价模型是典型的“内向型”定价模式，缺乏对整个信贷市场的把握，可能会导致贷款市场的萎缩
C. 客户盈利分析模型的基本思想是综合衡量客户与银行各种业务往来的成本和收益
D. 客户盈利分析模型要求以客户为基本核算单位，因此它对银行的成本核算管理有较高的要求
E. 成本加成定价模型中，贷款价格 = 资金成本 + 贷款费用 + 风险补偿费 + 目标利润

【解析】A 项，成本加成定价模型适合居于领头地位或信贷市场需求旺盛的商业银行采用，它充分考虑了银行资金成本、承担的风险和利润目标，是典型的“内向型”定价模式；B 项，基准利率加点定价模型是“外向型”贷款定价模式，它以市场的优惠利率为出发点，寻求适合本银行的贷款价格，通过这种模式制定的贷款价格更贴近市场，从而更具市场竞争力。

11. 个人贷款原则上应当采用贷款人受托支付的方式向借款人交易对象支付，下列（　　）情形的个人贷款，经贷款人同意可以采取借款人自主支付方式。[2015 年 10 月真题]

A. 借款人交易对象不具备条件有效使用非现金结算方式的
B. 借款人无法事先确定具体交易对象且金额不超过 30 万元人民币的
C. 贷款资金用于生产经营且金额超过 100 万元人民币的
D. 借款人交易对象具备使用非现金结算方式的
E. 购买商住两用房且金额超过 50 万元人民币的

【解析】个人贷款原则上应当采用贷款人受托支付的方式向借款人交易对象支付，属于

9ABCE　10CDE　11AB

下列情形之一的个人贷款，经贷款人同意可以采取借款人自主支付方式：①借款人无法事先确定具体交易对象且金额不超过三十万元人民币的；②借款人交易对象不具备条件有效使用非现金结算方式的；③贷款资金用于生产经营且金额不超过五十万元人民币的；④法律法规规定的其他情形。

12. 为证明借款人的偿贷能力，银行可接受的收入或财产证明有(   )。[2015 年 10 月真题]

A. 股东分红决议
B. 租赁合同及租金收入银行流水
C. 验资报告
D. 过去 3 个月的工资单流水
E. 个人所得税纳税证明

【解析】借款申请人偿还能力证明材料主要包括：①稳定的工资收入证明，如至少过去 3 个月的工资单、银行卡对账单、存折对账单等；②投资经营收入证明，如验资报告、公司章程、股东分红决议、纳税证明等；③财产情况证明，如房屋产权证明、存单、股票、债券等；④其他收入证明材料。

13. 个人贷款的贷款审批人在贷款审批时应审查(   )。[2015 年 10 月真题]

A. 借款人资格和条件是否具备
B. 借款人提供的材料是否完整、合法、有效
C. 贷前调查人的调查意见是否准确、合理
D. 对报批贷款的主要风险点及其风险防范措施是否合规有效
E. 借款用途是否符合银行规定

【解析】贷款具体审查内容包括：①借款人资格和条件是否具备；②借款用途是否符合银行规定；③申请借款的金额、期限、担保等是否符合有关贷款办法和规定；④借款人提供的材料是否完整、合法、有效；⑤贷前调查人的调查意见、对借款人资信状况的评价分析以及提出的贷款建议是否准确、合理；⑥对报批贷款的主要风险点及其风险防范措施是否合规有效；⑦其他需要审查的事项。

14. 在用专家判断法对个人客户进行信用风险评估时，"5C"要素分析法中的"5C"包括(   )。[2015 年 10 月真题]

A. 管理 – Control
B. 能力 – Capacity
C. 道德品质 – Character
D. 资本 – Capital
E. 担保 – Collateral

【解析】在专家判断法中，"5C"要素分析法长期以来得到广泛应用。"5C"指借款人道德品质(Character)、能力(Capacity)、资本(Capital)、担保(Collateral)、环境(Condition)。

15. 个人贷款的贷后管理中，对抵押物的检查内容包括(   )。[2015 年 5 月真题]

A. 借款人的贷款抵押物是否完好
B. 抵押物是否重复抵押
C. 抵押人经贷款银行同意转让抵押物，转让所得价款是否用于提前清偿所担保的债权
D. 因第三人的行为导致抵押物的价值减少，抵押人是否将损害赔偿金存入贷款银行指

12ABCDE　13ABCDE　14BCDE　15ABCDE

定账户

E. 因其他原因，抵押物毁损、灭失、价值减少，抵押人是否在规定时间内向银行提供与减少的价值相当的担保

【解析】除 ABCDE 五项外，对抵押物的检查内容还包括：未经贷款银行书面同意，抵押人是否转让、出租、再抵押或以其他方式处分抵押物。

16. 有些银行将客户特征归纳为“5P”要素，包括（　　）。［2015 年 5 月真题］

A. 还款来源因素 – Payment Factor
B. 个人因素 – Personal Factor
C. 资金用途因素 – Purpose Factor
D. 债权保障因素 – Protection Factor
E. 前景因素 – Perspective Factor

【解析】有些银行将客户的特征归纳为“5P”要素，包括：①个人因素（Personal Factor）；②资金用途因素（Purpose Factor）；③还款来源因素（Payment Factor）；④债权保障因素（Protection Factor）；⑤前景因素（Perspective Factor）。类似地，还有“5W”因素分析法，即借款人（Who）、借款用途（Why）、还款期限（When）、担保物（What）及如何还款（How）。

17. 个人贷款的贷后与档案管理内容包括（　　）。［2014 年 11 月真题］

A. 贷款风险分类与不良贷款管理
B. 贷后检查
C. 贷款本息回收
D. 贷款档案管理
E. 合同变更

【解析】个人贷款的贷后与档案管理是指贷款发放后到合同终止期间对有关事宜的管理，包括贷后检查、合同变更、本息回收、贷款的风险分类与不良贷款管理以及贷款档案管理等工作。

18. 我国商业银行个人贷款的借款对象包括（　　）。［2014 年 11 月真题］

A. 具有限制民事行为能力的中华人民共和国公民
B. 符合国家有关规定的境外自然人
C. 境内股份有限责任公司
D. 具有完全民事行为能力的中华人民共和国公民
E. 社团组织

【解析】个人贷款借款人为具有完全民事行为能力的中华人民共和国公民或符合国家有关规定的境外自然人。

19. 个人贷款的贷前调查是控制贷款风险最重要的环节，贷前调查的方式主要有（　　）。［2014 年 11 月真题］

A. 与借款申请人面谈
B. 审查借款申请材料
C. 电话调查
D. 实地调查
E. 登记台账

【解析】贷前调查应以实地调查为主、间接调查为辅，采取现场核实、电话查问以及信息咨询等途径和方法。调查的方式包括：审查借款申请材料、与借款申请人面谈、实

16ABCDE　17ABCDE　18BD　19ABCD

地调查等。

20. 商业银行在办理个人贷款时，对采取保证担保方式的，应调查的内容有(　　)。[2014年6月真题]

A. 核实保证人保证责任的落实

B. 保证人与借款人的关系

C. 保证人是否具有保证资格

D. 保证人为自然人的，应要求保证人提交相关材料，要查验贷款保证人提供的材料是否真实有效

E. 保证人为法人的，要调查保证人是否具有保证人资格及代偿能力

【解析】个人贷款采取保证担保方式的，应调查：①保证人是否符合《民法典》规定，具备保证资格；②保证人为法人的，要调查保证人是否具备保证人资格、是否具有代偿能力；③保证人为自然人的，应要求保证人提交相关材料，应查验贷款保证人提供的资信证明材料是否真实有效；④保证人与借款人的关系；⑤核实保证人保证责任的落实，查验保证人是否具有保证意愿并确知其保证责任。

21. 根据贷款审批人的审批意见，业务部门应做好的工作有(　　)。[2014年6月真题]

A. 对经审批同意或有条件同意的贷款，及时通知借款人并落实相关授信条件

B. 未获批准的申请资料不通知借款人，自行销毁

C. 帮助不具备贷款条件的借款人完善材料，重新上报审批

D. 对未获批准的借款申请，贷前调查人应及时告知借款人

E. 对需补充材料的，贷前调查人应按要求及时补充材料

【解析】业务部门应根据贷款审批人的审批意见做好以下工作：①对未获批准的借款申请，贷前调查人应及时告知借款人，将有关材料退还，并做好解释工作，同时做好信贷拒批记录存档；②对需补充材料的，贷前调查人应按要求及时补充材料后重新履行审核、审批程序；③对经审批同意或有条件同意的贷款，如贷款条件与申报审批的贷款方案内容不一致的，应提出明确的调整意见，信贷经办人员应及时通知借款申请人并按要求落实有关条件、办理合同签约和发放贷款等。

22. 个人贷款的借款人申请贷款期限调整时，须具备的前提条件有(　　)。[2014年6月真题]

A. 贷款无拖欠利息　　B. 贷款未到期

C. 贷款无拖欠本金　　D. 贷款采用分期还款方式

E. 贷款本期本金已归还

【解析】借款人需要调整借款期限，应向银行提交期限调整申请书，并必须具备以下前提条件：①贷款未到期；②无欠息；③无拖欠本金；④本期本金已归还。期限调整后，银行将重新为借款人计算分期还款额。

23. 下列关于专家判断法中的“5C”要素分析法的表述，正确的有(　　)。[2014年6月真题]

20ABCDE　21ADE　22ABCE　23ADE

A. “5C”是指借款人道德品质(Character)、能力(Capacity)、资本(Capital)、担保(Collateral)、环境(Condition)

B. 对于个人经营性贷款，环境往往是衡量财务状况的决定性因素

C. 如果发生违约，债权人对于借款人抵押的物品不拥有要求权

D. 环境是决定信用风险损失的一项重要因素

E. 宏观经济环境、行业发展趋势等对个人借款人的收入来源和偿债能力会产生直接或间接影响

【解析】B 项，对于个人经营性贷款，资本往往是衡量财务状况的决定性因素；C 项，担保指借款人用其资产对其所承诺的付款进行的担保，如果发生违约，债权人对于借款人抵押的物品拥有要求权。

24. 银行一般通过(　　)等渠道和方式，向拟申请个人住房贷款的个人提供有关信息咨询服务。[2013 年 11 月真题]

A. 现场、窗口　　B. 电话银行　　C. 业务宣传手册　　D. 电视广告

E. 网上银行

【解析】银行通过现场咨询、门户网站、手机银行、电话银行、网上银行、业务宣传手册等渠道和方式，向拟申请个人贷款的个人提供有关信息咨询服务。

25. 巴塞尔协议根据操作风险损失事件类型，将操作风险分为(　　)。[2013 年 11 月真题]

A. 内部欺诈事件　　B. 信息科技系统事件

C. 外部欺诈事件　　D. 国家政策变动事件

E. 实物资产的损坏

【解析】巴塞尔协议根据操作风险损失事件类型，将操作风险分为以下七类：①内部欺诈事件；②外部欺诈事件；③就业制度和工作场所安全事件；④客户、产品和业务活动事件；⑤实物资产的损坏；⑥信息科技系统事件；⑦执行、交割和流程管理事件。

26. 银行个人住房贷款业务的合作机构有(　　)。[2010 年 10 月真题]

A. 担保公司　　B. 证券公司

C. 房地产开发企业　　D. 房地产经纪公司

E. 资产评估公司

【解析】对于一手个人购房贷款，商业银行最主要的合作机构是房地产开发商；对于二手个人购房贷款，商业银行最主要的合作机构是房地产经纪公司。

27. 关于个人贷款的档案管理，下列说法正确的有(　　)。[2009 年 10 月真题]

A. 档案进行移交时要经双方签字

B. 贷款档案的查阅、借出必须进行登记

C. 贷款档案只能是原件，不能是复印件

D. 借款人还清贷款本息后，所有档案材料须由银行永久保管

E. 贷款档案主要包括借款人相关资料和贷后管理相关资料

【解析】C 项，个人贷款档案可以是原件，也可以是具有法律效力的复印件；D 项，借

24ABCE　25ABCE　26CD　27ABE

款人还清贷款本息后，一些档案材料需要退还借款人。

28. 个人贷款的贷款行发现保证人出现下列(　　)情况，应限期要求借款人更换贷款银行认可的新的担保。[2009 年 10 月真题]

A. 作为保证人的法人，其经济组织发生足以影响借款合同项下保证人承担连带保证责任的

B. 作为保证人的自然人发生死亡、宣告失踪或丧失民事行为能力的

C. 保证人失去担保能力

D. 保证人拒绝贷款银行对其资金和财产状况进行监督

E. 保证人向第三方提供超出自身负担能力的担保

【解析】个人贷款的贷款行发现保证人出现题中五种情况的，应限期要求借款人更换贷款银行认可的新的担保，对于借款人拒绝或无法更换贷款银行认可的担保的，应提前收回已发放的贷款的本息，或解除合同。

29. 在贷款的审批中，贷款人应根据审慎性原则，(　　)，确保贷款审批人员按照授权独立审批贷款。

A. 完善授权管理制度

B. 规范审批操作流程

C. 加强审批过程的问责制

D. 明确贷款审批权限

E. 实行审贷分离和授权审批

【解析】在贷款的审批中，贷款人应根据审慎性原则，完善授权管理制度，规范审批操作流程，明确贷款审批权限，实行审贷分离和授权审批，确保贷款审批人员按照授权独立审批贷款。

30. 借款合同应符合《民法典》的规定，明确约定各方当事人的诚信承诺和贷款资金的用途、(　　)等。

A. 支付方式

B. 支付对象(范围)

C. 支付时间

D. 支付金额

E. 支付条件

【解析】借款合同应当符合《民法典》的规定，明确约定各方当事人的诚信承诺和贷款资金的用途、支付对象(范围)、支付金额、支付条件、支付方式等。借款合同应设置相关条款，明确借款人不履行合同或怠于履行合同时承担的违约责任。

31. 贷款人应按照借款合同约定，通过(　　)方式对贷款资金的支付进行管理与控制。

A. 贷款人受托支付

B. 贷款人自主支付

C. 借款人自主支付

D. 借款人受托支付

E. 贷款人委托支付

【解析】贷款人应当按照借款合同约定，通过贷款人受托支付或借款人自主支付的方式对贷款资金的支付进行管理与控制。其中，贷款人受托支付是指贷款人根据借款人的提款申请和支付委托，将贷款资金支付给符合合同约定用途的借款人交易对象；借款人自主支付是指贷款人根据借款人的提款申请将贷款资金直接发放至借款人账户，并

28ABCDE　29ABDE　30ABDE　31AC

由借款人自主支付给符合合同约定用途的借款人交易对象。

32. 贷款人应区分个人贷款的(　　)等，确定贷款检查的相应方式、内容和频度。

A. 用途　　B. 品种　　C. 对象　　D. 金额

E. 期限

【解析】个人贷款支付后，贷款人应采取有效方式对贷款资金使用、借款人的信用及担保情况变化等进行跟踪检查和监控分析，确保贷款资产安全。贷款人应区分个人贷款的品种、对象、金额等，确定贷款检查的相应方式、内容和频度。

33. 在个人贷款业务中，贷前调查人在对借款申请人进行调查时，应重点调查的内容包括(　　)。

A. 材料一致性　　B. 借款申请人基本情况

C. 借款申请人收入情况　　D. 借款申请人的信用情况

E. 借款用途

【解析】个人贷款业务中，贷款调查包括但不限于以下内容：①材料一致性；②借款人基本情况；③借款人信用情况；④借款人收入情况；⑤担保情况；⑥借款用途。

34. 商业银行可以通过(　　)策略来达到营销目的。

A. 产品差异　　B. 大众营销　　C. 单一营销　　D. 分层营销

E. 交叉营销

【解析】银行实现营销目的的策略包括：①低成本策略；②差异化策略；③专业化策略；④大众营销策略；⑤单一营销策略；⑥情感营销策略；⑦分层营销策略；⑧交叉营销策略；⑨定向营销策略。

35. 商业银行可以通过不同的策略来达到营销目的，其中单一策略的特点有(　　)。

A. 目标大、针对性不强、效果差　　B. 针对性强，适宜少数尖端客户

C. 营销渠道狭窄，营销成本高　　D. 增加大额交易的客户

E. 瞄准特定细分市场，针对特定地理区域

【解析】单一营销策略是针对每一个客户的个体需求而设计不同的产品或服务，有条件地满足单个客户的需要，其特点是针对性强，适宜少数尖端客户，能够为客户提供需要的个性化服务，但营销渠道狭窄，营销成本太高。A 项是大众营销策略的特点；D 项是低成本策略的特点；E 项是专业化策略的特点。

36. 申请评分卡决策所依据的关键信息包括(　　)。

A. 客户家庭信息　　B. 客户基本信息

C. 客户关系信息　　D. 银行综合类信息

E. 个人征信信息

【解析】申请评分卡决策所依据的关键信息可以分为以下三类：①客户基本信息，包括客户的基本情况、工作情况、经济收入情况、社会保障情况、其他信用情况等；②客户关系信息，主要分为存款类信息和贷款类信息；③个人征信信息，包括银行信用记录、社会保障数据、各类缴费情况、其他不良记录等。

32BCD　33ABCDE　34ABCDE　35BC　36BCE

37. 申请评分可以应用的领域包含(　　)。
A. 风险排序　　B. 信贷政策制定
C. 零售客户风险限额设置　　D. 信用卡额度调整
E. 贷后风险监控

【解析】申请评分可以应用的领域包括：①风险排序；②自动化的审批决策；③人工审批贷款参考；④信贷政策制定；⑤零售客户风险限额设置。DE 两项为行为评分的应用。

38. 行为评分可以应用在以下哪些方面？(　　)
A. 零售分池　　B. 信用卡额度调整
C. 贷后风险监控　　D. 信贷政策制定
E. 风险排序

【解析】在行为评分的应用方面，一些规模较大的银行已基本完成了工具开发和系统平台搭建，积累了一定应用经验，具体包括：①零售分池；②信用卡额度调整；③贷后风险监控。DE 两项为申请评分的应用。

39. 下列信息中，属于客户关系信息的有(　　)。
A. 定期存款余额　　B. 活期存款余额
C. 信用卡汇总信息　　D. 准贷记卡汇总信息
E. 信用卡使用情况

【解析】客户关系信息包括：①银行存款类信息包括定期存款余额、活期存款余额、证券资金账户使用情况、理财账户使用情况；②银行贷款类信息包括个人贷款类信息、信用卡使用情况；③银行综合类信息包括黑名单信息、客户贡献度、是否为 VIP 客户。CD 两项，属于个人征信信息。

40. 信用卡行为评分卡通过分析客户使用信用卡的历史数据，建立模型对客户进行评分，自动输出的结果可能为(　　)。
A. 同意给予额度调整的建议决策　　B. 不给予额度调整的建议决策
C. 通过人工审批额度调整的建议决策　　D. 客户的影子额度
E. 客户的建议授信额度

【解析】通过启动每月评分流程、客户申请额度调整流程和银行主动额度调整流程，行为评分系统按照设定的规则和计算标准自动输出建议决策，包括同意给予额度调整、不给予额度调整或者通过人工审批额度调整，同时输出每个参与行为评分客户的影子额度和建议授信额度。

41. 下列选项中，属于个人贷款定价的一般原则的有(　　)。
A. 参照市场价格原则　　B. 成本收益原则
C. 风险定价原则　　D. 组合定价原则
E. 与宏观经济政策相背离原则

【解析】个人贷款产品定价原则主要包括以下几种：①成本收益原则；②风险定价原则；

37ABC　38ABC　39ABE　40ABCDE　41ABCD

③参照市场价格原则；④组合定价原则；⑤与宏观经济政策一致原则。

42. 影响个人贷款定价的因素众多，其中包括(　　)。

A. 资金成本　B. 税收制度　C. 担保　D. 盈利目标

E. 市场竞争

【解析】商业银行个人贷款的定价原理、方法与企业贷款定价基本相同，影响个人贷款价格的因素众多，主要包括资金成本、风险、利率政策、盈利目标、市场竞争、担保、选择性因素等。

43. 包含在贷款价格中的风险补偿费所补偿的风险包括(　　)。

A. 信用违约风险　B. 期限风险

C. 利率风险　D. 法律风险

E. 延误风险

【解析】风险补偿费是指对贷款可能发生风险的必要补偿，具体包括以下几种：①信用违约风险；②期限风险；③提前偿还风险；④利率风险；⑤法律风险等。

44. 押品管理是指押品的受理、审查、评估、权利设立、监控、返还与处置等一系列活动。下列选项中，属于押品管理所应遵循的原则的有(　　)。

A. 合法性原则　B. 有效性原则　C. 审慎性原则　D. 一般化原则

E. 平衡制约原则

【解析】除 ABCE 四项外，押品管理的原则还包括差别化原则，即根据不同类型押品的特点，在准入、审查、价值评估和贷后监控等方面采取不同的政策、标准、方法和要求。

45. 押品价值评估是押品管理的重要环节，下列选项中，属于押品价值评估方式的有(　　)。

A. 内部评估方式　B. 外部评估方式

C. 间接评估方式　D. 主观评估方式

E. 市场评估方式

【解析】押品价值评估主要有以下两种方式：①内部评估方式，指由银行的内部评估人员对拟接受押品进行价值评估；②外部评估方式，指由银行认可的合作评估机构的外部评估师对银行拟接受的押品进行价值评估。

46. 下列特殊类押品价值的确定，说法正确的有(　　)。

A. 保证金、存单的价值为其现金价值

B. 商业汇票、银行本票的价值为其面额

C. 仓单、提单的价值为其项下货物总金额

D. 基金份额的价值为估价日前 20 个交易日的基金份额净值的算术平均值

E. 人寿保单的价值为估价日保单现金价值

【解析】对于如下特殊类押品，可参考如下规则直接确定押品价值：①保证金、存单的价值为其现金价值；②商业汇票、银行本票的价值为其面额；③仓单、提单的价值为其项下货物总金额；④上市公司流通股票的价值一般为评估日前 1 个交易日、前 7 个

42ACDE　43ABCD　44ABCE　45AB　46ABCDE

交易日与前30个交易日平均收盘价的较低值；⑤基金份额的价值为估价日前20个交易日的基金份额净值的算术平均值；⑥人寿保单的价值为估价日保单现金价值；⑦理财产品的评估价值一般按估价日前5个公告日公告的平均净值计算，其中所投资基础资产未出现不利变化的固定收益类理财产品的价值可按最近一期的公告价值或投资本金计算。

47. 抵质押期间，所有押品都应进行重新评估。当发生下列哪些情况时，即使未到重估周期，也应对押品价值进行重新评估？(　　)

A. 押品市场价格发生大幅下降

B. 债务人财务状况恶化或发生信贷违约事件

C. 被认定为“假个贷”、疑似“假个贷”，押品价值可能发生重大不良变化

D. 押品担保的信贷资产风险分类向下迁徙为不良贷款

E. 押品由信贷经营部门移交资产保全部门

【解析】抵质押期间，所有押品都应进行重新评估，且主要采用内部评估方式，如有必要，也可采用外部评估方式。除ABCDE五项外，发生重大风险事项等其他需要重估的事项时，也应对押品价值进行重新评估。

48. 采用市场法进行资产评估需要满足的最基本的前提条件是(　　)。

A. 被评估资产处于继续使用状态或被假定处于继续使用状态

B. 被评估资产的预期收益能够支持其重置及投入价值

C. 要有一个活跃的公开市场

D. 被评估资产预期获利年限可以预测

E. 公开市场上要有可比的资产及其交易活动

【解析】押品价值评估的主要方法有市场法、成本法和收益法等。AB两项，是采用成本法评估资产的前提条件；D项，是采用收益法必须具备的前提条件。

49. 在抵质押权设立与变更环节，需要(　　)。

A. 判断拟接受押品是否符合银行押品受理的基本底线要求

B. 关注订立的抵质押合同要素是否齐全，填写是否规范

C. 判断合同是否需要办理公证

D. 确定对容易受到自然灾害或意外事故影响造成损失的押品是否已按银行指定的险种办理了足额保险

E. 抵质押合同签订后，跟踪检查押品登记手续办理是否及时

【解析】A项，在押品材料受理环节，需要判断拟接受押品是否符合银行押品受理的基本底线要求。

50. 押品日常管理控制的具体措施有(　　)。

A. 出入库的管理　　B. 权证的管理

C. 台账的建立　　D. 押品信息更新

E. 日常监控

47ABCDE　48CE　49BCDE　50ABCE

【解析】押品日常管理控制是指对押品权证保管及其出入库流程进行规范管理来保证权证的安全。需要关注保管权证的完整性、完好性，防范出现权证毁损、遗失、过期、失效等重大风险事件及权证被抵(质)押人借出擅自用于解除担保、重复抵质押的风险。具体措施包括权证的管理、出入库的管理、台账的建立与日常监控等内容。

51. 押品的日常管理与监控包括哪些内容？(　　)

A. 台账制度　　B. 权证核对　　C. 岗位制约　　D. 随机抽查

E. 日常监控

【解析】押品的日常管理与监控包括：①岗位制约；②台账制度；③权证核对；④定期检查；⑤日常监控。

三、判断题(请对下列各题的描述做出判断，正确的用 A 表示，错误的用 B 表示)

1. 在建工程在抵押品分类中属于商用房地产和居住用房地产类。(　　)［2018 年 6 月真题］

【解析】银行的存量押品分为金融质押品、应收账款、商用房地产和居住用房地产、其他押品四大类。商用房地产和居住用房地产具体常见类型为商用房地产、居住用房地产、商用建设用地使用权和居住用建设用地使用权、房地产类在建工程等；其他押品具体常见类型为流动资产、出口退税账户、机器设备、交通运输设备、资源资产、设施类在建工程、知识产权、采矿权等。

2. 管理流程包括材料受理、审查、押品价值评估、抵质押权的设立与变更、押品日常管理、押品的返还与处置六个。(　　)［2017 年 10 月真题］

【解析】仅从押品管理的角度来说，押品管理流程包括材料受理、审查、押品价值评估、抵质押权的设立与变更、押品日常管理、押品的返还与处置六个环节。

3. 个人贷款的放款条件落实后，贷款发放人应按照合同约定将贷款发放、划付到约定账户，借款人无需到场，贷款人应及时通知借款人款项已经到账，并将回单邮寄给借款人的交易对手。(　　)［2017 年 6 月真题］

【解析】个人贷款的放款条件落实后，贷款发放人应按照合同约定将贷款发放、划付到约定账户，按照合同要求借款人需要到场的，应通知借款人持本人身份证件到场协助办理相关手续。

4. 贷款人应要求借款人当面签订借款合同及其相关文件，包括通过电子银行渠道办理的贷款。(　　)［2017 年 6 月真题］

【解析】贷款人应与借款人签订书面借款合同，需担保的应同时签订担保合同。贷款人应要求借款人当面签订借款合同及其他相关文件，电子银行渠道办理的贷款除外。

5. 借款人采取自主支付的，银行将贷款资金直接发放至借款人账户后，借款人可自主支配使用。(　　)［2016 年 11 月真题］

【解析】借款人自主支付是指贷款人根据借款人的提款申请将贷款资金直接发放至借款人账户，并由借款人自主支付给符合合同约定用途的借款人交易对象。

51ABCE　▌　1B　2A　3B　4B　5B

6. “账销案存”是指对贷款银行已核销并保留追索权的贷款，建立台账，并在诉讼时效内定期催收。(　　)[2016 年 11 月真题]

【解析】对银行保留追索权的贷款，各经办行应实行“账销案存”原则，建立已核销贷款台账，定期向借款人和担保人发出催收通知书，并注意诉讼时效。

7. 在贷前调查中，采取受托支付方式的，借款人在业务申请时可不提供贷款用途证明，但客户经理应要求借款人保留用途证明材料，定期向银行告知贷款资金支付情况，并在规定时间提供用途证明。(　　)[2016 年 11 月真题]

【解析】采取自主支付方式的，借款人在业务申请时可不提供贷款用途证明，但客户经理应要求借款人保留用途证明材料，定期向银行告知贷款资金支付情况，并在规定时间提供用途证明。

8. 对于一手个人购房贷款而言，在借款人购买的房屋没有办抵押登记之前，一般要求由开发商提供阶段性或全程担保。(　　)[2016 年 11 月真题]

【解析】目前，商业性个人一手购房贷款中较为普遍的贷款营销方式是银行与房地产开发商合作的方式。这种合作方式是指房地产开发商与贷款银行共同签订《商品房销售贷款合作协议》，由银行向购买该开发商房屋的购房者提供个人购房贷款，借款人用所购房屋作抵押，在借款人购买的房屋没有办好抵押登记之前，由开发商提供阶段性或全程担保。

9. 次级贷款是指借款人虽能还本付息，但已存在影响贷款本息及时、全额偿还的不良因素。(　　)[2016 年 6 月真题]

【解析】次级贷款是指借款人的正常收入已不能保证及时、全额偿还贷款本息，需要通过出售、变卖资产，对外借款，保证人、保险人履行保证、保险责任或处理抵(质)押物才能归还全部贷款本息。题中描述的是关注贷款的含义。

10. 利率调整的周期较短或实行浮动利率制，利率风险将基本由借款人承担，为公平合理起见，利率风险加点可相应提高。(　　)[2016 年 6 月真题]

【解析】利率调整的周期较短或实行浮动利率制，利率风险将基本由借款人承担，为公平合理起见，利率风险加点可相应降低；利率调整的周期较长或实行固定利率，利率风险将部分或全部转嫁给银行，利率风险加点可相应提高。

11. 银行对不良个人住房贷款应采取电话催收、信函催收、上门催收、法律手段催收等方式。(　　)[2015 年 10 月真题]

【解析】对不同拖欠期限的不良个人贷款的催收，可采取不同的方式如电话催收、信函催收、上门催收、通过中介机构催收，以及采取法律手段，如律师函、司法催收等方式督促借款人按期偿还贷款本息，以最大限度降低贷款损失，有担保人的要向担保人通知催收。

12. 对于一手个人购房贷款，银行最主要的合作单位是房地产经纪商。(　　)[2015 年 10 月真题]

6A　7B　8A　9B　10B　11A　12B

【解析】对于一手个人购房贷款，商业银行最主要的合作单位是房地产开发商。对于二手个人购房贷款，商业银行最主要的合作单位是房地产经纪公司。

13. 在个人住房贷款的签约过程中，同笔贷款的合同填写人与合同复核人不得为同一人。(　　)[2014 年 11 月真题]

【解析】个人住房贷款的合同填写完毕后，填写人员应及时将有关合同文本交合同复核人员进行复核。同笔贷款的合同填写人与合同复核人不得为同一人。

14. 个人贷款回收的原则一般是先收息、后收本，全部到期、利随本清。(　　)[2014 年 11 月真题]

【解析】贷款的回收是指借款人按借款合同约定的还款计划和还款方式及时、足额地偿还贷款本息。贷款回收的原则一般是先收息、后收本，全部到期、利随本清。

15. 对于借款人自主支付的个人贷款资金，贷款人应当通过账户分析、凭证查验或现场调查等方式，核查贷款支付是否符合约定用途。(　　)[2013 年 11 月真题]

【解析】采用借款人自主支付的，贷款人应与借款人在借款合同中事先约定，要求借款人定期报告或告知贷款人贷款资金支付情况。贷款人应当通过账户分析、凭证查验或现场调查等方式，核查贷款支付是否符合约定用途。

16. 贷款调查与审批中，审批人员可以将贷款调查的全部事项委托有资信的第三方完成。(　　)

【解析】贷款人在不损害借款人合法权益和风险可控的前提下，可将贷款调查中的部分特定事项审慎委托第三方代为办理，但必须明确第三方的资质条件。贷款人不得将贷款调查的全部事项委托第三方完成。

17. 低成本策略强调降低银行成本，同时意味着成为一个低价格的竞争者。(　　)

【解析】低成本策略强调降低银行成本，使银行保持令人满意的边际利润，同时成为一个低成本竞争者。然而，低成本并不一定等同于低价格。

18. 零售行为评分主要指的是信用卡行为评分。(　　)

【解析】零售行为评分包括信用卡行为评分和个贷行为评分两个方面。

19. 关于行为评分的结果，一般认为评分越高，成为不良客户的可能性越高。(　　)

【解析】行为评分本质上是对客户"变坏"的可能性的一种直观化的表现形式，评分越高，成为不良客户的可能性越低。

20. 考虑到某笔贷款可能会出现同时满足拒绝和通过硬政策的情形，一般通过政策会优先于拒绝政策。(　　)

【解析】符合硬政策的业务申请，评分卡会给出直接拒绝或直接通过的审批结论，考虑到某笔贷款可能会出现同时满足拒绝和通过硬政策的情形，一般拒绝政策会优先于通过政策。对于评分卡作出拒绝结论的客户申请，一般直接退回给受理人员处理。

21. 如果客户申请的信用额度低于每个月末自动计算的"影子信用额度"，则可以自动通过

13A　14A　15A　16B　17B　18B　19B　20B　21A

申请。(　　)

【解析】信用卡行为评分卡已经用于信用卡额度调整的自动审批，包括主动调额和被动调额。额度调整的基本思路是：根据一定规则，每个月末自动计算各个信用卡客户的“影子信用额度”，如果客户申请的信用额度低于影子额度，则可以自动通过客户的额度调整申请。

22. 违约概率模型预测客户对催收方式是否响应的概率。(　　)

【解析】违约概率模型用于早期逾期的客户，可判断客户最终进入违约(逾期 90 天以上)的概率；催收响应模型预测客户对催收方式是否响应的概率。

23. 违约风险贴水是指向长期借款人征收的风险补偿费用。(　　)

【解析】违约风险贴水是指向优质客户以外的借款人收取的风险补偿费用；期限风险贴水是向长期借款人征收的风险补偿费用。

24. 客户盈利分析模式摒弃了“成本导向”的定价思想，树立了“以客户为中心”的经营理念。(　　)

【解析】客户盈利分析模型的基本思想是综合衡量客户与银行各种业务往来的成本和收益，根据客户对银行的贡献来制定差别化的个人贷款价格，对大客户、重要客户的贷款在价格上给予一定的优惠。客户盈利分析模式摒弃了传统的“成本导向”定价思想，树立了“以客户为中心”的经营理念，体现了客户的地位和重要性。

25. 押品价值评估是押品管理的重要环节，包括贷款发放前对押品价值的初次评估和贷款发放后对押品价值的重新评估两种情形。(　　)

【解析】押品价值评估包括贷款发放前对押品价值的初次评估、贷款发放后对押品价值的重新评估和不良贷款项下的押品评估三种情形。

26. 银行接受的押品具有财产价值，并可依法转让变现。(　　)

【解析】具有财产价值，并可依法转让变现是银行接受的押品应符合的基本底线要求之一。

27. 拟接受超出范围的押品办理授信业务的，应直接报送有权行审批部门在信贷审批时一并决策。(　　)

【解析】拟接受超出范围的押品或超过相应最高抵质押率的押品办理授信业务的，需根据授权，提请有权签批机构和人员签批。

28. 经办行(机构)可以借阅其他行经办的客户押品权证，但需经该经办行同意。(　　)

【解析】经办行(机构)或客户经理只能借阅本行或本人经办的客户押品权证。

29. 因办理户口迁移等原因需要外借权证的，应提出书面申请，承诺明确的归还日期。(　　)

【解析】因办理户口迁移等原因需要外借权证的，应提出书面申请，承诺明确的归还日期。其他情形下，不得将权证外借给客户。

30. 抵质押管理岗应及时、准确、完整地将押品的评估基准日、评估方式等信息录入相关

22B　23B　24A　25B　26A　27B　28B　29A　30B

系统。(   )

【解析】抵质押管理岗应把抵质押权生效方式、权利人、权证登记等信息及时、准确、完整地录入相关系统；内部评估人员应及时、准确、完整地将押品的评估基准日、评估方式、评估机构名称、评估方法、评估结果、评估价值等信息录入相关系统。

31. 对于正常类贷款，贷款经办行可不定期进行贷后检查抽查。(   )

【解析】对于正常贷款，贷款经办行可定期进行抽查。对借款人未按合同承诺提供真实、完整信息和未按合同约定用途使用、支付贷款等行为，银行应当按照法律法规规定和借款合同的约定，追究其违约责任。

32. 在贷后管理中，银行要关注抵押人是否存在转让抵押财产、是否设立居住权的情况。(   )

【解析】在贷后管理中，银行要关注抵押人是否存在转让抵押财产、是否设立居住权的情况，并通过合同约定等方式，保障银行债权安全。

四、综合题

小张是一家小企业的企业主，现因需要扩大生产经营，向某银行申请一笔个人经营贷款。小张提供了企业财务数据，并提供本人名下一套住房作抵押，抵押房产购买时的价格为12000元/平方米。申请贷款时市场估价为25000元/平方米，评估价格为20000元/平方米，房产面积200平方米，经过审批，该银行给小张发放了一笔金额为300万元的1年期个人经营贷款，年利率为5.22%。还款方式为到期一次性还本付息。[2018年6月真题]

(1)小张该笔贷款的抵押率是(   )。(单项选择题)

A. 60%　　B. 79%　　C. 75%　　D. 63%

【解析】抵押率=押品担保债权的本金余额/押品评估价值×100%。所以，小张该笔贷款的抵押率=(300+300×5.22%)/(2×200)≈79%。

(2)小张经营规模进一步扩大，拟申请提高贷款金额。为此，银行要求追加担保，以下选项中属于有效担保的有(   )。(多项选择题)

A. 小张朋友小王担任校长的某学校名下房产一套

B. 小张公司名下拥有的，除小张外其他股东并不知情的住宅一套

C. 小张依法承包并经发包方同意抵押的土地使用权

D. 小张名下的大型生产机器一台

E. 小张朋友小刘名下的定期存单，存单期限覆盖贷款期限

【解析】《民法典》第三百九十九条规定，下列财产不得抵押：①土地所有权；②宅基地、自留地、自留山等集体所有土地的使用权，但是法律规定可以抵押的除外；③学校、幼儿园、医疗机构等为公益目的成立的非营利法人的教育设施、医疗卫生设施和其他公益设施；④所有权、使用权不明或者有争议的财产；⑤依法被查封、扣押、监管的财产；⑥法律、行政法规规定不得抵押的其他财产。A项属于第三种；B项属于第四种。

31B　32A　▌　(1)B　(2)CDE

(3)在以下哪种情况下，小张的贷款可以申请采用自主支付？(　　)(多项选择题)

A. 小张打算向某材料供应商采购 60 万元的原材料用于生产运营

B. 小张打算采购 30 万元的原材料用于生产经营，但未确定向谁采购

C. 小张打算向某材料供应商采购 30 万元的原材料用于生产运营

D. 小张打算采购 50 万元的原材料用于生产经营，但未确定向谁采购

E. 小张打算用现金方式向没有任何银行账户的王某采购 10 万元原材料用于生产经营

【解析】个人贷款原则上应当采用贷款人受托支付的方式向借款人交易对象支付。属于下列情形之一的个人贷款，经贷款人同意可以采取借款人自主支付方式：①借款人无法事先确定具体交易对象且金额不超过三十万元人民币的；②借款人交易对象不具备条件有效使用非现金结算方式的；③贷款资金用于生产经营且金额不超过五十万元人民币的；④法律法规规定的其他情形。

---

(3) BCDE

第三章 个人住房贷款

一、单选题(下列选项中只有一项最符合题目的要求)

1. 采取市场法评估房地产价格时,通常应选取(　　)个可比的类似房地产。[2018 年 10 月真题]

A. 10～15　　B. 3～10　　C. 16～20　　D. 1～2

【解析】采取市场法评估房地产价格时,通常应选取 3～10 个可比实例。可比实例应是估价对象的类似房地产,且成交日期与估价时点接近、交易类型与估价目的吻合、成交价格正常或可修正为正常。

2. 以下不属于个人住房贷款第一还款来源考量的是(　　)。[2018 年 10 月真题]

A. 租金收入　　B. 工资收入　　C. 经营收入　　D. 处置抵质押物收入

【解析】个人住房贷款第一还款来源考量包括:①工资收入;②租金收入;③投资收入;④经营收入。

3. 在不实施"限购"措施的城市,对拥有 1 套住房且相应购房贷款未结清的居民家庭,为改善居住条件再次申请商业性个人住房贷款购买普通住房,最低首付款比例不低于(　　)。[2018 年 6 月真题]

A. 50%　　B. 60%　　C. 40%　　D. 30%

【解析】对拥有 1 套住房且相应购房贷款未结清的居民家庭,为改善居住条件再次申请商业性个人住房贷款购买普通住房,最低首付款比例为不低于 30%。

4. 提供格式条款一方不合理地免除或者减轻其责任、加重对方责任、限制对方主要权利,提供格式条款一方排除对方主要权利的,该格式条款(　　)。[2018 年 6 月真题]

A. 不成立　　B. 无效　　C. 可撤销　　D. 可变更

【解析】依据《民法典》第四百九十七条第二款和第三款的规定,提供格式条款一方不合理地免除或者减轻其责任、加重对方责任、限制对方主要权利,提供格式条款一方排除对方主要权利,该格式条款无效。因此,在法律部门的配合下,个人住房贷款经办人员需要拟定格式条款(合同)时,应注意遵循公平原则确定当事人之间的权利义务,既要维护银行的合法权益,又要保障客户的利益,避免造成合同条款无效的法律风险。

5. 关于公积金个人住房贷款的办理流程,下列说法错误的是(　　)。[2019 年 6 月真题]

A. 由承办银行办理与公积金贷款担保相关事宜,包括抵押登记手续和住房置业担保公司担保手续等

B. 承办银行应对借款人信用状况及偿还能力进行审查,并核实贷款担保情况

C. 借款人的申请通过公积金管理中心审批后,公积金管理中心向受委托主办银行出具委托贷款通知书

D. 只有缴存住房公积金的职工才有资格申请公积金个人住房贷款

1B　2D　3D　4B　5B

【解析】B项，住房公积金管理中心对借款人信用状况及偿还能力进行审查，核实贷款担保情况，包括抵押物或质物清单、权属证明以及有处分权人同意抵押或质押证明，有关部门出具的抵押物估价证明，保证人同意提供担保的书面文件和保证人资信证明等。

6. 关于个人住房贷款的贷款期限和还款方式，下列说法错误的是(　　)。[2016年11月真题]

A. 贷款期限在1年以上的，可采用等额本息还款法和等额本金还款法

B. 贷款期限在1年以内(含1年)的，借款人可采取一次还本付息法

C. 个人一手房贷款和二手房贷款的期限由银行根据实际情况合理确定，最长期限都为30年

D. 借款人可以根据需要选择还款方法，一笔借款合同可以选择多种还款方法

【解析】借款人可以根据需要选择还款方法，但一笔借款合同只能选择一种还款方法，贷款合同签订后，未经贷款银行同意，不得更改还款方式。

7. 关于房地产估价，下列说法错误的是(　　)。[2016年11月真题]

A. 房地产估价目的限制了估价报告的用途

B. 房地产价格具有很强的时间性

C. 采用非公开市场价值标准的条件包括交易双方进行交易的目的是追求各自利益的最大化

D. 估价对象的最高最佳使用包括最佳用途、最佳规模和最佳集约度

【解析】C项，采用公开市场价值标准的条件包括交易双方进行交易的目的是追求各自利益的最大化。

8. 关于房地产估价的方法，下列说法错误的是(　　)。[2016年11月真题]

A. 市场法适用的对象是交易活跃的房地产

B. 假设开发法的难点在于如何确定合理的报酬率或资本化率

C. 只要是新近开发建设、可以假设重新开发建设或计划开发建设的房地产，都可以采用成本法估价

D. 收益法适用的对象是有收益或有潜在收益的房地产

【解析】B项，收益法的难点在于求取净收益时的扣除项目“运营费用”如何准确界定以及如何确定合理的报酬率或资本化率。在房地产市场繁荣时期，收益法容易高估预期收益从而高估房价。

9. 下列不属于公积金个人住房贷款业务操作模式的是(　　)。[2016年11月真题]

A. “公积金管理中心受理、审核和审批，银行操作”模式

B. “银行受理，公积金管理中心审核审批，银行操作”模式

C. “公积金管理中心和承办银行联动”模式

D. “银行受理、审核审批，公积金管理中心操作”模式

【解析】公积金个人住房贷款业务操作模式有：①“银行受理，公积金管理中心审核审批，银行操作”模式：银行受托受理职工公积金借款申请，公积金管理中心负责审批，

6D　7C　8B　9D

银行负责审核审批、办理合同签约和贷款发放等具体贷款手续；②“公积金管理中心受理、审核和审批，银行操作”模式：公积金管理中心受理职工公积金借款申请，审核审批后，由银行办理合同签约、贷款发放等具体贷款手续；③“公积金管理中心和承办银行联动”模式：银行受理职工公积金借款申请，通过网络实时将资料、审查结果和审查信息传达给公积金管理中心，公积金管理中心进行联机审核审批后，将审批意见通过网络发送给银行，银行根据审批意见办理具体贷款手续，将相关账务信息通过网络传送给公积金管理中心，与公积金管理中心联机记账和对账。

10. 关于个人借款合同的格式条款与非格式条款，下列表述错误的是(　　)。[2016 年 11 月真题]

A. 格式条款与非格式条款不一致的，应当采用格式条款

B. 对格式条款有两种以上解释的，应当作出不利于提供格式条款一方的解释

C. 非格式条款是在格式条款外另行商定的条款

D. 格式条款的提供方应当采取合理的方式提请对方注意免除或限制其责任的条款

【解析】非格式条款是在格式条款外另行商定的条款，或对原来的格式条款重新协商的条款，是借款合同当事人的特别约定。《民法典》第四百九十八条规定，格式条款与非格式条款不一致的，应当采用非格式条款。

11. 在个人住房贷款操作风险管理中，下列做法不符合规定的是(　　)。[2016 年 11 月真题]

A. 可以办理境外自然人购买符合实际需要的非自用、非自住商品房业务

B. 执行“先记账、后放款”原则

C. 在贷款调查中，审核担保物是否容易变现

D. 借款相关人员(借款人、共同还款人)及其配偶必须到场

【解析】A 项，境外机构在境内设立的分支、代表机构(经批准从事经营房地产业的企业除外)和在境内工作、学习的境外个人可以购买符合实际需要的自用、自住商品房。

12. 关于公积金个人住房贷款和自营性个人住房贷款，下列说法错误的是(　　)。[2016 年 11 月真题]

A. 公积金个人住房贷款的利率比自营性个人住房贷款利率低

B. 公积金个人住房贷款的资金来自于公积金管理部门归集的住房公积金

C. 公积金个人住房贷款的申请由各地方公积金管理中心负责审批

D. 对于公积金个人住房贷款，商业银行也承担一定信用风险

【解析】D 项，公积金个人住房贷款是一种委托性住房贷款，它是国家住房公积金管理部门利用归集的住房公积金资金，由政府设立的住房置业担保机构提供担保，委托商业银行发放给公积金缴存人的住房贷款。从风险承担的角度上讲，商业银行本身不承担贷款风险。而自营性个人住房贷款是商业银行利用自有信贷资金发放的住房贷款，商业银行自己承担贷款风险。

13. 关于公积金个人住房贷款，下列说法错误的是(　　)。[2016 年 11 月真题]

10A　11A　12D　13A

A. 目前，个人住房公积金贷款最低首付款比例为30%
B. 公积金个人住房贷款有利率低和期限长的特点
C. 公积金个人住房贷款实行“存贷结合、先存后贷、整借零还和贷款担保”的原则
D. 公积金个人住房贷款的实践中，住房置业担保公司所提供的连带责任担保是常见的保证方式

【解析】目前，个人住房公积金贷款最低首付款比例为20%，实施限购限贷政策的城市，按当地住房公积金信贷政策执行。

14. 关于公积金个人住房贷款的贷后管理，下列说法错误的是(　　)。[2016 年 11 月真题]
A. 按照委托协议，承办银行应定期对公积金贷款的办理情况进行检查
B. 按委托协议的约定，公积金管理中心应定期(每月、每季、每年)按比例将委托贷款手续费划归给承办银行
C. 在贷款催收中，逾期 90 天以内的，选择短信、电话和信函等方式进行催收
D. 逾期 120 天以上，将对拒不还款的借款人提起诉讼，对抵押物进行处置

【解析】逾期 180 天以上，承办银行将对拒不还款的借款人提起诉讼，对抵押物进行处置；处分抵押物所得价款用于偿还贷款利息、罚金及本金。

15. 关于个人住房贷款流程，下列说法错误的是(　　)。[2016 年 11 月真题]
A. 个人住房贷款应重点确认借款人首付款是否已全额支付到位
B. 贷款审查人对贷前调查人提交的材料和调查内容的真实性有疑问的，可以进行重新调查
C. 贷款人采用自主支付的方式对贷款资金的支付进行管理与控制
D. 借款人所购房屋为新建房的，贷款人要确认项目工程进度符合人民银行规定的有关放款条件

【解析】C 项，个人住房贷款应采用贷款人受托支付方式，银行直接将贷款支付给售房人。

16. 下列关于商业性个人住房贷款利率政策的表述，正确的是(　　)。[2020 年 10 月真题]
A. 按商业性贷款利率执行，在区间上限、下限均实行管理
B. 按商业性贷款利率执行，在区间内上限管理，下限放开
C. 按商业性贷款利率执行，在区间内上限放开，下限管理
D. 按商业性贷款利率执行，在区间内上限、下限管理均放开

【解析】个人住房贷款的利率按商业性贷款利率执行，上限放开，实行下限管理。根据规定，个人住房贷款利率浮动区间的下限为基准利率的 0.7 倍，其中，二套房贷款利率浮动区间的下限为基准利率的 1.1 倍。

17. (　　)年，中国人民银行颁布《个人住房贷款管理办法》标志我国个人住房贷款真正进入快速发展时间。[2015 年 10 月真题]
A. 1998　　B. 2001　　C. 1995　　D. 1993

【解析】个人住房贷款真正实现快速发展，应以 1998 年住房制度改革以及中国人民银行

14D　15C　16C　17A

《个人住房贷款管理办法》的颁布为标志。

18. 某男性借款人年龄45岁，向银行申请个人一手房贷款，则贷款的最长年限一般不超过________年，符合相关条件的可放宽到________年。(　　)[2015年10月真题]

A. 25；30　　B. 30；35　　C. 15；20　　D. 20；25

【解析】对于借款人已离退休或即将离退休的(目前法定退休年龄为男60岁、女55岁)，贷款期限不宜过长。一般男性自然人的还款期限不超过65岁，女性自然人的还款年限不超过60岁。符合相关条件的，男性可放宽至70岁，女性可放宽至65岁。

19. 个人住房贷款最常用的还款方式是(　　)。[2015年5月真题]

A. 等额本息还款法和等额累进还款法　　B. 等额本息还款法和等额本金还款法

C. 一次还本付息法和等额本金还款法　　D. 等比累进还款法和等额累进还款法

【解析】个人住房贷款可采取多种还款方式进行还款。例如，一次还本付息法、等额本息还款法、等额本金还款法、等比累进还款法、等额累进还款法及组合还款法等多种方法。其中，以等额本息还款法和等额本金还款法最为常用。

20. 下列属于政策性个人住房贷款的是(　　)。[2015年10月真题]

A. 个人商用房贷款　　B. 自营性个人住房贷款

C. 公积金个人住房贷款　　D. 个人医疗贷款

【解析】公积金个人住房贷款不以营利为目的，实行“低进低出”的利率政策，带有较强的政策性，贷款额度受到限制。因此，它是一种政策性个人住房贷款。

21. 下列不属于个人住房贷款的借款人合法有效的身份证件是(　　)。[2015年10月真题]

A. 驾驶证　　B. 军官证　　C. 文职干部证　　D. 居民身份证

【解析】个人住房贷款的借款人合法有效的身份证件包括居民身份证、户口本、军官证、警官证、文职干部证、港澳台居民还乡证、居留证件或其他有效身份证件及婚姻状况证明。

22. 下列关于“假个贷”的表述，错误的是(　　)。[2020年10月真题]

A. “假个贷”的成因包括开发商为获得优惠贷款而实施“假个贷”

B. “假个贷”的成因包括开发商利用“个贷”套取银行资金进行诈骗

C. “假个贷”的“假”是指借款人和所购房屋都是真实存在的，只是购房行为为“假”

D. 银行的管理漏洞给“假个贷”以可乘之机

【解析】C项，“假个贷”的“假”是指：①不具有真实的购房目的；②虚构购房行为使其具有“真实”的表象；③捏造借款人资料或者其他相关资料等。

23. “假个贷”表现的一般特征不包括(　　)。[2015年10月真题]

A. 没有特殊原因，楼盘售价与周围楼盘相比明显偏高

B. 开发企业员工或关联方集中购买同一楼盘

C. 没有特殊原因，滞销楼盘突然热销

D. 借款人每月集中在同一日还款

18D　19B　20C　21A　22C　23D

【解析】除 ABC 三项外，“假个贷”行为的特征还包括：①借款人收入证明与年龄、职业明显不相称，在一段时间内集中申请办理贷款；②借款人对所购房屋位置、朝向、楼层、户型、交房时间等与所购房屋密切相关的信息不甚了解；③借款人首付款非自己交付或实际没有交付；④多名借款人还款账户内存款很少，还款日前由同一人或同一单位进行转账或现金支付来还款；⑤开发商或中介机构代借款人统一还款；⑥借款人集体中断还款等。

24. 个人住房贷款操作风险的防范措施不包括(　　)。[2015 年 10 月真题]

A. 提高经办人员的职业操守

B. 严格落实贷前调查和贷后检查

C. 加强对借款人还款能力的甄别

D. 掌握并严格遵守个人住房贷款相关的规章制度和法律法规

【解析】个人住房贷款的经办人员应该提高对操作风险的认识水平，增强对操作风险的应对能力。操作风险的防范措施包括：①提高贷款经办人员职业操守和敬业精神；②掌握并严格遵守个人住房贷款相关的规章制度和法律法规；③严格落实贷前调查和贷后检查。

25. 我国某城市受国内外经济不景气影响，很多企业经营者收益下降或员工收入减少，借款人无力或不愿继续供款，个人住房贷款不良率开始上升，这种风险属于(　　)。[2015 年 10 月真题]

A. 操作风险　　B. 道德风险　　C. 信用风险　　D. 市场风险

【解析】个人住房贷款的信用风险通常是因借款人的还款能力和还款意愿的下降而导致的。因此，防范个人住房贷款的信用风险，就要求个人住房贷款的经办人员通过细致的工作，把握好借款人的还款能力和还款意愿。

26. 在经济学中，由于事前信息不对称，银行将优质客户拒之门外的现象是一种(　　)。[2015 年 10 月真题]

A. 操作风险　　B. 道德风险　　C. 逆向选择　　D. 信用风险

【解析】在当前的业务环境下，真实个人信息获取的成本和难度都比较大，往往造成工作中的信息不对称。事前的信息不对称使得一些优质客户被拒之门外，即经济学中的逆向选择；而事后的信息不对称使得银行的贷款资金遭受风险，即道德风险。

27. 一般来讲，公积金个人住房贷款的发放方式是(　　)。[2015 年 10 月真题]

A. 资金以转账方式划入售房人账户　　B. 资金以转账方式划入借款人账户

C. 借款人直接提取现金　　D. 售房人直接提取现金

【解析】除当地公积金管理中心有特殊规定外，公积金个人住房贷款资金必须由贷款银行以转账的方式划入售房人账户，不得由借款人提取现金。发放完贷款，承办银行向客户提供回单，并将有关放款资料报送公积金管理中心。

28. 符合基本条件的一手房公积金贷款的借款人需提供的材料一般不包括(　　)。[2015 年 10 月真题]

24C　25C　26C　27A　28B

A. 借款人婚姻状况证明文件　　B. 房产证原件和复印件
C. 借款人身份证明文件　　D. 已交付符合规定比例首付款的有效凭据
【解析】B 项为二手房公积金贷款的借款人需要提供的材料。

29. 公积金个人住房贷款业务中，承办银行的可委托代理职责是(　　)。[2015 年 10 月真题]
A. 贷款发放　　B. 贷款审批
C. 职工贷款账户设立　　D. 贷前调查
【解析】公积金个人住房贷款业务中，承办银行的基本职责是：公积金借款合同签约、发放、职工贷款账户设立和计结息以及金融手续操作；可委托代理职责是：贷前咨询受理、调查审核、信息录入，贷后审核、催收、查询对账。

30. 个人住房贷款业务中，在房屋未办妥正式抵押登记前，普遍采取的担保方式为(　　)。[2015 年 5 月真题]
A. 保证　　B. 抵押加阶段性保证
C. 阶段性保证　　D. 预抵押
【解析】在个人住房贷款业务中，采取的担保方式以抵押担保为主，在未实现抵押登记前，普遍采取抵押加阶段性保证的方式。

31. 自 2008 年 10 月 27 日始，中国人民银行调整了个人住房贷款可执行下限利率水平，二套房贷款的下限利率水平为(　　)。[2015 年 5 月真题]
A. 相应期限档次贷款基准利率的 0.7 倍
B. 相应期限档次贷款基准利率
C. 相应期限档次贷款基准利率的 1.1 倍
D. 相应期限档次贷款基准利率的 0.85 倍
【解析】个人住房贷款的利率按商业性贷款利率执行，上限放开，实行下限管理。根据现行规定，个人住房贷款利率浮动区间的下限为基准利率的 0.7 倍，其中，二套房贷款利率浮动区间的下限为基准利率的 1.1 倍。

32. 个人住房贷款可实行的担保方式是(　　)。[2015 年 5 月真题]
A. 抵押、信用、质押　　B. 抵押、信用、保证
C. 抵押、质押、保证　　D. 信用、质押、保证
【解析】银行个人住房贷款业务的担保方式主要有抵押、质押、保证三种方式。

33. 防范个人住房贷款违约风险需特别重视把握(　　)。[2015 年 5 月真题]
A. 借款人的还款能力　　B. 抵(质)押物的价值
C. 保证人的保证能力　　D. 借款人的第二还款来源
【解析】防范个人住房贷款违约风险需特别重视把握借款人的还款能力，改变以往“重抵押物、轻还款能力”的贷款审批思路。

34. 银行要正确把握个人住房贷款借款人的第一还款来源，从而有效控制个人住房贷款业

29D　30B　31C　32C　33A　34D

务的(　　)。[2015 年 5 月真题]

A. 操作风险　B. 合规风险　C. 法律风险　D. 信用风险

【解析】银行应该进一步严格个人住房贷款的调查和审查，尤其是关注和评估借款人的还款能力，准确把握第一还款来源，从而有效控制个人住房贷款业务的信用风险。

35. 银行在审核个人住房贷款申请时，必须对借款人的收入证明严格把关，验证收入的真实性，下列不属于验证范围的是(　　)。[2015 年 5 月真题]

A. 融资收入的真实性　B. 经营收入的真实性

C. 租金收入的真实性　D. 工资收入的真实性

【解析】在审核个人住房贷款申请时，必须对借款人的收入证明严格把关，在验证借款人收入的真实性时，应主要验证借款人的工资收入、租金收入、投资收入和经营收入四个方面。

36. 在个人住房贷款中，合作机构的主要风险表现形式不包括(　　)。[2015 年 5 月真题]

A. 担保公司担保放大倍数过大　B. 评估机构房产评估价值失实

C. 开发商的"假个贷"　D. 住房公积金管理中心贷款期限调整

【解析】个人住房贷款中，合作机构风险的表现形式主要有：①房地产开发商和中介机构的欺诈风险，主要表现为"假个贷"；②担保公司的担保风险，主要的表现是"担保放大倍数"过大；③其他合作机构的风险，在二手房贷款业务中，往往涉及多个社会中介机构，如房屋中介机构、评估机构及律师事务所等，可能在社会中介机构环节出现风险。

37. 个人住房贷款业务中，下列不属于"假个贷"防控措施的是(　　)。[2015 年 5 月真题]

A. 加强一线人员培训，严把贷款准入关

B. 进一步完善风险保证金制度

C. 准确把握借款人的还款能力

D. 积极利用法律手段，追究当事人刑事责任

【解析】"假个贷"的防控措施包括：①深入调查分析合作机构资质情况；②加强一线人员培训，严把贷款准入关；③进一步完善个人住房贷款风险保证金制度；④积极利用法律手段，追究当事人刑事责任，加大"假个贷"的实施成本。

38. 公积金个人住房贷款的还款方式不包括(　　)。[2015 年 5 月真题]

A. 一次还本付息法　B. 等额本金还款法

C. 等比累进还款法　D. 等额本息还款法

【解析】公积金个人住房贷款的还款方式包括等额本息还款法、等额本金还款法和一次还本付息法。一般而言，贷款期限在 1 年以内(含 1 年)的实行到期一次还本付息；贷款期限在 1 年以上的，借款人从发放贷款的次月起偿还贷款本息，一般采取等额本息还款法或等额本金还款法。

39. 下列关于住房公积金贷款合同签约的表述，错误的是(　　)。[2015 年 5 月真题]

A. 只需受委托的承办银行与借款人双方在担保借款合同上签字、盖章

35A　36D　37C　38C　39A

B. 承办银行按照公积金管理中心委托放款通知书制作借款合同

C. 由承办银行经办人员录入并检查修改系统中的信息

D. 合同上应加盖专用章和有权签字人个人名章

【解析】住房公积金贷款合同签约过程中，承办银行按照公积金管理中心委托放款通知书，审核预签合同或制作借款合同；落实借款人、住房置业公司等合同签约人在合同上盖章、签字(章)，经有权签字人审核同意，在合同上加盖合同专用章及有权签字人个人名章，由承办银行经办人员录入并检查修改系统中的信息。

40. 个人贷款审查人审查完毕后，应对贷前调查人提出的调查意见和贷款建议是否合理、合规等在(　　)上签署审查意见。[2014 年 11 月真题]

A. 个人住房贷款调查审批表　　B. 个人住房贷款面谈记录

C. 个人住房贷款申请书　　D. 个人住房贷款合同

【解析】贷款审查人审查完毕后，应对贷前调查人提出的调查意见和贷款建议是否合理、合规等，在个人住房贷款调查审批表上签署审查意见，连同申请材料、面谈记录等一并送交贷款审批人进行审批。

41. 个人住房贷款的信用风险通常是因借款人的______和______下降导致的。(　　)[2014 年 11 月真题]

A. 担保品价值；保证人实力　　B. 还款意愿；担保品价值

C. 还款能力；还款意愿　　D. 还款能力；担保品价值

【解析】个人住房贷款的信用风险通常是因借款人的还款能力和还款意愿的下降而导致的。因此，防范个人住房贷款的信用风险，就要求个人住房贷款的经办人员通过细致的工作，把握好借款人的还款能力和还款意愿。

42. 个人住房贷款签约环节是风险防控的主要环节，以下不属于签约环节风险点的是(　　)。[2014 年 11 月真题]

A. 合同中存在不规范行为，例如数字书写不规范，签字不齐全，签字使用不规范简体等

B. 未对合同签署人及签字(签章)进行核实，例如借款相关人员及其配偶应到场而未到场，或是伪造授权书等

C. 未签订合同或是签订无效合同，例如“先放款，后签约”，或是银行单方面先签署合同后由借款人签约的情况，以及由非银行人员代为签约等

D. 贷款担保手续不齐备，例如抵押担保合同所列抵押物与实际不符，应办理的抵押登记未办理等

【解析】个人住房贷款签约环节主要有以下风险点：①未签订合同或是签订无效合同，例如出现“先放款、后签约”或是银行单方面先签署合同后由借款人签约的情况，以及由非银行人员代为签约等；②合同文本中的不规范行为，例如数字的书写不规范、签字(签章)不齐全、签字(签章)使用不规范简体等；③未对合同签署人及签字(签章)进行核实，例如借款相关人员(借款人、共同还款人)及其配偶必须到场而未到场，或是伪造授权书等。

40A　41C　42D

43. 我国规模最大的个人贷款产品为(　　)。[2014 年 6 月真题]

A. 个人经营性贷款　　B. 个人教育贷款

C. 个人住房贷款　　D. 个人汽车贷款

【解析】个人住房贷款是指银行向自然人发放的用于购买、建造和大修理各类型住房的贷款。个人住房贷款属于个人消费类贷款，在各国个人贷款业务中都是最主要的产品，在我国也是最早开办、规模最大的个人贷款产品。

44. 贷款中，单笔贷款的审查不包括(　　)。[2014 年 6 月真题]

A. 审查借款申请人提交材料的合规性

B. 审查贷前调查内容的完整性

C. 审查开发商的债权债务和为其他债权人提供担保的情况

D. 审查贷前调查人提交的《个人住房贷款调查审批表》和面谈记录

【解析】贷款审查人负责对借款申请人提交的材料进行合规性审查，对贷前调查人提交的个人住房贷款调查审批表、面谈记录以及贷前调查的内容是否完整进行审查。贷款审查人认为需要补充材料和完善调查内容的，可要求贷前调查人进一步落实。

45. 个人住房贷款对合作机构分析的要点不包括(　　)。[2014 年 6 月真题]

A. 合作机构的注册地址　　B. 合作机构的历史信用记录

C. 合作机构的经营成果　　D. 合作机构的领导层素质

【解析】个人住房贷款对合作机构资质情况分析的要点包括：①分析合作机构领导层素质；②分析合作机构的业界声誉；③分析合作机构的历史信用记录；④分析合作机构的管理规范程度；⑤分析企业的经营成果；⑥分析合作机构的偿债能力。

46. 个人住房贷款的质押担保主要是权利质押，还没有普遍作为质押担保物的是(　　)。[2014 年 6 月真题]

A. 保单　　B. 国债　　C. 股票　　D. 存单

【解析】个人住房贷款的质押担保目前主要是权利质押，较多的是存单、保单、国债、收费权质押。

47. 下列关于保证担保法律风险的表述，错误的是(　　)。[2014 年 6 月真题]

A. 公司或企业的职能部门、董事、经理越权对外提供保证

B. 未明确保证期间或保证期间不明，保证责任难以落实

C. 借款人互相提供保证更有利于增强保证效力

D. 未明确连带责任保证，追索的难度大

【解析】保证担保的法律风险主要表现在：①未明确连带责任保证，追索的难度大；②未明确保证期间或保证期间不明；③保证人保证资格有瑕疵或缺乏保证能力；④借款人互相提供保证无异于发放信用贷款；⑤公司、企业的分支机构为个人提供保证；⑥公司、企业职能部门、董事、经理越权对外提供保证等。

48. 目前我国个人住房贷款中的(　　)制度，使借款人承担了一定的利率风险，导致了借款人在利率上升周期中出现违约的可能性加大。[2019 年 6 月真题]

43C　44C　45A　46C　47C　48C

A. 固定利率　　　B. 市场利率　　　C. 浮动利率　　　D. 法定利率

【解析】个人住房贷款属于中长期贷款，其还款期限通常要持续在 20 ~ 30 年，在这段时间里，个人资信状况面临着巨大的不确定性。而我国目前个人住房贷款中的浮动利率制度，使借款人承担了相当大比率的利率风险，这就导致了借款人在利率上升周期中出现贷款违约的可能性加大。

49. 公积金个人住房贷款最长期限为(　　)年。[2014 年 6 月真题]

A. 10　　　B. 30　　　C. 20　　　D. 35

【解析】目前，公积金个人住房贷款最长期限为 30 年(贷款期限不得超过法定离退休年龄后 5 年)。

50. 关于公积金个人住房贷款利率的表述，正确的是(　　)。[2014 年 6 月真题]

A. 公积金个人住房贷款的利率按中国人民银行规定的公积金个人住房贷款利率执行

B. 公积金个人住房贷款的利率由各地公积金中心根据当地实际情况自行确定

C. 公积金个人住房贷款的利率按中国银行保险监督管理委员会规定的公积金个人住房贷款利率执行

D. 公积金个人住房贷款的利率通常低于同期商业贷款利率 10%

【解析】相对商业贷款，公积金个人住房贷款的利率相对较低。公积金个人住房贷款的利率按中国人民银行规定的公积金个人住房贷款利率执行。

51. 个人住房贷款的期限在 1 年以内(含 1 年)的，实行合同利率，遇法定利率调整(　　)计息。[2013 年 11 月真题]

A. 按季调整　　　B. 不分段　　　C. 按年调整　　　D. 按月调整

【解析】一般来说，个人住房贷款的期限在 1 年以内(含 1 年)的，实行合同利率，遇法定利率调整不分段计息，执行原合同利率；贷款期限在 1 年以上的，合同期内遇法定利率调整时，可由借贷双方按商业原则确定，可在合同期间按月、按季、按年调整，也可采用固定利率的确定方式。

52. 下列关于个人住房贷款的贷款发放条件的表述，错误的是(　　)。[2013 年 11 月真题]

A. 确认贷款的担保手续是否已落实

B. 确认采取委托扣划还款方式的借款人是否开立还本付息账户

C. 确认借款人首付款是否已部分支付到位

D. 需要办理保险、公证等手续的，确认相关手续是否已办妥

【解析】个人住房贷款应重点确认借款人首付款是否已全额支付到位。借款人所购房屋为新建房的，要确认项目工程进度符合人民银行规定的有关放款条件，其他内容应遵守个人贷款的规定。

53. 下列关于个人住房贷款的贷款人受托支付方式的表述，错误的是(　　)。[2013 年 11 月真题]

A. 银行应在贷款资金支付后做好有关细节的认定记录

B. 银行应明确受托支付的条件

49B　50A　51B　52C　53C

C. 银行应在贷款资金发放后，审核借款人相关交易资料和凭证是否符合约定条件

D. 银行应规范受托支付的审核要件

【解析】个人住房贷款应采用贷款人受托支付方式，银行直接将贷款支付给售房人。银行应明确受托支付的条件，规范受托支付的审核要件，要求借款人在使用贷款时提出支付申请，并授权贷款人按合同约定方式支付贷款资金。银行应在贷款资金发放前审核借款人相关交易资料和凭证是否符合合同约定条件，支付后做好有关细节的认定工作。

54. 下列不能作为个人住房贷款借款人收入证明的是(　　)。[2013 年 11 月真题]

A. 借款人单位人事部门出具的收入证明

B. 借款人个人纳税证明

C. 借款人房屋出租的租金证明

D. 借款人出具的收入证明

【解析】在审核个人住房贷款申请时，必须对借款人的收入证明严格把关，尤其是自雇人士或自由职业者。除了向借款人的工作单位、工商管理部门、税务部门以及征信机构等独立的第三方进行查证外，还应审查其纳税证明、资产证明、财务报表、银行账单等，确保第一还款来源真实、准确、充足。可采取的措施包括验证借款人的工资收入、租金收入、投资收入和经营收入。

55. 个人住房贷款审批环节主要操作风险点不包括(　　)。[2013 年 11 月真题]

A. 贷款担保手续未齐备即发放贷款

B. 未按权限审批贷款，使得贷款超授权发放

C. 未按独立公正原则审批

D. 审批人员对应审查的内容审查不严，导致向不符合条件的借款人发放贷款

【解析】个人住房贷款审批环节主要操作风险控制点为：①未按独立公正原则审批；②不按权限审批贷款，使得贷款超授权发放；③审批人员对应审查的内容审查不严，导致向不符合条件的借款人发放贷款。A 项是贷款发放环节中的风险点。

56. 下列不属于个人住房贷款抵押担保的法律风险的是(　　)。[2019 年 6 月真题]

A. 约定抵押物禁止转让的局限性

B. 抵押物市场价值波动较大

C. 抵押物为学校、医院等公益性事业单位公益财产

D. 抵押登记存在瑕疵，使得抵押担保处于抵押不生效的风险中

【解析】个人住房贷款抵押担保的法律风险包括：①抵押物的合法有效性，根据法律规定，学校、医院等公益性非营利法人的公益财产，所有权不明、有争议的以及宅基地使用权不得设定抵押；②约定抵押物禁止转让的局限性；③抵押登记存在瑕疵，使得抵押担保处于抵押不生效的风险中。

57. 下列关于公积金个人住房贷款的表述，错误的是(　　)。[2013 年 11 月真题]

A. 公积金个人住房贷款的资金来源为单位和个人共同缴存的住房公积金

54D　55A　56B　57C

B. 相对商业贷款，公积金个人住房贷款的利率相对较低

C. 所有城乡居民都享有公积金个人住房贷款的权利

D. 申请公积金个人住房贷款必须符合住房公积金管理部门有关公积金个人住房贷款的规定

【解析】C 项，公积金个人住房贷款是缴存公积金的职工才享有的一种贷款权利，只要是公积金缴存的职工，均可申请公积金个人住房贷款。

58. 在商业银行个人住房贷款业务中，房地产开发公司和二手房经纪公司等外部合作机构在银行贷款业务中的主要作用是(　　)。[2012 年 6 月真题]

A. 贷款调查、提供客源　　B. 提供客源、代理部分贷款管理职能

C. 贷款调查、承担担保　　D. 提供客源、承担担保

【解析】与外部机构合作是当前和今后一段时间个人住房贷款业务开展的主要方式。合作机构除了为银行提供客源之外，大多数还承担一定的担保责任。同时，专业从事担保业务的中介担保公司，也是商业银行个人住房贷款业务的重要合作机构。

59. 下列关于个人住房贷款借款人还款意愿的表述，错误的是(　　)。[2012 年 6 月真题]

A. 如果借款人是新客户，可通过职业、家庭、教育等个人背景因素来综合判断其还款意愿

B. 个人住房贷款借款人还款意愿的下降可能会导致个人住房贷款信用风险的发生

C. 在审核个人住房贷款申请时，可验证借款人的工资收入等来综合判断其还款意愿

D. 如果借款人是老客户，可通过检查其以往的账户记录、还款记录及当时贷款状态来了解其还款意愿

【解析】C 项，验证借款人的工资收入主要用于甄别借款人的还款能力。

60. 以下关于个人住房组合贷款的表述，正确的是(　　)。[2010 年 10 月真题]

A. 商业性贷款与公积金贷款的组合

B. 公积金贷款与个人委托贷款的组合

C. 房屋购置贷款与房屋装修贷款的组合

D. 一手房贷款与二手房贷款的组合

【解析】个人住房组合贷款是指按时足额缴存住房公积金的职工在购买、建造或大修住房时，可以同时申请公积金个人住房贷款和自营性个人住房贷款，从而形成特定的个人住房贷款组合。自营性个人住房贷款也称商业性个人住房贷款。

61. 商业银行对个人住房贷款合作机构审查时，分析其偿债能力，重点看(　　)。[2010 年 10 月真题]

A. 销售情况表　　B. 资产负债表　　C. 利润表　　D. 现金流量表

【解析】分析合作机构的偿债能力时，重点看资产负债表。对房地产开发企业而言，财务报表有它的特殊性，一般应关注资产项下的存货、应收账款、其他应收账款、对外长短期投资，负债项下的预收账款、应付账款、银行借款、或有负债情况，对外担保中的对法人担保情况可以通过人民银行信贷查询系统获得。

58D　59C　60A　61B

62. 按照资金来源划分，个人住房贷款不包括(　　)。[2010 年 5 月真题]

A. 公积金个人住房贷款　　B. 个人住房组合贷款

C. 自营性个人住房贷款　　D. 新建房个人住房贷款

【解析】按照资金来源划分，个人住房贷款包括自营性个人住房贷款、公积金个人住房贷款和个人住房组合贷款。D 项，新建房个人住房贷款属于按照住房交易形态划分的种类。

63. 下列属于个人住房贷款中常见的政策性风险的是(　　)。[2010 年 5 月真题]

A. 对抵押品执行的政策性限制　　B. 对境外人士购房的限制

C. 对楼盘建设规划的限制　　D. 对售房人资格的政策性限制

【解析】政策风险是指政府的金融政策或相关法律、法规发生重大变化或是有重要的举措出台，引起市场波动，从而给商业银行带来的风险。比较常见的政策风险如下：①对境外人士购房的限制；②对购房人资格的政策性限制。

64. 下列不属于个人住房贷款操作风险的是(　　)。[2010 年 5 月真题]

A. 贷款行所在地区抵押登记制度不健全

B. 降低借款人首付比例

C. 放松对借款人的审批条件

D. 贷款前、中、后台没有进行严格的责任区分

【解析】从操作风险的角度看，由于缺乏必要的相关法律约束，再加上各大商业银行之间激烈的竞争，银行的业务部门有时为了扩大其业务范围，放松对借款人的审批条件。在操作过程中，没有严格的抵押住房登记制度，贷款的前台、中台与后台没有进行责任上的严格区分，对客户的资信情况没有进行严格把关。操作风险是一种非系统性风险，A 项，某地区的抵押登记制度不健全属于系统性风险。

65. 在个人住房贷款业务中，担保公司的“担保放大倍数”是指(　　)。[2010 年 5 月真题]

A. 担保公司向银行的贷款与自身实收资本的倍数

B. 担保公司提供给借款者的贷款与自身实收资本的倍数

C. 担保公司对外提供担保的余额与自身实收资本的倍数

D. 担保公司的营业利润与自身实收资本的倍数

【解析】“担保放大倍数”即担保公司对外提供担保的余额与自身实收资本的倍数，倍数过大会造成过度担保而导致最终无力代偿。

66. 下列对于个人住房贷款的合同有效性风险，表述正确的是(　　)。[2009 年 10 月真题]

A. 格式条款与非格式条款不一致的，应当采用格式条款

B. 对格式条款有两种以上解释的，应当做出有利于提供格式条款一方的解释

C. 商业银行作为格式条款的提供方，应当采取合理的方式提请借款人注意免除或限制其责任的条款

D. 提请借款人注意必须在借款合同签订前作出，但若贷款银行没有履行这一法定义务，这些条款对当事人具有约束力

62D　63B　64A　65C　66C

【解析】A 项，格式条款和非格式条款不一致的，应当采用非格式条款；B 项，对格式条款有两种以上解释的，应当做出不利于提供格式条款一方的解释；D 项，提请借款人注意必须在借款合同签订前作出，若贷款银行没有履行这一法定义务，这些条款对当事人不产生约束力。

67. 下列不可以用于抵押担保的是(　　)。[2009 年 10 月真题]

A. 借款人名下的股票　　B. 借款人配偶名下的房产

C. 借款人就职医院的房产　　D. 借款人名下的存单

【解析】C 项，根据法律规定，学校、医院等公益性非营利法人的公益财产，所有权不明、有争议的以及宅基地使用权不得设定抵押，共有财产的抵押须取得共有人的同意等，公司董事、经理不得以公司财产为个人提供抵押担保等。

68. 商业银行先要和公积金管理中心签订(　　)，取得公积金个人住房贷款业务的承办权之后才能接受委托办理公积金个人住房贷款业务。[2009 年 10 月真题]

A. 委托贷款通知书　　B. 住房公积金借款合同

C. 委托放款协议书　　D. 住房公积金贷款业务委托协议书

【解析】银行要先和公积金管理中心签订住房公积金贷款业务委托协议书，取得公积金个人住房贷款业务的承办权之后，才能接受委托办理公积金个人住房贷款业务。根据委托协议及公积金管理中心的具体要求，承办银行接受当地公积金管理中心委托，受托办理公积金借款咨询和申请，经办人员会告知借款人必须符合当地公积金管理中心规定的住房公积金贷款条件。

69. 下列用途中，不可以申请使用公积金贷款的是(　　)。[2009 年 10 月真题]

A. 购买商铺　　B. 翻建自住房　　C. 购买自住房　　D. 大修自住房

【解析】公积金个人住房贷款也称委托性住房公积金贷款，是指由各地住房公积金管理中心运用个人及其所在单位所缴纳的住房公积金，委托商业银行向购买、建造、翻建、大修自住住房的住房公积金缴存人以及在职期间缴存住房公积金的离退休职工发放的专项住房贷款。

70. 对于贷款期限在 1 年以上的个人住房贷款，合同期内遇法定利率调整时，实践中银行多于(　　)起，按相应的利率档次执行新的贷款利率。

A. 当日　　B. 下一工作日　　C. 次月 1 日　　D. 次年 1 月 1 日

【解析】贷款期限在 1 年以上的个人住房贷款，合同期内遇法定利率调整时，可由借贷双方按商业原则确定，可在合同期间按月、按季、按年调整，也可采用固定利率的确定方式。但实践中，银行多于次年 1 月 1 日起按相应的利率档次执行新的贷款利率。

71. 根据现行的对贷款额度的规定，个人住房贷款最低首付款比例为(　　)。

A. 20%　　B. 25%　　C. 30%　　D. 35%

【解析】根据现行规定，个人住房贷款最低首付款比例为 20%。其中，在不实施“限购”措施的城市，居民家庭首次购买普通住房的商业性个人住房贷款，原则上最低首付款比例为 25%，各地可向下浮动 5 个百分点；对于实施“限购”措施的城市，贷款购买首

67C　68D　69A　70D　71A

套普通自住房的家庭，个人住房贷款最低首付款比例为30%。

72. 目前我国政府规定的居住用地的土地使用权出让年限为(　　)年。

A. 40　　B. 50　　C. 60　　D. 70

【解析】目前我国政府关于土地使用权出让年限的规定如下：居住用地70年，工业用地50年，教育、科技、文化卫生、体育用地50年，商业、旅游、娱乐用地40年，综合或其他用地50年。

73. 按使用方式的不同，房地产可以分为(　　)。

A. 居住、商业、办公、旅游和综合房地产

B. 生地、毛地、熟地、在建工程和现房

C. 收益性和非收益性房地产

D. 销售、出租、营业和自用房地产

【解析】房地产的类型可以按不同标准划分：①按用途分为居住、商业、办公、旅游、餐饮、娱乐工业和仓储、农业、特殊用途和综合房地产；②按开发程度分为生地、毛地、熟地、在建工程和现房；③按是否产生收益分为收益性和非收益性房地产；④按使用方式分为销售、出租、营业和自用房地产。

74. 房地产估价中，(　　)要求估价结果不得明显偏离类似房地产在同等条件下的正常价格。

A. 合法原则　　B. 公平原则

C. 最高最佳使用原则　　D. 替代原则

【解析】替代原则要求估价结果不得明显偏离类似房地产在同等条件下的正常价格。类似房地产是指在用途、规模、档次、建筑结构、权利性质等方面与估价对象处在同一供求范围内的房地产。

75. 采用市场法进行房地产估价的难点在于(　　)。

A. 不同时期房地产的价格构成极其复杂

B. 不同地区房地产的价格构成极其复杂

C. 保证可比实例成交价格的客观合理性

D. 保证可比实例成交价格的稳定性

【解析】房地产估价方法主要有市场法、成本法、收益法、假设开发法、长期趋势法、基准地价修正法等。其中，市场法的难点在于如何保证可比实例成交价格的客观合理性，以及如何对其各种因素进行修正或调整；成本法的难点在于不同时期、不同地区、不同类型房地产的价格构成极其复杂，且折旧包含物质上、功能上和经济上的价值减损，求取的难度较大。

76. 下列房地产类型中，难以采用市场法估价的是(　　)。

A. 房地产开发用地　　B. 写字楼

C. 商场　　D. 学校

【解析】市场法适用的对象是交易活跃的房地产，如房地产开发用地、商品住宅、写字

72D　73D　74D　75C　76D

楼、商场、标准工业厂房等。对于那些很少发生交易的房地产，如特殊工业厂房、学校、教堂、寺庙等，则难以采用市场法估价。

77. 采用成本法对房地产估价的理论依据是(　　)。
A. 生产费用价值论　B. 房地产价格形成的替代原理
C. 预期原理　D. 倒算原理

【解析】成本法的理论依据是生产费用价值论——商品的价格是由其生产所必要的费用决定的。

78. 对于具有投资开发或再开发潜力的房地产的估价，如待开发的土地、在建工程、可装修改造或可改变用途的旧房等，适宜采用的房地产估价方法是(　　)。
A. 市场法　B. 成本法　C. 收益法　D. 假设开发法

【解析】房地产估价方法中，市场法适用的对象是交易活跃的房地产；成本法特别适用于那些既无收益又很少发生交易，以及有独特设计需要的房地产的估价；收益法适用的对象是有收益或有潜在收益的房地产；假设开发法适用于具有投资开发或再开发潜力的房地产的估价，如待开发的土地、在建工程、可装修改造或可改变用途的旧房等。

79. 关于房地产估价方法的选用，下列说法错误的是(　　)。
A. 对同一估价对象宜选用两种以上的估价方法进行估价
B. 有条件选用成本法进行估价的，应以成本法为主要估价方法
C. 收益性房地产的估价，应选用收益法作为其中的一种估价方法
D. 若估价对象适宜采用多种估价方法进行，应同时采用多种估价方法进行估价，不得随意取舍

【解析】B 项，有条件选用市场法进行估价的，应以市场法为主要估价方法。

80. 对于有收益或有潜在收益的房地产，如商店、写字楼、旅馆、影剧院等，它们的收益和风险都能够较准确的量化，适宜采用的房地产估价方法为(　　)。
A. 成本法　B. 收益法　C. 市场法　D. 假设开发法

【解析】收益法适用的对象是有收益或有潜在收益的房地产，如商店、写字楼、公寓、旅馆、影剧院、停车场、标准厂房等，它不限于估价对象本身现在是否有收益，只要其所属的这类房地产有获取收益的能力即可。收益法适用的条件是房地产的收益和风险都能够较准确的量化。

81. 对个人住房贷款楼盘项目进行准入调查时，项目本身的调查不包括(　　)。
A. 项目资料的有效性调查　B. 项目合法性调查
C. 项目工程进度调查　D. 项目的实地考察

【解析】对个人一手住房贷款楼盘项目的准入调查包括对开发商资信的调查、项目本身的调查以及对项目的实地考察，最后撰写调查报告。其中对项目本身的调查包括项目资料的完整性、真实性和有效性调查，项目的合法性调查，项目工程进度调查，项目资金到位情况调查。

77A　78D　79B　80B　81D

82. 办理个人住房贷款业务时，贷前调查人调查完成后，应把资料送交(　　)进行下一环节的工作。

A. 借款申请人　　B. 贷款审查人员　　C. 贷款审批人　　D. 贷款发放人员

【解析】个人住房贷款业务操作流程包括贷款的受理与调查、审查与审批、签约与发放、支付管理和贷后管理五个环节。当贷前调查完成后，贷前调查人应对调查结果进行整理、分析，填写个人住房贷款调查审批表，提出是否同意贷款的明确意见及对贷款要素的建议，并形成对借款申请人还款能力等方面的调查意见，连同申请资料等一并送交贷款审查人员进行贷款审查。

83. 为了防范合作机构风险，银行应对房屋进行估价，首要步骤是(　　)。

A. 通过网络进行询价

B. 建立自己的房地产交易信息库

C. 与专业的房地产估价公司合作进行联合估价

D. 参考贷款申请人提供的交易价格

【解析】为了防止部分借款申请人通过抬高房价的方式骗贷，银行应该对房屋进行全面的估价。首先是通过网络进行询价，以确定房价大致的合理范围，这是大多数银行目前采用的主要方式；其次是建立自己的房地产交易信息库，通过对相同或是类似房屋的查询，利用房地产估价中的比较法进行价格的确定；最后可以与专业的房地产估价公司合作，对某些估价难度大的房屋进行联合估价。

84. 个人住房贷款档案管理中存在的风险不包括(　　)。

A. 未按照要求收集整理贷款档案资料

B. 未核对“个人贷款档案清单”

C. 未对档案资料使用实施借阅审批登记制度

D. 未按规定保管借款合同、担保合同等重要贷款档案资料，造成合同损毁

【解析】个人住房贷款档案管理中的风险主要包括：①是否按照要求收集整理贷款档案资料，是否按要求立卷归档；②是否对每笔贷款设立专卷，是否按贷款种类、业务发生时间编序，是否核对“个人贷款档案清单”；③重要单证保管是否及时移交会计部门专管，档案资料使用是否实施借阅审批登记制度。D 项属于贷后管理中存在的风险。

85. 合作机构的(　　)是社会公众对合作机构的信任和赞美程度。

A. 信用状况　　B. 偿债能力　　C. 业界声誉　　D. 管理水平

【解析】业界声誉是指一个合作机构获得社会公众信任和赞美的程度，以及在社会公众中影响效果好坏的程度。充分了解合作机构的声誉对客观反映其综合素质十分重要。

86. 下列不属于公积金管理中心的基本职责的是(　　)。

A. 制定公积金信贷政策　　B. 负责信贷审批

C. 公积金贷款合同的签约　　D. 承担公积金信贷风险

【解析】C 项属于承办银行的基本职责。

82B　83A　84D　85C　86C

二、多选题(下列选项中有两项或两项以上符合题目要求)

1. 单笔个人住房贷款贷前应重点检查(　　)。[2018 年 10 月真题]

A. 借款人还款能力　　B. 首付款证明真实性及合规性

C. 楼盘项目开发进度　　D. 贷款真实性

E. 房产中介机构推荐按揭业务资产质量

【解析】单笔个人住房贷款除了调查材料一致性、借款人基本情况、借款人信用情况、借款人收入情况、担保情况、借款用途等基本内容外，还应重点调查以下内容：①首付款证明；②借款人还款能力；③购房合同或协议；④担保材料；⑤贷款真实性。

2. 房地产估价原则包括(　　)。[2020 年 10 月真题]

A. 诚信原则　　B. 替代原则　　C. 估价时点原则　　D. 最高最佳使用原则

E. 合法原则

【解析】房地产估价原则包括：①合法原则；②最高最佳使用原则；③估价时点原则；④替代原则；⑤公平原则。

3. 个人住房贷款发放与支付的说法正确的有(　　)。[2017 年 10 月真题]

A. 对采取委托扣划还款方式的借款人，要确认其已在银行开立还本付息账户

B. 贷款人受托支付完成后，应详细记录资金流向，归集保存相关凭证

C. 借款人所购房屋为新建房的，要确认项目工程进度符合人民银行规定的有关放款条件

D. 贷款发放前，贷款发放人应落实有关贷款发放条件

E. 对自然人作为保证人的，应明确并落实履行保证责任的具体操作程序

【解析】ADE 三项，贷款发放前，贷款发放人应落实有关贷款发放条件。其中，对采取委托扣划还款方式的借款人，要确认其已在银行开立还本付息账户用于归还贷款；对自然人作为保证人的，应明确并落实履行保证责任的具体操作程序；对保证人有保证金要求的，应要求保证人在银行存入一定期限的还本付息额的保证金。BC 两项，贷款人受托支付完成后，应详细记录资金流向，归集保存相关凭证。个人住房贷款应重点确认借款人首付款是否已全额支付到位以及借款人所购房屋为新建房的，要确认项目工程进度符合人民银行规定的有关放款条件。

4. 下列关于个人住房贷款发展历程的说法，正确的有(　　)。[2017 年 6 月真题]

A. 个人住房贷款在我国是最早开办、规模最大的个人贷款产品

B. 中国人民银行于 1997 年颁布《个人住房贷款管理办法》

C. 1987 年，作为首批住房体制改革的试点城市，烟台、蚌埠两市分别成立了住房储蓄银行

D. 个人住房贷款在世界各国的个人贷款业务中都是最主要的贷款产品

E. 个人住房贷款真正实现快速发展以 1998 年的住房制度改革以及中国人民银行《个人住房贷款管理办法》的颁布为标志

【解析】B 项，1997 年，中国人民银行颁布了《个人住房担保贷款管理试行办法》，1998 年，中国人民银行颁布了《个人住房贷款管理办法》。

1ABD　2BCDE　3ABCDE　4ACDE

5. 在银行个人住房贷款的受理与调查阶段，下列说法正确的有(　　)。［2016 年 11 月真题］

A. 首付款尚未支付或者首付款未达到规定比例的，要提供用于购买住房的自筹资金的有关证明

B. 涉及抵押担保的，在一般操作模式下，须提供财产共有人同意抵押的书面证明

C. 房地产开发商资信等级是企业信用程度的形象标识，它表明了企业守约或履约的主观愿望与客观能力

D. 涉及保证担保的，需保证人出具同意提供担保的书面承诺，并提供能证明保证人保证能力的证明材料

E. 个人住房贷款的借款人及配偶月所有债务支出与月收入之比应在 50%(含)以下

【解析】B 项，涉及抵押担保的，需提供抵押物的权属证明文件以及有处分权人同意抵押的书面证明，一般操作模式下，财产共有人在借款(抵押)合同上直接签字，可无书面声明；E 项，借款人住房贷款的月房产支出与收入比控制在 50% 以下(含 50%)，月所有债务支出与收入比控制在 55% 以下(含 55%)，其中收入是指申请人自身的可支配收入。

6. 关于个人住房贷款还款能力风险，下列说法正确的有(　　)。［2016 年 11 月真题］

A. 如借款人死亡，借款人的继承人放弃所购房屋，银行将面临贷款损失的违约风险

B. 贷款的顺利回收与借款人的家庭、工作、收入、健康等因素的变化息息相关

C. 对于银行而言，把握住借款人的还款能力，就基本把握住了第一还款来源

D. 个人住房贷款属于中长期贷款，其还款期限通常要持续在 20 ~ 30 年，在这段时间里，个人资信状况较为稳定

E. 从信用风险的角度来看，还款能力体现的是借款人客观的财务状况，即在客观情况下借款人能够按时足额还款的能力

【解析】D 项，个人住房贷款属于中长期贷款，其还款期限通常要持续在 20 ~ 30 年，在这段时间里，个人资信状况面临着巨大的不确定性，个人支付能力下降的情况很容易发生，这往往就可能转化为银行的贷款风险。

7. 公积金个人住房贷款的还款方式包括(　　)。［2016 年 11 月真题］

A. 等额累进还款法　　B. 一次还本付息法

C. 等额本息还款法　　D. 组合还款法

E. 等额本金还款法

【解析】公积金个人住房贷款的还款方式包括等额本息还款法、等额本金还款法和一次还本付息法。一般而言，贷款期限在 1 年以内(含 1 年)的实行到期一次还本付息；贷款期限在 1 年以上的，借款人从发放贷款的次月起偿还贷款本息，一般采取等额本息还款法或等额本金还款法。

8. 借款人申请住房公积金贷款须具备的条件包括(　　)。［2016 年 6 月真题］

A. 有稳定的经济收入，信用良好，有偿还贷款本息的能力

B. 拥有县城常住户口或有效居留身份

C. 有当地住房公积金管理部门规定的最低额度以上的自筹资金

D. 按时足额缴存公积金并具有个人住房公积金存款账户

5ACD　6ABCE　7BCE　8ACDE

E. 有合法有效的购买、大修住房的合同、协议以及贷款银行要求提供的其他证明文件

【解析】除了 ACDE 四项外，借款人申请住房公积金贷款还应具备的基本条件有：①具有城镇常住户口或有效居留身份；②有符合要求的资产进行抵押或质押，或有足够代偿能力的法人、其他经济组织或自然人作为保证人；③符合当地住房公积金管理部门规定的其他借款条件。

9. 下面对公积金住房贷款的描述，正确的有（　　）。[2015 年 10 月真题]

A. 是一种商业性个人住房贷款

B. 是公积金管理中心委托商业银行向购买、建造、翻建、大修自住住房的住房公积金缴存人以及在职期间缴存住房公积金的离退休职工发放的专项住房消费贷款

C. 其贷款风险由住房公积金管理中心承担，而非商业银行承担

D. 也称委托性住房公积金贷款

E. 实行低进低出的利率政策

【解析】A 项，公积金个人住房贷款不以营利为目的，实行“低进低出”的利率政策，带有较强的政策性，贷款额度受到限制。因此，它是一种政策性个人住房贷款。

10. 下列关于个人住房贷款的说法，正确的有（　　）。[2015 年 10 月真题]

A. 绝大多数采取分期付款的方式

B. 实质是一种借贷关系而非商品买卖关系

C. 贷款金额大、期限长

D. 是以信用为前提建立的借贷关系

E. 风险具有系统性特点

【解析】个人住房贷款与其他个人贷款相比，具有以下特点：①贷款期限长，个人住房贷款相对其他个人贷款而言金额较大，期限也较长，通常为 10～20 年，最长可达 30 年，绝大多数采取分期还本付息的方式；②大多以抵押为前提建立的借贷关系；③风险具有系统性特点。

11. 个人住房贷款档案包括的内容有（　　）。[2015 年 10 月真题]

A. 委托转账付款授权书

B. 房屋他项权利证明书

C. 符合规定的购买住房意向书、合同书或其他有效文件

D. 贷款银行认可部门出具的借款人经济收入和偿债能力证明

E. 借款人身份证件（居民身份证、户口本或其他有效证件）

【解析】除 ABCDE 五项外，个人住房贷款档案中的借款人的相关资料还包括：①购房交易收件收据；②所购住房的估价证明；③抵押物或质物清单、权属证明、有处分权人同意抵押或质押的证明及有权部门出具的抵押物估价证明；④保证人资信证明及同意提供担保的文件；⑤个人住房贷款借款申请书、调查审批表；⑥借款合同；⑦抵押合同（质押合同、保证合同）；⑧保险合同、保险单据；⑨个人住房贷款凭证。

12. 银行与开发商确立合作后，还需要加强对开发商和合作项目的管理，采取的措施主要有（　　）。[2015 年 10 月真题]

A. 借款人的入住情况及对住房的使用情况等

9BCDE　10ABCE　11ABCDE　12ABCDE

B. 借款人早期发生违约行为后，及时通知开发商履行担保责任
C. 及时了解开发商的工程进度，防止“烂尾”工程
D. 密切注意和掌握房地产市场的动态
E. 及时了解开发商的经营及财务状况是否正常，担保责任的履行能力能否保证

13. 验证借款人工资收入的真实性可采取的做法包括(　　)。[2015 年 10 月真题]
A. 通过了解公积金数额及存折流水情况验证收入证明的真实性
B. 要求借款人提供可靠的证明材料
C. 通过电话调查借款人工作单位和收入的真实性
D. 通过面谈核实借款人工作单位和收入的真实性
E. 对难以提供工资单和公积金数额的客户，可通过验证借款人缴纳个人所得税税单的数额来判断其真实收入水平

【解析】信用风险防范措施中，对借款人还款能力的甄别一般包括验证借款人的工资收入、租金收入、投资收入和经营收入四个方面。ABCDE 五项均属于验证工资收入的真实性可采取的做法。

14. 对于住房公积金贷款，承办银行的贷后管理职责包括(　　)。[2015 年 10 月真题]
A. 对账工作　　B. 基金清退和利息划回
C. 贷款数据报送　　D. 贷款检查
E. 协助催收贷款

【解析】除 ABCDE 五项外，住房公积金贷款承办银行的贷后管理职责还包括：①贷款手续费的结算；②担保贷后管理；③委托协议终止；④档案管理。

15. 借款人申请个人住房贷款须提供购房首付款证明材料，可以证明首付款交款的单据有(　　)。[2015 年 5 月真题]
A. 收款收据　　B. 现金交款单　　C. 银行进账单　　D. 购房发票
E. 借款人声明

【解析】购房首付款证明材料，包括借款人首付款交款单据(如发票、收据、银行进账单、现金交款单等)，首付款尚未支付或者首付款未达到规定比例的，要提供用于购买住房的自筹资金的有关证明。

16. 商业银行作为格式条款的提供方，应当采取合理的方式提请借款人注意免除或限制其责任的条款，下列表述正确的有(　　)。[2015 年 5 月真题]
A. 可在合同签订前办理公证
B. 可在合同书中使用区别于其他条款内容的字体使之明显地标示
C. 无论采用何种提示方式，均需易于借款人(担保人)充分理解格式条款
D. 可安排律师对合同进行讲解
E. 可在合同书正式条款的前面设置“敬请注意”内容

【解析】依据《民法典》第四百九十六条的规定，商业银行作为格式条款的提供方，应当遵循公平原则确定当事人之间的权利和义务，并采取合理的方式提示对方注意免除或

13ABCDE　14ABCDE　15ABCD　16ABCDE

者减轻其责任等与对方有重大利害关系的条款，按照对方的要求，对该条款予以说明。提请借款人注意必须在借款合同签订前作出，若贷款银行没有履行这一法定义务，这些条款对当事人不产生约束力。法律对“合理的方式提示”并没有明确要求，商业银行可以依据不同的格式条款(合同)确定，或是在合同书中使用区别于其他条款内容的字体，如大字、斜体字等使之明显地标示出来，或是在合同书正式条款的前面设置“敬请注意”内容，或是在合同签订前办理公证、安排律师对合同进行讲解等。无论采用何种提示方式，均需易于借款人(担保人)充分理解上述格式条款。

17. 公积金个人住房贷款实行(　　)的原则。[2015 年 5 月真题]

A. 存贷结合　B. 先存后贷　C. 贷款担保　D. 整借零还

E. 先贷后存

【解析】公积金个人住房贷款是住房公积金使用的中心内容。公积金个人住房贷款实行“存贷结合、先存后贷、整借零还和贷款担保”的原则。

18. 质押担保的法律风险主要有(　　)。[2014 年 11 月真题]

A. 非为被监护人利益以其所有权利进行质押

B. 质押物价值不足值或质押率偏高

C. 质押物不合法

D. 对于无处分权的权利进行质押

E. 以非法所得、不当得利所得的权利进行质押

【解析】质押担保目前主要是权利质押，较多的是存单、保单、国债、收费权质押。主要风险在于：①质押物的合法性；②对于无处分权的权利进行质押；③非为被监护人利益以其所有权利进行质押；④非法所得、不当得利所得的权利进行质押等。

19. 公积金个人住房贷款的特点有(　　)。[2014 年 11 月真题]

A. 期限长　B. 利率低　C. 互助性　D. 营利性

E. 普遍性

【解析】公积金个人住房贷款的特点有：①互助性，公积金个人住房贷款其资金来源为单位和个人共同缴存的住房公积金；②普遍性，只要是具有完全民事行为能力、正常缴存住房公积金的职工，都可申请公积金个人住房贷款；③利率低，相对商业贷款，公积金个人住房贷款的利率相对较低；④期限长，目前，公积金个人住房贷款最长期限为 30 年(贷款期限不得超过法定离退休年龄后 5 年)。

20. 针对个人住房贷款担保方式的说法，正确的有(　　)。[2014 年 6 月真题]

A. 在贷款期间，借款人不可变更担保方式

B. 银行通常要求借款人以所购住房作抵押，往往规定其贷款额度不得超过抵押物价值的一定比例

C. 个人住房贷款可实行抵押、质押、保证三种担保方式

D. 采取以抵押担保为主的担保方式

E. 采取保证方式，保证人应与贷款银行签订保证合同

17ABCD　18ACDE　19ABCE　20BCDE

【解析】A项，在贷款期间，经贷款银行同意，借款人可根据实际情况变更贷款担保方式。

21. 在个人住房贷款的楼盘项目的准入调查环节，对开发商资信调查的内容包括(　　)。[2014年6月真题]

A. 房地产开发商资质

B. 借款申请人偿还能力

C. 企业法人代表的个人信用程度和管理层的决策能力

D. 项目资金到位情况

E. 企业资信等级或信用程度

【解析】开发商资信调查具体包括：①房地产开发商资质调查；②企业资信等级或信用程度；③企业法人营业执照；④会计报表；⑤开发商的债权债务和为其他债权人提供担保的情况；⑥企业法人代表的个人信用程度和管理层的决策能力。

22. 在个人住房贷款业务中，商业银行的合作机构出现下列(　　)情况，商业银行应暂停与相应机构的合作。[2014年6月真题]

A. 与商业银行合作的存量业务出现严重不良贷款的

B. 所进行的合作对商业银行业务拓展没有明显促进作用的

C. 经营出现明显问题的

D. 有违法违规经营行为的

E. 存在其他对商业银行业务发展不利因素的

【解析】在个人住房贷款业务中，对已经准入的合作机构，银行应进行实时关注，随时根据其业务发展情况调整合作策略。存在下列情况的，应暂停与相应机构的合作：①经营出现明显问题的；②有违法违规经营行为的；③与银行合作的存量业务出现严重不良贷款的；④所进行的合作对银行业务拓展没有明显促进作用的；⑤其他对银行业务发展不利的因素。

23. 下列情形中，抵押无效的有(　　)。[2014年6月真题]

A. 红星中学提出以学校教学操场为抵押，贷款60万建新校舍

B. 某公司老总以公司财产为自己购买汽车提供抵押担保

C. 某幢房产在2002年的交易价格为50万，银行按照2009年的评估价50万核算贷款金额

D. 张三以夫妻名下房产作为抵押申请汽车贷款，其配偶并不知情

E. 李四以自家宅基地使用权作为抵押，贷款10万装修住房

【解析】根据法律规定，学校、医院等公益性非营利法人的公益财产，所有权不明、有争议的以及宅基地使用权不得设定抵押，共有财产的抵押须取得共有人的同意，公司董事、经理不得以公司财产为个人提供抵押担保。

24. 下列关于公积金个人住房贷款的表述，正确的有(　　)。[2014年6月真题]

A. 贷款审查比较宽松，只要是具有完全民事行为能力、住房公积金缴存人以及在职期间缴存住房公积金的离退休职工，都可申请

21ACE　22ABCDE　23ABDE　24BDE

B. 目前，公积金个人住房贷款期限不得超过法定离退休年龄后5年
C. 贷款利率比商业贷款较高
D. 贷款期限在1年以内(含1年)的，实行到期一次还本付息
E. 是一种互助性住房消费贷款，资金来源为单位和个人共同缴存的住房公积金

【解析】A项，公积金个人住房贷款具有普遍性，只要是具有完全民事行为能力、正常缴存住房公积金的职工都可申请，但这并不意味着其贷款审查宽松；C项，相对商业贷款，公积金个人住房贷款利率相对较低。

25. 银行经办人员考察借款申请人租金收入的真实性时，要做到(　　)。[2013年11月真题]
A. 通过验证房屋产权和租赁合同来确认借款人对房产的所有权及租赁行为的真实性
B. 通过了解其公积金数额及存折上流水情况来验证收入证明的真实情况
C. 通过电话调查、面谈核实其工作单位和收入的真实性
D. 通过房地产中介机构来调查该房产附近地区的房产租赁市场租金收入平均水平，验证该借款人是否有故意提高其租金收入的行为
E. 在条件允许的情况下，通过实地考察验证房产面积和位置等情况，以确认租金收入的稳定性

【解析】BC两项是验证工资收入真实性的方法。

26. 公积金个人住房贷款和商业银行自营性个人住房贷款的区别有(　　)。[2013年11月真题]
A. 二者审批主体存在差异
B. 前者的贷款对象比后者范围小
C. 后者的贷款利率更加优惠
D. 前者的资金来源于公积金管理部门归集的公积金，后者的贷款资金来自于银行
E. 商业银行对前者不承担风险，而对后者要承担一定的风险

【解析】C项，公积金个人住房贷款的利率比自营性个人住房贷款利率低。

27. 借款人具备下列(　　)条件方可申请个人住房贷款。[2012年6月真题]
A. 足额首付款　　B. 有贷款银行认可的担保
C. 合法有效的身份或居留证明　　D. 稳定的经济收入
E. 有合法有效的购买、建造、修理普通住房的合同协议

【解析】个人住房贷款的对象应是具有完全民事行为能力的中华人民共和国公民或符合国家有关规定的境外自然人。申请人还须满足贷款银行的其他要求：①合法有效的身份或居留证明；②有稳定的经济收入，信用状况良好，有偿还贷款本息的能力；③有合法有效的购买(建造、大修)住房的合同、协议，有符合规定的首付款证明材料及贷款银行要求提供的其他证明文件；④有贷款银行认可的资产进行抵押或质押，或有足够代偿能力的法人、其他经济组织或自然人作为保证人；⑤贷款银行规定的其他条件。

28. 下列属于个人住房贷款贷后管理风险的有(　　)。[2010年5月真题]

25ADE　26ABDE　27ABCDE　28ABCD

A. 逾期贷款催收不及时，不良贷款处置不力，造成贷款损失

B. 房屋他项权证办理不及时

C. 只关注借款人按月还款情况，在正常还款的情况下，未对其经营情况及抵押物价值、用途等变动情况跟踪检测

D. 未建立贷后监控检查制度，未对重点贷款使用情况进行跟踪检查

E. 按照规定保管借款合同，担保合同等重要贷款档案资料

【解析】除 ABCD 四项外，个人住房贷款贷后管理的风险还包括：未按规定保管借款合同、担保合同等重要贷款档案资料，造成合同损毁，他项权利证书未按规定进行保管，造成他项权证遗失，他项权利灭失。

29. 商业银行对借款人收入来源审查侧重点不适当的有（　　）。[2009 年 10 月真题]

A. 张三经营一家私人石材厂，银行经办人员侧重考察生产、经营净现金流是否可靠、稳定、足额

B. 李四是一家外企职工，银行经办人员侧重考察李四的职务，所在公司收入的稳定性等

C. 王五是一家效益不好企业的员工，其名下有诸多房产用于出租，银行经办人员主要考察王五的工资收入

D. 方明是一家股份有限公司中层领导，且有权在股东大会召开一日前提出临时提案并书面提交董事会，银行经办人员只考虑其工资收入

E. 小杨是机械厂技工，同时大量投资于基金，银行经办人员综合考察其工资收入和基金净值总额

【解析】C 项，王五主要靠租金还款，银行应侧重分析其收入来源的合法性、稳定性和可靠性；D 项，方明在股份有限公司为领导且为公司的股东，银行除考虑其工资收入外，还应考虑其职务、身份、所在公司收入的稳定性等。

30. 个人贷款的操作风险包括（　　）。[2009 年 10 月真题]

A. 贷款签约和发放中的风险　　B. 贷后管理中的风险

C. 贷款审查和审批中的风险　　D. 借款人还款能力发生变化的风险

E. 贷款受理和调查中的风险

【解析】个人贷款操作风险主要包括：贷款受理和调查中的风险、贷款审查和审批中的风险、贷款签约和发放中的风险、贷款支付管理中的风险、贷后管理中的风险。D 项，还款能力发生变化属于信用风险。

31. 房地产的特性包括不可移动、独一无二以及（　　）。

A. 寿命长久　B. 供给有限　C. 流动性差　D. 价值量大

E. 用途单一

【解析】房地产的特性包括：①不可移动；②独一无二；③寿命长久；④供给有限；⑤价值量大；⑥流动性差；⑦用途多样；⑧相互影响。

32. 在房地产估价中，遵循合法原则应做到（　　）。

29CD　30ABCE　31ABCD　32ABCE

A. 在合法产权方面，应以房地产权属证书、权属档案的记载或其他合法证件为依据
B. 在合法使用方面，应以使用管制为依据
C. 在合法处分方面，应以法律法规或合同等允许的处分方式为依据
D. 要坚持中立的立场，评估出对各方当事人都公平合理的价格
E. 评估价必须符合国家的价格政策

【解析】D 项，是公平原则的要求。

33. 采用收益法进行房地产估价的操作步骤有(　　)。
A. 搜集并验证与估价对象未来预期收益相关的数据资料
B. 预测估价对象的未来收益
C. 求取回报率或资本化率、收益乘数
D. 求取比准价格
E. 选用适宜的收益法公式计算出收益价格

【解析】D 项是市场法的操作步骤。

34. 在个人住房贷款的贷前调查环节，项目信贷人员在对开发商及楼盘项目进行调查后，需要撰写调查报告，其内容包括(　　)。
A. 开发商的资信状况
B. 开发商要求合作的项目情况、项目工程进度情况
C. 开发商要求合作的市场销售前景
D. 通过商品房销售贷款的合作可给银行带来的效益和风险分析
E. 项目合作的可行性结论

【解析】项目调查报告应包括以下内容：①开发商的企业概况、资信状况；②开发商要求合作的项目情况、资金到位情况、工程进度情况、市场销售前景；③通过商品房销售贷款的合作可给银行带来的效益和风险分析，即银行通过与开发商进行商品房销售合作，将对负债业务、资产业务、中间业务等各类业务带来哪些效益和风险；④项目合作的可行性结论，并对可提供个人住房贷款的规模、相应年限及贷款成数提出建议。

35. 在个人住房贷款业务的贷后检查中，对开发商和项目检查的要点包括(　　)。
A. 开发商的经营状况及财务状况
B. 项目资金到位及使用情况
C. 项目工程形象进度
D. 履行担保责任情况
E. 土地使用及建设工程规划的许可

【解析】个人住房贷款业务中，对开发商及项目贷后检查的要点除题中 ABCD 四项外，还包括：①开发商涉诉情况；②项目销售情况及资金回笼情况；③产权证办理的情况；④开发商履行商品房销售贷款合作协议情况。E 项，土地使用及建设工程规划的许可属于贷前调查内容。

36. 下列关于个人住房贷款信用风险防范措施的说法，正确的是(　　)。
A. 加强对借款人还款能力的甄别
B. 验证借款人收入的真实性

33ABCE　34ABCDE　35ABCD　36ABC

C. 深入了解客户还款意愿

D. 如果借款人是老客户，往往可以通过职业、家庭、教育、年龄、稳定性等个人背景因素来综合判断其还款意愿

E. 防范个人住房贷款违约风险需特别重视把握借款人的抵押物

【解析】D 项，如果借款人是老客户，通常可以通过检查其以往的账户记录、还款记录以及当前贷款状态，了解其还款意愿，而如果是新客户，往往可以通过职业、家庭、教育、年龄、稳定性等个人背景因素来综合判断；E 项，防范个人住房贷款违约风险需特别重视把握借款人的还款能力，改变以往“重抵押物、轻还款能力”的贷款审批思路。

37. 为了降低“假个贷”风险，一线经办人员应严把贷款准入关，要注意检查(　　)。

A. 借款人身份的真实性

B. 借款人的房产情况

C. 借款人的信用状况

D. 各类证件的真实性

E. 申报价格的合理性

【解析】一线经办人员必须严格执行贷款准入条件，从源头上降低“假个贷”风险。在具体的操作上，要注意检查以下四个方面的内容：①借款人身份的真实性；②借款人信用状况；③各类证件的真实性；④申报价格的合理性。

38. 在个人住房贷款业务中，贷款受理和调查中的风险点主要包括(　　)。

A. 借款申请人是否具备个人住房贷款资格

B. 借款申请人提交的资料是否齐全

C. 项目调查中的风险

D. 借款人调查中的风险

E. 不按权限审批贷款，使得贷款超授权发放的风险

【解析】贷款受理环节的风险点主要有：①借款申请人的主体资格是否符合所申请贷款管理办法的规定，包括是否具有完全民事行为能力；是否具备个人住房贷款资格。②借款申请人提交的资料是否齐全，格式是否符合银行的要求；所有原件和复印件之间是否一致。贷前调查环节的风险点主要有：①项目调查中的风险；②借款人调查中的风险。E 项属于贷款审查和审批中的风险。

39. 个人住房贷款支付管理环节的主要风险点包括(　　)。

A. 贷款资金发放前，未审核借款人相关交易资料和凭证

B. 未按规定将贷款发放至相应账户

C. 在未接到借款人支付申请、支付委托的情况下，直接将贷款资金支付出去

D. 未按规定的贷款金额、贷款期限、贷款的担保方式、贴息等发放贷款，导致贷款错误核算，发放金额、期限与审批表不一致，造成错误发放贷款

E. 未详细记录资金流向和归集保存相关凭证

【解析】D 项属于贷款发放的风险。

40. 个人住房贷款的贷前调查中，借款人调查中的风险包括(　　)。

37ACDE　38ABCD　39ABCE　40ABCDE

A. 借款申请人提供的直接划款账户是否是借款人本人所有的活期储蓄账户
B. 借款申请人家庭资产负债比率未控制在合理比率内
C. 对借款申请人所提交资料未按规定核实是否真实、合法、合规
D. 对借款申请人第一还款来源未按规定核实是否稳定、充足
E. 对借款申请人的担保措施未按规定核实是否足额、有效

【解析】个人住房贷款贷前调查中的风险来自于对项目的调查和对借款人的调查两个方面。其中，借款人调查中的风险包括：①对借款申请人所提交资料未按规定核实是否真实、合法、合规；②对借款申请人第一还款来源未按规定核实是否稳定、充足；③对借款申请人的担保措施未按规定核实是否足额、有效。A 项属于①的内容；B 项属于②的内容。

41. 在个人住房贷款的发放环节，存在的主要风险点包括(　　)。
A. 个人信贷信息录入是否准确
B. 贷款担保手续是否齐备、有效
C. 发放金额、期限与审批表不一致
D. 未对重点贷款使用情况进行跟踪检查
E. 在资金划拨时会计凭证填制不合要求

【解析】贷款发放环节的主要风险点如下：①个人信贷信息录入是否准确，贷款发放程序是否合规；②贷款担保手续是否齐备、有效，抵(质)押物是否办理抵(质)押登记手续；③在发放条件不齐全的情况下放款；④在资金划拨中的风险点包括会计凭证填制不合要求，未对会计凭证进行审查；⑤未按规定的贷款金额、贷款期限、贷款的担保方式、贴息等发放贷款，导致贷款错误核算，发放金额、期限与审批表不一致，造成错误发放贷款。D 项属于贷后管理环节的风险。

42. 个人住房贷款的合同有效性风险包括(　　)。
A. 未签订合同的风险
B. 格式条款无效的风险
C. 未履行法定提示义务的风险
D. 格式条款解释风险
E. 格式条款与非格式条款不一致的风险

【解析】法律上，只有有效的合同才会受到法律保护，才能对订立合同各方产生法律上的约束力。合同有效性风险包括：①格式条款无效的风险；②未履行法定提示义务的风险；③格式条款解释风险；④格式条款与非格式条款不一致的风险。

43. 公积金个人住房贷款业务中，承办银行的职责包括(　　)。
A. 制定公积金信贷政策
B. 公积金借款合同签约、发放
C. 承担公积金信贷风险
D. 贷前调查审核、信息录入
E. 贷后审核、催收、查询对账

【解析】公积金个人住房贷款业务中，承办银行的基本职责有公积金借款合同签约、发放、职工贷款账户设立和计结息以及金融手续操作；可委托代理的职责有贷前咨询受理、调查审核、信息录入，贷后审核、催收、查询对账。AC 两项属于公积金管理中心的基本职责。

44. 申请商品房公积金个人住房贷款时，借款人须提供的补充材料包括(　　)。

41ABCE　42BCDE　43BDE　44ABCDE

A. 借款人及参贷人的居民身份证、户口簿原件和复印件以及共同还款承诺书
B. 婚姻状况证明
C. 合法的商品房购买合同或协议
D. 借款人已交付符合规定首付比例的购房款的有效凭据
E. 有效的担保证明

【解析】除 ABCDE 五项外，申请商品房公积金个人住房贷款时，借款人须补充提供的材料还包括：①借款人及参贷人所在单位提供的个人资信证明；②办理公积金个人住房贷款的期房楼盘，必须是由开发商与受委托银行签订个贷合作协议的楼盘，借款人可通过个贷银行办理贷款手续。

45. 申请二手房公积金个人住房贷款的借款人须提供的材料有(　　)。
A. 卖方身份证、户口簿复印件
B. 房产证原件和复印件
C. 由公积金管理中心认可的评估机构出具的评估报告
D. 公积金管理中心认可的中介机构与买卖双方签订的三方协议
E. 由市级以上房产交易部门进行抵押登记

【解析】E 项应为由区级以上房产交易部门进行抵押登记。

三、判断题(请对下列各题的描述做出判断，正确的用 A 表示，错误的用 B 表示)

1. 住房公积金贷款只能向处于公积金政策缴存状态的在职职工发放。(　　)[2018 年 10 月真题]

【解析】公积金个人住房贷款可向住房公积金缴存人以及在职期间缴存住房公积金的离退休职工发放。

2. 公积金管理中心审批通过借款人的申请后，向受委托主办银行出具《委托贷款通知书》，明确贷款的对象、金额、期限、利率等内容，同时将委托贷款基金划入银行的住房委托贷款基金账户。(　　)[2018 年 10 月真题]

【解析】借款人的申请通过公积金管理中心审批后，公积金管理中心向受委托主办银行出具委托贷款通知书，明确贷款的对象、金额、期限、利率等内容，同时将委托贷款基金划入银行的住房委托贷款基金账户。银行凭委托放款通知书与借款人签订借款合同和担保合同，办理抵押手续。

3. 分析企业的偿债能力时，重点看资产负债表。通过对资产负债表的分析，可以获取流动比率、速动比率、现金比率、运营资本、资产负债率、产权比率、已获利息倍数等重要指标，从而对企业的偿债能力和担保能力作出判断。(　　)[2018 年 6 月真题]

【解析】分析企业的偿债能力时，重点看资产负债表。对房地产开发企业而言，财务报表有它的特殊性，一般应关注资产项下的存货、应收账款、其他应收账款、对外长短期投资、负债项下的预收账款、应付账款、银行借款、或有负债情况，对外担保中的对法人担保情况可以通过人民银行信贷查询系统获得。通过对资产负债表的分析，可以获取流动比率、速动比率、现金比率、运营资本、资产负债率、产权比率、已获利息倍数等重

45ABCD　▍　1B　2A　3A

要指标，从而对企业的偿债能力和担保能力作出判断。

4. 在个人住房贷款的调查过程中，对借款申请人提交的首付款证明只能为开发商开具的首付款发票。（　　）[2016 年 11 月真题]

【解析】个人一手住房贷款的首付款证明材料包括开发商开出的发票或收据、借款申请人支付首付款的银行进账单等，如果不能提供开发商开具的发票，须同时提供开发商开具的首付款收据及银行 POS 机单据，在对以上材料查验确认真实、有效后，可视为首付款证明材料齐备。个人二手住房贷款的首付款证明材料包括借款申请人支付首付款的转账凭证，售房人签字确认的首付款收据等。

5. 商业银行作为个人住房贷款格式条款的提供方，应当遵循公平原则确定当事人之间的权利和义务，并采取合理的方式提示对方注意免除或者减轻其责任等与对方有重大利害关系的条款，按照对方的要求，对该条款予以说明。（　　）[2016 年 11 月真题]

【解析】依据《民法典》第四百九十六条的规定，商业银行作为格式条款的提供方，应当遵循公平原则确定当事人之间的权利和义务，并采取合理的方式提示对方注意免除或者减轻其责任等与对方有重大利害关系的条款，按照对方的要求，对该条款予以说明。

6. 申请个人住房贷款的借款人以自有或第三人的财产进行抵押，抵押物须产权明晰、价值稳定、变现能力强、易于处理。（　　）[2016 年 11 月真题]

【解析】对于个人住房贷款要加强对抵押物的管理，借款人以自有或第三人的财产进行抵押，抵押物须产权明晰、价值稳定、变现能力强、易于处置。

7. 个人住房贷款可采取多种还款方式，如一次还本付息法、等额本息还款法、等额本金还款法等，借款人可在一笔贷款合同中与银行约定其中的一种或几种还款方式。（　　）[2016 年 6 月真题]

【解析】个人住房贷款可采取多种还款方式进行还款。借款人可以根据需要选择还款方法，但一笔借款合同只能选择一种还款方法，贷款合同签订后，未经贷款银行同意，不得更改还款方式。

8. 个人住房贷款采用抵押担保方式的，抵押的财产必须符合《民法典》的法定条件，借款人以所购住房作抵押的，必须将住房价值的全额或一定比例用于贷款抵押。（　　）[2015 年 10 月真题]

【解析】个人住房贷款采用抵押担保方式的，抵押的财产必须符合《民法典》的法定条件。抵押物的价值按照抵押物的市场成交价或评估价格确定。银行通常要求借款人以所购住房作抵押，往往规定其贷款额度不得超过抵押物价值的一定比例。

9. 公积金管理中心与承办银行的委托贷款协议终止时，承办银行应清算住房委托贷款手续费，办理公积金管理中心存款账户的销户交易，最后移交和报送公积金管理中心账户记账回单及相关业务资料。（　　）[2015 年 10 月真题]

【解析】银行要先和公积金管理中心签订住房公积金贷款业务委托协议书，取得公积金个人住房贷款业务的承办权之后，才能接受委托办理公积金个人住房贷款业务。公积金管

4B　5A　6A　7B　8B　9A

理中心与承办银行的委托贷款协议终止时，承办银行应清算住房委托贷款手续费，办理公积金管理中心存款账户的销户交易，最后移交和报送公积金管理中心账户记账回单及相关业务资料。

10. 个人住房贷款中，在所抵押的住房取得房屋所有权证并办妥抵押登记后，根据合同约定，抵押加阶段性保证人需继续承担保证责任。(　　)［2015 年 5 月真题］

【解析】个人住房贷款业务中，在所抵押的住房取得房屋所有权证并办妥抵押登记后，根据合同约定，保证人不再承担保证责任。

11. 一般情况下，公积金个人住房贷款手续费的结算，由公积金管理中心按规定比例将委托贷款手续费在放款次日划归承办银行。(　　)［2014 年 11 月真题］

【解析】按委托协议的约定，公积金管理中心应定期(每月、每季、每年)按比例将委托贷款手续费划归给承办银行。

12. 对承担连带责任保证担保的按揭合作开发商，银行应要求留存担保保证金，实行专户存储、专户管理。(　　)［2014 年 6 月真题］

【解析】对承担担保责任的合作机构，银行应要求留存担保保证金，需要开立保证金专户存储，并在担保合作协议中明确该账户内保证金的用途及担保人使用限制条款，在借款人不履行合同义务时，银行直接扣收担保人的保证金。

13. 公积金个人住房贷款的审批由公积金管理中心委托主办方商业银行代为执行，对贷款额度、年限、成数等作出审批意见。(　　)［2014 年 6 月真题］

【解析】公积金贷款的审批决策权属于公积金管理中心，公积金管理中心作为贷款审批环节的执行者，对贷款额度、成数、年限作出最终的决策。

14. 公积金个人住房贷款资金一般不得由借款人提取现金。(　　)［2019 年 6 月真题］

【解析】除当地公积金管理中心有特殊规定外，公积金个人住房贷款资金必须以转账的方式划入售房人账户，不得由借款人提取现金。

15. 采用保证担保方式的，保证人应与贷款银行签订保证合同，保证人为借款人提供的贷款担保为全额连带责任保证，借款人与保证人之间可相互提供保证。(　　)［2013 年 10 月真题］

【解析】采用保证担保方式的，保证人应与贷款银行签订保证合同。保证人为借款人提供的贷款担保为全额连带责任保证，借款人之间、借款人与保证人之间不得相互提供保证。

16. 个人二手房贷款的期限不能超过所购住房的土地使用权剩余期限。(　　)［2012 年 6 月真题］

【解析】个人一手房贷款和二手房贷款的期限由银行根据实际情况合理确定，最长期限都为 30 年。个人二手房贷款的期限不能超过所购住房的土地使用权剩余期限。

17. 商业银行对自雇人士申请个人住房贷款进行审核时不能仅凭个人开具的收入证明来判

10B　11B　12A　13B　14A　15B　16A　17A

断其还款能力，应通过要求其提供有关资产证明、银行对账单、财务报表等，全面分析其还款能力。(　　)[2010 年 5 月真题]

【解析】在审核个人住房贷款申请时，必须对借款人的收入证明严格把关，尤其是自雇人士或自由职业者。除了向借款人的工作单位、工商管理部门、税务部门以及征信机构等独立的第三方进行查证外，还应审查其纳税证明、资产证明、财务报表、银行账单等，确保第一还款来源真实、准确、充足。

18. 在个人住房贷款中，以房地产为抵押物的，应当办理抵押登记，在解除抵押权时也应办理注销登记手续。(　　)[2009 年 6 月真题]

【解析】在个人住房贷款中，对已发放贷款，具备抵押登记(含预登记)办理条件后应及时办理抵押登记手续，并及时修改维护抵押登记信息，处理抵押物账务，并将他项权证移交入库；结清贷款的，对注销的抵押登记相关资料进行核实审查，及时办理抵押登记注销手续和处理相关账务。

19. 房地产是指土地、建筑物及其他地上定着物，它是实物、权益、区位的综合体。(　　)

【解析】房地产是指土地、建筑物及其他地上定着物，它是实物、权益、区位的综合体。实体包括有形的实体、该实体的质量及组合完成的功能；权益包括权利、利益和收益；区位包括地理位置、坐标位置、周围环境和景观、与重要场所(如市中心、机场、车站、政府机关、同行业等)的距离及通达的便捷性等。

20. 如果在同一供求范围内存在较多类似房地产的交易，则可以采用市场法进行房地产估价。(　　)

【解析】市场法适用的条件是在同一供求范围内存在较多类似房地产的交易。在房地产市场发育不良、市场不活跃的地区，则难以采用市场法估价。

18A　19A　20A

第四章 个人消费类贷款

一、单选题(下列选项中只有一项最符合题目的要求)

1. 国家助学贷款的贴息发放程序是，国家助学贷款管理中心将贷款贴息划入(　　)。[2018 年 10 月真题]

A. 各经办行贴息专户

B. 各贷款银行总行国家助学贷款贴息专户，再由总行划入各经办行贴息专户

C. 各高校国家助学贷款贴息专户，再由各高校向学生支付

D. 各高校国家助学贷款贴息专户，再由各高校向贷款银行经办行支付

【解析】全国学生资助管理中心在收到各贷款银行总行提供的贴息申请资料后的 10 个工作日内，将贷款贴息统一划入总行国家助学贷款贴息专户，由总行直接划入各经办行贴息专户。各经办银行在收到贴息经费后即时入账。

2. 商业助学贷款的期限原则上为借款人在校学制年限加上(　　)。[2018 年 10 月真题]

A. 5 年　　B. 7 年　　C. 6 年　　D. 8 年

【解析】商业助学贷款的期限原则上为借款人在校学制年限加 6 年，借款人在校学制年限指从助学贷款发放至借款人毕业或终止学业期间，对借款人毕业后继续攻读学位的，借款人在校年限和贷款期限可相应延长，贷款期限延长须经贷款银行许可。

3. 学生在校期间，国家助学贷款利息由财政______，贷款本金由学生本人在______自行偿还。(　　)[2018 年 10 月真题]

A. 部分补贴；提款后　　B. 部分补贴；毕业后

C. 全额补贴；提款后　　D. 全额补贴；毕业后

【解析】学生在校期间的贷款利息全部由财政补贴，贷款本金由学生本人在毕业后自行偿还。学生毕业后与经办银行确认还款计划时，可以选择使用还本宽限期。还本宽限期内学生只偿还贷款利息，不偿还贷款本金。还本宽限期最长 3 年。

4. 以下三位客户向银行申请个人汽车贷款，甲是当年毕业的外地大学生，在本市某金融机构从事 IT 工作；乙是香港人士，三个月前从香港到本市任职某外企的中层主管；丙是本市某大学副教授，本市居民，在本市拥有两套住房，仅根据以上信息，一般银行应予以优先考虑的是(　　)。[2018 年 6 月真题]

A. 甲　　B. 丙　　C. 乙　　D. 无法判断

【解析】银行在个人汽车贷款业务中偏好于职业稳定、预期收入较高、从事行业具有较好发展前景的个人客户，从而降低信用风险。甲乙丙三人中，甲刚毕业开始工作，收入和发展不稳定；乙是香港人士；丙是本市居民，工作稳定。

5. 关于展期，借款人须在贷款全部到期之前，提前(　　)天提出申请。[2017 年 10 月真题]

1B　2C　3D　4B　5C

A. 60　　B. 15　　C. 30　　D. 10

【解析】借款人应按合同约定的计划按时还款，如果确实无法按照计划偿还贷款，可以申请展期。借款人须在贷款全部到期前30天提出展期申请。

6. 下列关于个人贷款的表述，错误的是(　　)。[2017年10月真题]

A. 市民为解决其儿女伤病就医时的资金短缺问题，可以填写特约医院签章认可的贷款申请书，持医院出具的证明及住院证明到开展个人医疗贷款业务的银行申办贷款

B. 个人旅游消费贷款的借款人可选择知名的各类旅行社(公司)组织的国内、外旅游

C. 个人可以通过多种渠道办理个人消费贷款，既可以通过个人贷款服务中心办理个人贷款业务，还可以通过网络办理

D. 个人可以向银行申办个人耐用消费品贷款用于在银行指定的商户处购买乐器

【解析】B项，个人旅游消费贷款是指银行向自然人发放的、用于借款人个人及其家庭成员(包括借款申请人的配偶、子女及其父母)参加银行认可的各类旅行社(公司)组织的国内、外旅游所需费用的贷款。

7. 下列关于个人汽车贷款的表述，错误的是(　　)。[2016年11月真题]

A. 借款人申请个人汽车贷款，应当能够支付规定的首期付款

B. 二手车是指从办理完机动车注册登记手续到规定报废年限两年之前进行所有权变更并依法办理过户手续的汽车

C. 贷款人发放个人汽车贷款，应考虑到汽车行业发展和汽车市场供求情况

D. 汽车价格，对于二手车是指汽车实际成交价格与贷款银行认可的评估价格中的低者

【解析】B项，二手车是指从办理完机动车注册登记手续到规定报废年限一年之前进行所有权变更并依法办理过户手续的汽车。

8. 个人汽车贷款实行的原则不包括(　　)。[2016年11月真题]

A. 设定担保　　B. 特定用途　　C. 利率上浮　　D. 分类管理

【解析】个人汽车贷款实行“设定担保，分类管理，特定用途”的原则。其中：①设定担保，是指借款人申请个人汽车贷款需提供所购汽车抵押或其他有效担保；②分类管理，是指按照贷款所购车辆种类和用途的不同，对个人汽车贷款设定不同的贷款条件；③特定用途，是指个人汽车贷款专项用于借款人购买汽车，不允许挪作他用。

9. 王某想购买一部售价30万元的某品牌传统动力小轿车自驾，可暂时资金周转不及，欲向商业银行贷款买车。请你帮他算一下，最少首付应该缴纳________万元，最大贷款额度为________万元。(　　)

A. 9；21　　B. 6；24　　C. 12；18　　D. 15；15

【解析】所购车辆为自用传统动力汽车的，贷款额度不得超过80%，即最大贷款额度为$30\times80\%=24$(万元)；因此，最低首付应该缴纳$30\times20\%=6$(万元)。

10. 关于个人汽车贷款业务，下列说法正确的是(　　)。[2016年11月真题]

A. 个人汽车贷款的贷款期限(含展期)不得超过6年，其中，二手车贷款的贷款期限(含展期)不得超过3年

6B　7B　8C　9B　10B

B. 二手车是指借款人申请汽车贷款购买的，从办理完机动车注册登记手续到规定报废年限一年之前进行所有权变更并依法办理过户手续的汽车

C. 所购车辆为自用传统动力汽车的，贷款额度不得超过70%

D. 个人汽车贷款所购车辆按注册登记情况可以划分为：传统动力汽车和新能源汽车

【解析】A 项，个人汽车贷款的贷款期限(含展期)不得超过5年，其中，二手车贷款的贷款期限(含展期)不得超过3年；C 项，所购车辆为自用传统动力汽车的，贷款额度不得超过80%；D 项，个人汽车贷款所购车辆按注册登记情况可以划分为：一手车和二手车。

11. 关于操作风险，下列说法错误的是(　　)。[2016年11月真题]

A. 操作风险是一种发生在实务操作中的、内部形成的非系统性风险

B. 人员因素引起的操作风险包括操作失误、违法行为(员工内部欺诈或内外勾结)等情况

C. 商业银行应当建立健全信用卡业务操作风险的防控制度和应急预案，有效防范操作风险

D. 借款人恶意欺诈、骗贷和贷款后恶意转移资产的逃废债等现象，是个人汽车贷款操作风险的重要表现形式

【解析】信用风险的内容包括：①借款人的还款能力风险；②借款人的还款意愿风险；③借款人的欺诈风险；④抵押物风险。其中，借款人的欺诈风险是指借款人恶意欺诈、骗贷和贷款后恶意转移资产的逃废债等现象，是借款人信用风险的重要表现形式。

12. 关于个人教育贷款，下列说法错误的是(　　)。[2016年11月真题]

A. 国家助学贷款风险补偿是根据“风险分担”的原则，按当年实际发放贷款金额的一定比例对经办银行给予补偿

B. 国家助学贷款财政贴息是指国家以承担部分利息的方式，对学生办理国家助学贷款进行补贴

C. 部分自筹是指国家助学贷款业务中，需要学生自筹一定比例的资金

D. 国家助学贷款是信用贷款，学生不需要办理贷款担保或抵押

【解析】C 项，国家助学贷款实行“财政贴息、风险补偿、信用发放、专款专用和按期偿还”的原则；商业助学贷款实行“部分自筹、有效担保、专款专用和按期偿还”的原则。

13. 加强个人汽车贷款合作机构管理的风险防控措施不包括(　　)。[2016年6月真题]

A. 按照银行的相关要求，严格控制合作担保机构的准入

B. 加强一线人员培训，严把贷款准入关

C. 由经销商、专业担保机构担保的贷款，应实时监控担保方是否保持足额的保证金

D. 加强贷前调查，切实核查经销商的资信状况

【解析】除 ACD 三项外，加强合作机构管理的风险防控措施还包括：与保险公司的履约保证保险合作，应严格按照有关规定拟定合作协议，约定履约保证保险的办理、出险理赔、免责条款等事项，避免事后因合作协议的无效或漏洞无法理赔，造成贷款损失情况的发生。B 项为个人住房贷款“假个贷”的防控措施。

11D　12C　13B

14. 从各国发展情况来看，个人教育贷款具有与其他个人贷款所不同的一些特点，即(　　)。[2016年6月真题]

A. 具有社会公益性　　B. 多为保证类贷款

C. 政策参与度较低　　D. 风险度相对较低

【解析】从各国发展情况来看，个人教育贷款具有与其他个人贷款所不同的一些特点，主要体现在以下两个方面：①具有社会公益性，政策参与程度较高；②多为信用类贷款，风险度相对较高。

15. 国家助学贷款实行的原则不包括(　　)。[2016年6月真题]

A. 信用发放　　B. 风险补偿　　C. 部分自筹　　D. 财政贴息

【解析】国家助学贷款实行“财政贴息、风险补偿、信用发放、专款专用和按期偿还”的原则。

16. 银行在受理借款人个人抵押授信贷款业务时，不能接受的抵押物是(　　)。[2015年10月真题]

A. 借款人全额购买的期房　　B. 借款人自有住房

C. 借款人自有商用房　　D. 借款人抵押在银行的住房

【解析】以房地产作抵押的，抵押物必须符合《民法典》等有关规定，并且产权明晰、价值稳定、变现能力强、易于处置。D项，银行不能接受被重复抵押的抵押物。

17. 个人汽车贷款的借款人需要为贷款所购车辆购买指定险种的车辆保险，并在保险单中明确第一受益人为(　　)。[2015年10月真题]

A. 保证人　　B. 担保公司　　C. 贷款银行　　D. 借款人

【解析】在贷款期限内，借款人须持续按照贷款银行的要求为贷款所购车辆购买指定险种的车辆保险，并在保险单中明确第一受益人为贷款银行。在贷款期间要确保续保的连续性和有效性。

18. 个人汽车贷款在开户放款时应注意：借款人与贷款银行签约时，要明确告知在放款时遇法定利率调整，应执行(　　)。[2015年10月真题]

A. 原借款合同利率与具体放款日当日利率两者中的低者

B. 原借款合同利率与具体放款日当日利率两者中的高者

C. 原借款合同利率

D. 具体放款日当日利率

【解析】个人汽车贷款在开户放款时应注意：借款人与贷款银行签约时，要明确告知在放款时遇LPR利率调整，应执行具体放款日当日利率。因此，当贷款签约后，遇LPR贷款利率调整，业务部门开户放款时，发现“放款通知”贷款利率与贷款账户执行利率不一致，应通知相关部门按最新利率重新修改信贷发放信息，并重新办理开户放款有关手续。

19. 银行对不良个人汽车贷款进行管理时，不恰当的做法是(　　)。[2015年10月真题]

A. 不良贷款认定之后要适时对其进行分析，建立台账

14A　15C　16D　17C　18D　19B

B. 银行有权决定对次级贷款核销

C. 银行按贷款风险五级分类法对不良贷款进行认定

D. 银行落实不良贷款清收责任人，实时监测

【解析】关于不良个人汽车贷款的管理，银行首先要按照贷款风险五级分类法对不良个人汽车贷款进行认定，认定之后要适时对不良贷款进行分析，建立个人汽车贷款的不良贷款台账，落实不良贷款清收责任人，实时监测不良贷款回收情况。

20. 个人汽车贷款保证保险责任范围仅限于(　　)。[2015 年 10 月真题]

A. 违约金　　B. 贷款本金及利息

C. 损害赔偿金　　D. 实现债权的费用

【解析】个人汽车贷款中，保证保险的责任限制造成风险缺口。保证保险的责任范围仅限于贷款本金和利息，而并非像保证担保那样包括贷款本金及利息、违约金、损害赔偿金和实现债权的费用等。

21. 国家助学贷款的发放方式是(　　)。[2015 年 10 月真题]

A. 借款人多次申请、贷款银行一次审批、单户核算、分次发放

B. 借款人多次申请、贷款银行一次审批、单户核算、一次发放

C. 借款人一次申请、贷款银行一次审批、单户核算、分次发放

D. 借款人一次申请、贷款银行一次审批、单户核算、一次发放

【解析】国家助学贷款采取“借款人一次申请、贷款银行一次审批、单户核算、分次发放”的方式，实行“财政贴息、风险补偿、信用发放、专款专用和按期偿还”的原则。

22. 国家助学贷款的“风险补偿”原则是指国家财政(　　)。[2020 年 10 月真题]

A. 对无力偿还贷款的借款学生给予一定比例的补偿

B. 按贷款当年实际发放金额的一定比例对借款学生给予补偿

C. 按贷款当年实际发放金额的一定比例对贷款银行给予补偿

D. 按贷款当年实际呆账金额的一定比例对贷款银行给予补偿

【解析】国家助学贷款采取“借款人一次申请、贷款银行一次审批、单户核算、分次发放”的方式，实行“财政贴息、风险补偿、信用发放、专款专用和按期偿还”的原则。其中，风险补偿是指根据“风险分担”的原则，按当年实际发放的国家助学贷款金额的一定比例对经办银行给予补偿。

23. 按现行政策规定，国家助学贷款的额度按照本专科学生每人每学年最高不超过(　　)元的标准。[2015 年 10 月真题]

A. 7000　　B. 5000　　C. 6000　　D. 8000

【解析】国家助学贷款的贷款额度为：全日制本专科生(含第二学位学生、高职学生)每人每年申请贷款额度不超过 8000 元；全日制研究生每人每年申请贷款额度不超过 12000 元。

24. 个人教育贷款的借款人为受教育人的，毕业后难以找到工作，将无还款来源，其父母等关系人又因失业、疾病等原因致使家庭经济条件恶化，无法按计划偿还贷款的，属

20B　21C　22C　23D　24D

于(　　)。[2015 年 10 月真题]

A. 借款人操作风险　　B. 借款人欺诈风险

C. 借款人还款意愿风险　　D. 借款人还款能力风险

【解析】影响个人教育贷款借款人还款能力的因素包括：借款人本人还款能力不足，共同借款人还款能力不足。

25. 下列关于个人医疗贷款的表述，错误的是(　　)。[2015 年 10 月真题]

A. 由银行向个人发放

B. 申请人获得个人医疗贷款后可以自行选择就诊医院

C. 借款人需持医院出具的诊断证明及住院证明申办贷款

D. 用于解决居民及其配偶或直系亲属伤病就医时的资金短缺问题的贷款

【解析】B 项，个人医疗贷款一般由贷款银行和保险公司联合当地特定合作医院办理，借款人到特约医院领取并填写经特约医院签章认可的贷款申请书，持医院出具的诊断证明及住院证明，到开展此业务的银行申办贷款，获批准后持个人银行卡和银行盖章的贷款申请书及个人身份证，到特约医院就医、结账。

26. 下列关于个人消费类贷款的表述，错误的是(　　)。[2015 年 5 月真题]

A. 国家助学贷款是由国家指定的商业银行面向公办高等学校经济确实困难的本专科学生(含高职学生)、研究生以及第二学士学位学生发放的贷款

B. 个人耐用消费品贷款是指银行向自然人发放的、用于购买大额耐用消费品的贷款

C. 个人教育贷款是银行向在读学生或其直系亲属、法定监护人发放的用于满足其就学及在校期间正常学习、生活所需资金的贷款

D. 个人汽车贷款所购车辆按用途可以划分为自用车和商用车

【解析】A 项，国家助学贷款是由政府主导、财政贴息、财政和高校共同给予银行一定风险补偿金，银行、教育行政部门与高校共同操作的，帮助高校家庭经济困难学生支付在校学习期间所需的学费、住宿费的银行贷款。

27. 个人汽车贷款的借款人向贷款银行申请借款期限调整的条件中不包括(　　)。[2015 年 5 月真题]

A. 贷款未到期　　B. 银行计收违约金

C. 本期本金已偿还　　D. 无拖欠利息、本金

【解析】个人汽车贷款中，借款人需要调整借款期限的，应向银行提交期限调整申请书，并必须具备以下条件：①贷款未到期；②无欠息；③无拖欠本金；④本期本金已偿还。

28. 个人汽车贷款业务中，在仅提供(　　)的情况下提供巨额贷款的担保，若借款人违约，担保公司往往难以承担责任，即第三方保证担保方式存在风险隐患。[2015 年 5 月真题]

A. 超额保证金　　B. 足额保证金　　C. 少量保证金　　D. 巨额保证金

【解析】第三方保证担保主要包括汽车经销商保证担保和专业担保公司保证担保。这一担保方式存在的主要风险在于保证人往往缺乏足够的风险承担能力，在仅提供少量保证金的情况下提供巨额贷款担保，一旦借款人违约，担保公司往往难以承担保证责任，

25B　26A　27B　28C

造成风险隐患。

29. 下列不属于个人汽车贷款信用风险防控措施的是（　　）。［2015 年 5 月真题］

A. 严格审查客户信息资料的真实性　　B. 熟练掌握个人汽车贷款业务的规章制度

C. 科学合理地确定客户还款的方式　　D. 详细调查客户还款能力

【解析】个人汽车贷款信用风险主要包括：①借款人的还款能力风险；②借款人的还款意愿风险；③借款人的欺诈风险；④抵押物风险。信用风险的防控措施包括：①严格审查客户信息资料的真实性；②详细调查客户的还款能力；③科学合理地确定客户还款方式；④切实做好押品管理。

30. 办理个人教育贷款时，签约环节面临的操作风险不包括（　　）。［2015 年 5 月真题］

A. 未对合同签署人及签字进行核实　　B. 合同凭证预签无效

C. 未按规定保管借款合同　　D. 合同填写不规范

【解析】个人教育贷款签约与发放中的风险点主要包括：①合同凭证预签无效；②合同制作不合格；③合同填写不规范；④未对合同签署人及签字（签章）进行核实。C 项属于贷后管理中的风险。

31. 个人住房装修贷款用途不包括（　　）。［2015 年 5 月真题］

A. 支付房屋维修工程款　　B. 购买健身器材

C. 支付家庭装潢施工款　　D. 购买厨卫设备

【解析】个人住房装修贷款是指银行向自然人发放的、用于装修自用住房的贷款。个人住房装修贷款可以用于支付家庭装潢和维修工程的施工款、相关的装修材料和厨卫设备款等。

32. 张老突患中风昏迷，亟需 10 万元医疗费用，拟向银行申请个人医疗贷款，下列不能作为借款人的是（　　）。［2015 年 5 月真题］

A. 张老的配偶　　B. 张老在银行工作的儿子

C. 张老本人　　D. 张老在政府工作的女儿

【解析】个人医疗贷款的贷款对象须是具有完全民事行为能力的中华人民共和国公民。题干中，张老中风昏迷，不具有完全民事行为能力，不能作为个人医疗贷款的借款人。

33. 银行可通过现场咨询、（　　）、电话银行、网上银行、业务宣传手册等渠道和方式向拟申请个人汽车贷款的个人提供有关信息咨询服务。［2014 年 11 月真题］

A. 汽车经销商咨询　　B. 汽车生产商咨询

C. 中介机构咨询　　D. 窗口咨询

【解析】个人汽车贷款的受理是指从客户向银行提交借款申请书、银行受理到上报审核的全过程。银行可通过现场咨询、门户网站、手机银行、电话银行、网上银行、业务宣传手册等渠道和方式向拟申请个人汽车贷款的个人提供有关信息咨询服务。

34. 个人汽车贷款发放的具体流程不包括（　　）。［2014 年 11 月真题］

A. 出账前审核

29B　30C　31B　32C　33D　34D

B. 银行将放款通知书、个人贷款信息卡等一并交借款人作回单

C. 开户放款

D. 建立“贷款台账”

【解析】个人汽车贷款发放的具体流程如下：①出账前审核，审核放款通知；②开户放款，业务部门在确定有关审核无误后，进行开户放款；③放款通知，当开户放款完成后，银行应将放款通知书、个人贷款信息卡等一并交借款人作回单。

35. 下列关于个人教育贷款的表述，错误的是(　　)。[2014 年 11 月真题]

A. 商业助学贷款财政需要贴息，各商业银行、城市信用社和农村信用社等金融机构均可开办

B. 个人教育贷款主要包括国家助学贷款、生源地信用助学贷款、商业助学贷款、个人留学贷款等

C. 商业助学贷款是指银行按商业原则自主向个人发放的用于支持境内高等院校学生学费、住宿费和就读期间基本生活费的商业贷款

D. 国家助学贷款是指帮助高校家庭经济困难学生支付在校学习期间所需的学费、住宿费的银行贷款

【解析】A 项，国家助学贷款财政贴息，商业助学贷款财政不贴息，各商业银行、城市信用社和农村信用社等金融机构均可开办。

36. 个人住房装修贷款是银行向个人发放的，用于装修(　　)的贷款。[2014 年 11 月真题]

A. 厂房　　B. 办公用房　　C. 商用房　　D. 自用住房

【解析】个人住房装修贷款是指银行向自然人发放的、用于装修自用住房的贷款。个人住房装修贷款可以用于支付家庭装潢和维修工程的施工款、相关的装修材料和厨卫设备款等。

37. 个人医疗贷款一般由_______和_______联合当地特定合作医院办理。(　　)[2014 年 11 月真题]

A. 贷款银行；保险公司　　B. 保险公司；卫生管理部门

C. 贷款银行；中介机构　　D. 保险公司；中介机构

【解析】个人医疗贷款一般由贷款银行和保险公司联合当地特定合作医院办理，借款人到特约医院领取并填写经特约医院签章认可的借款申请书，持医院出具的诊断证明及住院证明，到开展此业务的银行机构申办贷款。

38. 商业助学贷款的贷后管理不包括(　　)。[2014 年 11 月真题]

A. 贷款的偿还管理　　B. 贷后档案管理

C. 贷后贴息管理　　D. 不良贷款管理

【解析】C 项，贷后贴息管理属于国家助学贷款贷后管理的步骤。

39. 个人汽车贷款的受理是指从客户向银行提交(　　)、银行受理到上报审核的全过程。[2014 年 6 月真题]

A. 借款申请书　　B. 身份证　　C. 贷款合同　　D. 户口簿

35A　36D　37A　38C　39A

【解析】个人汽车贷款的受理是指从客户向银行提交借款申请书、银行受理到上报审核的全过程。银行可通过现场咨询、门户网站、手机银行、电话银行、网上银行、客户服务中心、业务宣传手册等渠道和方式向拟申请个人汽车贷款的个人提供有关信息咨询服务。

40. 下列关于个人汽车贷款贷前调查的说法，错误的是（　　）。[2014 年 6 月真题]

A. 贷前调查人应通过面谈了解借款申请人的基本情况、贷款用途和贷款担保等情况

B. 贷前调查人以电话调查为主要方式了解申请人抵押物状况

C. 贷前调查应以实地调查为主、间接调查为辅

D. 可通过审查借款申请材料、面谈借款申请人、查询个人征信等方式进行

【解析】个人汽车贷款中，贷前调查应以实地调查为主、间接调查为辅，贷前调查可以采取审查借款申请材料、面谈借款申请人、查询个人征信、实地调查和电话调查及委托第三方调查等多种方式进行。

41. 在个人汽车贷款中，关于保险公司履约保证保险作用的表述，正确的是（　　）。[2014 年 6 月真题]

A. 保险公司可能利用免责条款不承担保险责任

B. 履约保证保险可以覆盖全部贷款风险

C. 保证保险的责任范围包括贷款本金及利息、违约金、损害赔偿金和实现债权的费用等

D. 作用很大，可以解除贷款银行的一切后顾之忧

【解析】B 项，如果单一地以保证保险作为个人汽车贷款的风险补偿措施，则难以覆盖全部贷款风险，留下风险缺口；C 项，保证保险的责任范围仅限于贷款本金和利息，而保证担保的责任范围包括贷款本金及利息、违约金、损害赔偿金和实现债权的费用等；D 项，在个人汽车贷款中，银行在与保险公司的合作过程中，保险合同中的免责条款往往使得保险公司能够"金蝉脱壳"，贷款银行难以追究保险公司的保险责任。

42. 下列属于个人汽车贷款中应警惕的操作风险的是（　　）。[2014 年 6 月真题]

A. 市场利率变化

B. 国家关于汽车行业发展的政策调整

C. 借款人遭受重大疾病而丧失还款能力

D. 未核实借款人的相关交易资料

【解析】个人汽车贷款的操作风险具体包括贷款受理和调查中的风险、贷款审查和审批中的风险、贷款签约和发放中的风险、贷款支付管理中的风险、贷后管理中的风险。D 项，贷款资金发放前，未审核借款人相关交易资料和凭证属于个人汽车贷款支付管理中的操作风险。

43. 个人留学贷款的最短期限是（　　）。[2014 年 6 月真题]

A. 12 个月　　B. 6 个月　　C. 9 个月　　D. 3 个月

【解析】个人留学贷款期限最短 6 个月，一般为 1 ~ 6 年，最长不超过 10 年。

40B　41A　42D　43B

44. 办理国家助学金贷款的经办银行在发放贷款后，于每季度结束后的(　　)个工作日内，汇总已发放的国家助学贷款学生名单、贷款金额、利率、利息，经合作高校确认后上报总行。[2014 年 6 月真题]

A. 30　　B. 10　　C. 7　　D. 15

【解析】经办银行在发放贷款后，于每季度结束后的 10 个工作日内，按照"中央部门所属高校国家助学贷款贴息资金汇总表"汇总已发放的国家助学贷款学生名单、贷款金额、利率、利息，经合作高校确认后上报总行。

45. 全国学生贷款管理中心向各商业银行总行发放国家助学贷款风险补偿金的依据是(　　)。[2014 年 6 月真题]

A. 上年度国家助学贷款的损失率

B. 上年度国家助学贷款的违约率

C. 上年度实际发放的国家助学贷款金额和违约率

D. 上年度实际发放的国家助学贷款金额

【解析】经办银行于每年 9 月底前，将上一学年(上年 9 月 1 日至当年 8 月 31 日)实际发放的国家助学贷款金额和违约率按各高校进行统计汇总，并经合作高校确认后填制"中央部门所属高校国家助学贷款实际发放汇总表"上报总行，由总行提交全国学生资助管理中心。全国学生贷款管理中心在之后将对应的风险补偿金支付给贷款银行总行。

46. 个人教育贷款审查和审批环节的风险点不包括(　　)。[2014 年 6 月真题]

A. 未按规定建立、执行贷款面谈制度

B. 不按权限审批贷款，使得贷款超授权发放

C. 业务风险与效益不匹配的贷款

D. 审批人对应审查的内容审查不严，导致向不具备贷款发放条件的借款人发放贷款

【解析】个人教育贷款审查与审批环节的主要风险点包括：①贷款审查、审批未尽职；②业务不合规，业务风险与效益不匹配；③不按权限审批贷款，使得贷款超越授权发放；④审批人对应审查的内容审查不严，导致向不具备贷款发放条件的借款人发放贷款。A 项属于贷款受理与调查中的风险。

47. 关于个人旅游消费贷款的表述，错误的是(　　)。[2014 年 6 月真题]

A. 是指银行向个人发放的、用于借款人个人及其家庭成员参加任意旅行社(公司)组织的国内、外旅游所需费用的贷款

B. 贷款对象要有当地常住户口或有效居留身份

C. 个人旅游贷款通常要求借款人先支付一定比例的首期付款

D. 各银行对个人旅游消费贷款的贷款期限的规定有所区别

【解析】个人旅游消费贷款是指银行向自然人发放的、用于借款人个人及其家庭成员(包括借款申请人的配偶、子女及其父母)参加银行认可的各类旅行社(公司)组织的国内、外旅游所需费用的贷款。

48. 贷款所购车辆为自用传统动力汽车的，贷款额度不得超过________；贷款所购车辆为

44B　45C　46A　47A　48B

商用传统动力汽车的，贷款额度不得超过________；贷款所购车辆为二手车的，贷款额度不得超过________。(　　)［2013 年 11 月真题］

A. 70%；50%；40%　　B. 80%；70%；70%

C. 80%；60%；50%　　D. 70%；60%；50%

【解析】所购车辆为自用传统动力汽车的，贷款额度不得超过 80%，所购车辆为商用传统动力汽车的，贷款额度不得超过 70%；所购车辆为自用新能源汽车的，贷款额度不得超过 85%，所购车辆为商用新能源汽车的，贷款额度不得超过 75%；所购车辆为二手车的，贷款额度不得超过 70%。

49. 下列不属于个人汽车贷款特征的是(　　)。［2013 年 11 月真题］

A. 一般不需要采取受托支付的方式

B. 风险管理难度相对较大

C. 与汽车市场的多种行业机构具有密切关系

D. 是汽车金融服务领域的主要内容之一

【解析】个人汽车贷款的特点主要体现在以下几个方面：①作为汽车金融服务领域的主要内容之一，在汽车产业和汽车市场发展中占有一席之地；②与汽车市场的多种行业机构具有密切关系；③风险管理难度相对较大。

50. 在个人汽车贷款中，为有效防控信用风险，贷款的调查环节中贷前调查人必须坚持做到(　　)。［2012 年 10 月真题］

A. 上门核实　　B. 与借款人面谈

C. 委托可靠的保险公司进行核实　　D. 电话核实

【解析】经办机构应指定专人负责个人汽车贷款的贷前调查工作，贷前调查人应对客户信息资料的真实性负责；必须面谈客户了解信息；不得由保险公司和经销商包办从借款申请到签订合同的全部手续。

51. 国家助学贷款中财政贴息是指(　　)。［2012 年 10 月真题］

A. 国家以承担全部利息的方式，对学生办理国家助学贷款进行补贴

B. 国家以承担部分利息的方式，对学生办理国家助学贷款进行补贴

C. 国家以承担部分利息的方式，对银行办理国家助学贷款进行补贴

D. 国家以承担全部利息的方式，对银行办理国家助学贷款进行补贴

【解析】国家助学贷款采取“借款人一次申请、贷款银行一次审批、单户核算、分次发放”的方式，实行“财政贴息、风险补偿、信用发放、专款专用和按期偿还”的原则。其中，财政贴息是指国家以承担部分利息的方式，对学生办理国家助学贷款进行补贴。

52. 个人汽车贷款的贷款额度是根据借款人所购汽车价格确定的，其中新车的价格是指(　　)。［2012 年 6 月真题］

A. 汽车实际成交价格与贷款银行认可的评估价格中的低者

B. 汽车实际成交价格

C. 贷款银行认可的评估价格

49A　50B　51B　52D

D. 汽车实际成交价格与汽车生产商公布价格中的低者

【解析】汽车价格，对于新车是指汽车实际成交价格与汽车生产商公布价格中的低者；对于二手车是指汽车实际成交价格与贷款银行认可的评估价格中的低者。上述成交价格均扣除政府补贴，且不含有各类附加税费及保费等。

53. 某客户购买一辆家庭自用的全新传统动力轿车，成交价为20万元，交纳增值税、消费税、购置附加税、车船使用税等4万元，车检费、保险费、年审费、养路费等2万元。该客户申请办理个人汽车贷款，则贷款额度最高为(　　)万元。

A. 20　　B. 16　　C. 18　　D. 14

【解析】对于个人汽车贷款，如所购车辆为自用传统动力汽车的，贷款额度不得超过80%。汽车价格，对于新车是指汽车实际成交价格与汽车生产商公布价格中的低者，上述成交价格均扣除政府补贴，且不含有各类附加税费及保费等。本题所购汽车为新车，且为家庭自用，因而最高贷款额＝成交价(不含各类附加税费)×80%＝20×80%＝16(万元)。

54. 个人汽车贷款所购车辆按用途可以划分为(　　)。[2012年6月真题]

A. 新车和二手车　　B. 自用车和商用车

C. 轿车和货车　　D. 登记车和非登记车

【解析】个人汽车贷款所购车辆按用途可以划分为自用车和商用车。自用车是指借款人申请汽车贷款购买的、不以营利为目的的汽车；商用车是指借款人申请汽车贷款购买的、以营利为目的的汽车。

55. 国家助学贷款的担保方式是(　　)。[2012年6月真题]

A. 国家信用　　B. 抵押担保　　C. 个人信用　　D. 保证担保

【解析】国家助学贷款是由政府主导、财政贴息、财政和高校共同给予银行一定风险补偿金，银行、教育行政部门与高校共同操作的，帮助高校家庭经济困难学生支付在校学习期间所需的学费、住宿费的银行贷款。国家助学贷款是信用贷款，学生不需要办理贷款担保，但需要承诺按期还款，并承担相关法律责任。

56. 下列不属于个人教育贷款操作风险的防控措施是(　　)。[2019年6月真题]

A. 完善银行、高校及政府在贷款管理方面的职责界定

B. 规范操作流程

C. 提高操作能力

D. 防范借款人丧失还款能力

【解析】个人教育贷款操作风险的防控措施包括：①规范操作流程，提高操作能力；②完善银行、高校及政府在贷款管理方面的职责界定。D项属于信用风险的防控措施。

57. 商业助学贷款的贷款额度不超过借款人在校年限内所在学校的(　　)。[2012年6月真题]

A. 学费、住宿费和基本生活费　　B. 学费

C. 学杂费和生活费的80%　　D. 学费、住宿费

【解析】商业助学贷款的额度不超过借款人在校年限内所在学校的学费、住宿费和基本

53B　54B　55C　56D　57A

生活费。贷款银行可参照学校出具的基本生活费或当地生活费标准确定有关生活费用贷款额度。

58. 国家助学贷款借款人自________起，下月1日(含1日)开始归还贷款利息，并可以选择在毕业后的________个月内的任何一个月开始偿还贷款本金。(　　)

A. 取得毕业证书之日；12　　B. 正式工作之日；24

C. 正式工作之日；12　　D. 取得毕业证书之日；60

【解析】国家助学贷款管理办法规定借款学生在校期间的贷款利息全部由财政补贴，借款学生自取得毕业证书之日(以毕业证书签发日期为准)起，下月1日(含1日)开始归还贷款利息，并可以选择在毕业后的60个月内的任何一个月开始偿还贷款本金，但原则上不得延长贷款期限。

59. 个人汽车贷款按规定实行贷款人受托支付的情况下，贷款人须划款至(　　)在贷款人开立的存款账户。[2011年10月真题]

A. 担保公司　　B. 汽车经销商　　C. 车辆管理部门　　D. 借款人

【解析】个人汽车贷款的支付包括划款至经销商在贷款银行开立的存款账户和直接转入借款人在贷款银行开立的存款账户两种方式，即通过贷款人受托支付或借款人自主支付的方式发放贷款资金。

60. 商业助学贷款的借款人可以申请(　　)。[2010年5月真题]

A. 财政贴息　　B. 减免利息　　C. 利息本金化　　D. 本金利息化

【解析】商业助学贷款的利率按中国人民银行规定的利率政策执行，原则上不上浮。借款人在校期间可申请暂不付利息，而实行利息本金化，即在校年限内的贷款利息按年计入次年度借款本金。

61. (　　)对学生提交的国家助学贷款申请材料进行资格审查，对其完整性、真实性和合法性负责。[2010年5月真题]

A. 全国学生贷款管理中心　　B. 贷款经办银行

C. 贷款银行总行　　D. 学校国家助学贷款经办机构

【解析】所在学校国家助学贷款经办机构对学生提交的国家助学贷款申请材料进行资格审查，对其完整性、真实性和合法性负责，初审工作将在收到学生申请后一定时间内完成。

62. 汽车贷款常用的还款方式不包括(　　)。[2009年10月真题]

A. 等额本金还款法　　B. 等额本息还款法

C. 到期一次还本付息法　　D. 等比累进还款法

【解析】个人汽车贷款的还款方式主要包括等额本息还款法、等额本金还款法、一次还本付息法、按月还息任意还本法等多种还款方式，具体方式根据各商业银行的规定执行。

63. 小李在大学二年级时(2007年6月25日)获得了商业助学贷款5000元，期限6年，他于2009年6月24日毕业，因为家庭困难，在校期间无力偿还贷款利息。按有关规定，

58D　59B　60C　61D　62D　63A

他毕业时欠银行贷款本息是(　　)。(假设年利率为7.47%)[2009年10月真题]

A. 5774.9元　　B. 5747元　　C. 4774.9元　　D. 5000元

【解析】根据《商业助学贷款管理办法》的规定，商业助学贷款的利率按中国人民银行规定的利率政策执行，原则上不上浮。借款人在校期间可申请暂不付利息，而实行利息本金化，即在校年限内的贷款利息按年计入次年度借款本金。小李因家庭困难，在校期间无力偿还贷款利息，可申请利息本金化。因此，小李毕业时总共欠银行贷款本息为：$5000\times(1+7.47\%)^2\approx5774.9$(元)。

64. 关于商业助学贷款的受理，下列说法错误的是(　　)。[2009年6月真题]

A. 申请人应填写申请表，以书面形式提出贷款申请，并按银行要求提交相关申请材料

B. 贷款银行可联系借款人就读学校协助工作

C. 如果借款申请人提交材料不完整，贷款受理人可直接拒绝申请

D. 经初审符合要求后，贷款受理人应将借款申请表及申请材料交由贷前调查人进行贷前调查

【解析】贷款受理人在对借款申请人提交的借款申请表及申请材料进行初审时，如发现申请人提交的材料不完整或不符合材料要求规范，应要求申请人补齐材料或重新提供有关材料，而不是直接拒绝。

65. 下列属于个人教育贷款受理、调查环节操作风险的是(　　)。

A. 借款申请人的主体资格不符合银行有关规定

B. 业务风险与效益不匹配

C. 未按规定办妥公证事宜

D. 借款人伪造申报资料

【解析】未深入调查借款申请人的主体资格是否符合银行个人教育贷款的相关规定是个人教育贷款受理和调查环节存在的操作风险。B项是贷款审查与审批环节的操作风险；C项是贷款签约与发放环节的操作风险；D项是信用风险。

66. 下列关于个人汽车贷款原则的说法，错误的是(　　)。

A. 个人汽车贷款实行“设定担保，分类管理，特定用途”的原则

B. “设定担保”指借款人申请个人汽车贷款需提供所购汽车抵押或其他有效担保

C. “分类管理”指按照贷款所购车辆种类和用途的不同，对个人汽车贷款设定不同的贷款条件

D. “特定用途”指个人汽车贷款只可归借款人本人使用，不可转借他人，借款人本人可根据其需要决定使用方向

【解析】“特定用途”指个人汽车贷款专项用于借款人购买汽车，不允许挪作他用。按此原则，借款人不能根据自身需要变更贷款用途。

67. 下列各项中，申请人最可能获得个人汽车贷款的情况是(　　)。

A. 小王今年15岁，酷爱赛车比赛，欲分期付款购买一辆法拉利跑车

B. 小张被公司辞退已半年，现仍没找到工作，打算自己创业，想购买一辆汽车自营

64C　65A　66D　67C

C. 小李一贯遵纪守法，并且具有稳定的收入来源和良好的信用记录，欲分期付款购买汽车

D. 小黄目前虽然没有明确的购车意图，但由于最近贷款利率下降，因此想预先贷款，然后再择机购买

【解析】借款人申请个人汽车贷款，须具备贷款银行要求的下列条件：①中华人民共和国公民，或在中华人民共和国境内连续居住 1 年以上(含 1 年)的港、澳、台居民及外国人；②具有有效身份证明、固定和详细住址且具有完全民事行为能力；③具有稳定的合法收入或足够偿还贷款本息的个人合法资产；④个人信用良好；⑤能够支付贷款银行规定的首期付款；⑥贷款银行要求的其他条件。

68. 下列关于个人教育贷款审批的说法，不正确的是(　　)。

A. 对贷款申请审批表和贫困证明等内容进行核对

B. 对不同意贷款的，贷款审批人不必写明拒批理由

C. 审查每个申请学生每学年贷款金额是否超过限额

D. 学校当年贷款总金额和人数不超过全国学生贷款管理中心与银行总行下达的该校贷款年度计划额度

【解析】B 项，贷款审批人应根据审查情况在“国家助学贷款申请审批表”上签署审批意见，对未获批准的贷款申请，应写明拒批理由，并告知借款人；对需补充材料后再审批的，应详细说明需要补充的材料名称与内容。

69. 关于个人汽车贷款业务中贷款合同的填写，下列说法错误的是(　　)。

A. 贷款发放人有义务告知合同签约方关于合同内容、权利义务、还款方式、还款过程中应注意的问题等内容

B. 对采取抵押担保方式的，借款人签署个人汽车借款抵押合同时应取得抵押物共有人授权

C. 合同填写必须做到标准、规范、要素齐全、数字正确、字迹清晰、不错漏、不潦草，防止涂改

D. 贷款金额、贷款期限、贷款利率、担保方式和还款方式等有关条款要与最终审批意见一致

【解析】B 项，对采取抵押担保方式的，银行应要求抵押物共有人当面签署个人汽车借款抵押合同，以确保担保的真实性，而不仅仅是取得抵押物共有人的授权。

70. 个人汽车贷款发放前，应落实的条件不包括(　　)。

A. 对采取委托扣划还款方式的借款人，要确认其已在银行开立还本付息账户用于归还贷款

B. 需办理保险、公证等手续的，有关手续已经办理完毕

C. 经销商已开出汽车销售发票

D. 对采取抵(质)押的贷款，要落实贷款抵(质)押手续

【解析】个人汽车贷款发放前，应落实的贷款发放条件除 ABD 三项外，还包括：对自然人作为保证人的，应明确并落实履行保证责任的具体操作程序；对保证人有保证金要

68B　69B　70C

求的，应要求保证人在银行存入一定期限的还本付息额的保证金。

71. 关于个人汽车贷款发放的流程，下列说法错误的是(　　)。

A. 业务部门在接到放款通知书后，应审核放款通知的真实性、合法性和完整性

B. 业务部门在确定有关审核无误后，可进行开户放款

C. 当开户放款完成后，业务部门应将放款通知书交借款人作回单，将个人贷款信息卡交审批部门存档

D. 个人汽车贷款的支付包括划款至经销商在贷款银行开立的存款账户和直接转入借款人在贷款银行开立的存款账户两种方式

【解析】C 项，开户放款完成后，银行应将放款通知书、个人贷款信息卡等一并交借款人作回单。

72. 下列关于个人汽车贷款回收的说法，错误的是(　　)。

A. 指借款人按借款合同及时、足额偿还本息

B. 还款的方式有委托扣款和柜台还款两种方式

C. 借款人可在合同中选定一种还款方式，也可根据具体情况在贷款期限内进行变更

D. 回收遵循的原则是先收本、后收息，全部到期、利随本清

【解析】D 项，银行贷款回收的原则是先收息、后收本，全部到期、利随本清。

73. 下列各项中，不属于个人汽车贷款中可能面临的信用风险的是(　　)。

A. 内部欺诈　　B. 借款人的还款能力风险

C. 借款人的还款意愿风险　　D. 借款人的欺诈风险

【解析】个人汽车贷款的信用风险主要包括：①借款人的还款能力风险；②借款人的还款意愿风险；③借款人的欺诈风险；④抵押物风险。

74. 银行在办理个人汽车贷款业务时，可采取的信用风险防控措施不包括(　　)。

A. 到借款人经营场所了解其真实收入水平

B. 调查客户除汽车以外的其他合法资产

C. 将贷前调查工作全权委托给保险公司和汽车经销商进行

D. 指定专人面谈客户了解信息

【解析】C 项，经办机构应指定专人负责个人汽车贷款的贷前调查工作，贷前调查人应对客户信息资料的真实性负责；必须面谈客户了解信息；不得由保险公司和经销商包办从借款申请到签订合同的全部手续。

75. 下列行为中，不发生在个人汽车贷款发放环节的是(　　)。

A. 审核合同　　B. 出账前审核　　C. 开户放款　　D. 放款通知

【解析】A 项属于贷款签约流程中的程序。

76. 下列关于国家助学贷款催收的说法，错误的是(　　)。

A. 各经办银行应建立详细的还贷监测系统

B. 各经办银行要加强日常还贷催收工作，做好催收记录，确认借款人已收到催收信息

71C　72D　73A　74C　75A　76D

C. 各经办银行应按季将已到还款期的借款学生还款情况反馈给学校，学校负责协助经办银行联系拖欠还款的借款学生及时还款

D. 各经办银行应将已到还款期的借款学生还款情况通知家长，家长对未还清贷款负有连带保证责任

【解析】国家助学贷款采用信用贷款的方式，家长并不对贷款提供连带保证责任。

77. 在商业助学贷款中，当借款人和自然人保证人的工作单位及通信方式发生变更时，借款人应提前(　　)天通知贷款银行。

A. 10　　B. 15　　C. 20　　D. 30

【解析】在商业助学贷款中，借款人和自然人保证人的工作单位及通讯方式发生变更或法人保证人的法律关系、性质、名称、地址等发生变更时，借款人应提前30天通知贷款银行，借款双方应签订借款合同修正文本和保证合同修正文本。

78. 申请商业助学贷款时，需提交的材料不包括(　　)。

A. 借款人的合法身份证件原件和复印件

B. 证明借款人家庭经济贫困的有关材料

C. 借款人或其家庭成员经济收入证明

D. 借款人就读学校开具的学费、住宿费和生活费总额等有关材料

【解析】B 项是申请国家助学贷款需要提交的材料。

79. 商业助学贷款贷前调查的重点内容不包括(　　)。

A. 材料一致性的调查

B. 借款人身份、资信状况和借款用途的调查

C. 担保情况的调查

D. 借款申请人所在学校社会信誉和竞争力的调查

【解析】在办理商业助学贷款业务时，贷前调查人在调查申请人基本情况、贷款用途和贷款担保等情况时，应重点调查材料一致性、借款人身份、资信状况和借款用途、担保情况。

80. 下列关于国家助学贷款偿还的说法，错误的是(　　)。

A. 经办行在接到借款学生休学、退学、转学、出国、被开除学籍等中止学业的通知后，应采取提前收回贷款本息和签订还款协议等措施

B. 提前离校的借款学生办理离校手续之日的下月 1 日起自付贷款利息

C. 休学的借款学生复学，次月 1 日起恢复财政贴息

D. 借款学生毕业后申请出境留学的，应主动通知经办银行并一次性还清贷款本息

【解析】C 项，休学的借款学生复学当月恢复财政贴息。

81. 关于个人汽车贷款的贷后检查，下列说法错误的是(　　)。

A. 可通过客户提供、访谈、实地检查、行内资源查询等途径获取信息

B. 检查的主要内容包括借款人情况检查和担保情况检查两个方面

C. 通过贷后检查可以判断贷款的风险状况，提出相应的预防或补救措施

77D　78B　79D　80C　81D

D. 贷后检查以贷款人和借款人为对象

【解析】D 项，贷后检查以借款人、抵(质)押物、保证人为对象。

82. 商业助学贷款中，以第三方保证的，保证人承担(　　)。

A. 可撤销的连带责任　　B. 不可撤销的连带责任

C. 可撤销的一般责任　　D. 不可撤销的一般责任

【解析】以第三方保证方式申请商业助学贷款的，保证人和贷款银行之间应签订“保证合同”，第三方提供的保证为不可撤销的连带责任保证。

83. 个人教育贷款签约和发放环节的操作风险点不包括(　　)。

A. 审查不严导致向关系人发放信用贷款

B. 合同凭证预签无效

C. 在贷款审批手续不全的情况下发放贷款

D. 未按规定的贷款额度发放贷款

【解析】A 项是贷款审查和审批环节的操作风险点。

二、多选题(下列选项中有两项或两项以上符合题目要求)

1. 对于个人教育贷款，防控信用风险的措施主要有(　　)。[2018 年 10 月真题]

A. 完善银行个人教育贷款的催收管理系统

B. 建立和完善防范信用风险的预警机制

C. 加强对借款人的贷前审查

D. 完善银行、高校及政府在贷款管理方面的职责界定

E. 建立有效的信息披露机制

【解析】对于个人教育贷款，信用风险的防控措施有：①加强对借款人的贷前审查；②建立和完善防范信用风险的预警机制；③完善银行个人教育贷款的催收管理系统；④建立有效的信息披露机制；⑤加强对学生的诚信教育。D 项属于个人教育贷款操作风险的防控措施。

2. 国家助学贷款的申请人需提交的申请材料有(　　)。[2017 年 10 月真题]

A. 乡、镇、街道、民政部门和县级教育行政部门关于其家庭经济困难的证明

B. 借款人学生证或入学通知书凭证

C. 贷款银行需要的借款人与其他代理人的关系证明

D. 贷款人认可的借款人或其家庭成员的经济收入证明

E. 借款人有效身份证件

【解析】国家助学贷款的申请人需提交的材料包括：①借款人有效身份证件的原件和复印件；②借款人学生证或入学通知书的原件和复印件；③经本人填写并签字确认的家庭经济困难学生认定申请表；④未成年人须提供法定监护人的有效身份证明及书面同意申请贷款的声明；⑤贷款银行要求的其他材料。

3. 个人汽车贷款的借款人要变更还款方式，需满足的条件有(　　)。[2016 年 11 月真题]

A. 借款人无逾期记录

82B　83A　**|**　1ABCE　2ABE　3BCDE

B. 贷款尚未到期

C. 借款人的贷款账户中没有拖欠本息及其他费用

D. 借款人在变更还款方式前应归还当期的贷款本息

E. 应向银行提交还款方式变更申请书

【解析】在贷款期内，借款人可以根据实际情况，提出变更还款方式。借款人变更还款方式，需要满足如下条件：①向银行提交还款方式变更申请书；②借款人的贷款账户中没有拖欠本息及其他费用；③借款人在变更还款方式前应归还当期的贷款本息。

4. 学校机构在为学生提供国家助学贷款业务中承担的工作职责有（　　）。[2016 年 11 月真题]

A. 受助学贷款经办银行委托对贷款进行最后审批

B. 对贷款进行初审，并将初审结果告知学生

C. 对有问题的申请进行纠正

D. 组织学生申请借款

E. 对借款人进行公示

【解析】学校在全国学生贷款管理中心下达的年度贷款额度及控制比例内，组织学生申请借款。学校机构对学生提交的国家助学贷款申请材料进行资格审查，对其完整性、真实性和合法性负责。此项工作完成后，学校机构在一定时间内进行公示，并对有问题的申请予以退回。初审工作无误后，学校机构在审查合格的贷款申请书上加盖公章予以确认，将审查结果通知学生，并编制国家助学贷款学生审核信息表与申请资料一并送交国家助学贷款经办银行。

5. 以房地产抵押担保的个人汽车贷款，为确保债务清偿，银行对于抵押物的要求有（　　）。[2015 年 10 月真题]

A. 易于处置　　B. 变现能力强　　C. 价值稳定　　D. 产权明晰

E. 易于保管

【解析】以房地产作抵押的，抵押物必须符合《民法典》等有关规定，并且产权明晰、价值稳定、变现能力强、易于处置。

6. 对个人汽车贷款借款人的贷后检查的主要内容包括（　　）。[2015 年 10 月真题]

A. 借款人的住所和联系电话是否变动

B. 对经营类车辆应监测借款人经营的实际情况

C. 有无发生影响借款人还款能力的突发事件

D. 借款人工作单位、收入水平是否发生变化

E. 借款人是否按期足额归还贷款

【解析】个人汽车贷款的贷后检查的主要内容包括借款人情况检查和担保情况检查两个方面。ABCDE 五项均属于对借款人情况进行检查的内容。

7. 个人汽车贷款操作风险的防控措施有（　　）。[2015 年 10 月真题]

A. 严格按照制度规定开展业务

4BCDE　5ABCD　6ABCDE　7ABCDE

B. 掌握个人汽车贷款业务的规章制度
C. 对于关键操作，完成后应做好记录备查，尽职免责
D. 及时办理车辆抵押登记手续，确保抵押权的有效落实
E. 把握个人汽车贷款业务流程中的主要操作风险点

【解析】个人汽车贷款操作风险的防控措施包括：①掌握个人汽车贷款业务的规章制度，严格按照制度规定开展业务，包括加强对于制度和操作流程的学习，特别关注制度中，关于借款人资格、须提供的申请材料、业务处理流程、审批授权规定、押品操作流程等内容，把握个人汽车贷款业务流程中的主要操作风险点，确保业务操作的各个环节符合制度规定，对于关键操作，完成后应做好记录备查，尽职免责，提高自我保护能力；②完善汽车经销商和银行在贷款管理方面的职责分工；③及时办理车辆抵押登记手续，确保抵押权的有效落实。

8. 下列可以申请国家助学贷款的对象包括(　　)。[2015 年 10 月真题]
A. 北京市普通高等学校中经济困难的研究生
B. 香港特别行政区和澳门特别行政区普通高等学校中经济困难的全日制本科生
C. 台湾地区普通高等学校中经济困难的全日制本科生
D. 四川省普通高等学校中经济困难的全日制本科生
E. 西藏自治区普通高等学校中经济困难的第二学士学位的学生

【解析】国家助学贷款的贷款对象是中华人民共和国境内的(不含香港特别行政区和澳门特别行政区、台湾地区)普通高等学校中经济困难的全日制本专科生(含高职生)、研究生和第二学士学位学生。

9. 个人汽车贷款的贷后与档案管理是指贷款发放后到合同终止前对有关事宜的管理，具体包括(　　)。[2015 年 5 月真题]
A. 贷款的回收　　B. 贷后检查　　C. 贷款档案管理　　D. 合同变更
E. 不良贷款管理

【解析】个人汽车贷款贷后管理包括：①贷后检查；②合同变更；③贷款的回收；④贷款风险分类和不良贷款管理；⑤贷款档案管理。

10. 商业助学贷款的特色包括(　　)。[2015 年 5 月真题]
A. 不需要任何担保
B. 部分自筹
C. 各金融机构均可办理
D. 贷款用于学费、生活费和住宿费的支出
E. 财政不贴息

【解析】A 项，商业助学贷款实行“部分自筹、有效担保、专款专用和按期偿还”的原则；C 项，商业助学贷款中的贷款人是指在中华人民共和国境内依法设立的、经银行业监督管理机构批准经营贷款业务的银行业金融机构。

11. 下列属于个人教育贷款借款人还款能力风险的有(　　)。[2015 年 5 月真题]

8ADE　9ABCDE　10BDE　11ABCE

A. 借款人为受教育人，毕业后难以找到工作，且家庭经济条件恶化，无法按计划偿还贷款

B. 借款人为受教育人父母，最近失业

C. 借款人因违规、违法行为被学校开除

D. 借款人与银行内部人员相互勾结骗取银行贷款

E. 借款人因学习成绩不好，未能拿到毕业证书

【解析】影响个人教育贷款借款人还款能力的因素包括：借款人本人还款能力不足，共同借款人还款能力不足。

12. 下列关于个人汽车贷款合作机构管理的风险防控措施的表述，正确的有(　　)。[2014年11月真题]

A. 坚持实地调查原则

B. 严格控制合作担保机构的准入

C. 与保险公司的履约保证保险合作，应严格按照有关规定拟定合作协议

D. 切实核查经销商的资信状况

E. 由专业担保机构担保的贷款，应实时监控担保方是否保持足额的保证金

【解析】个人汽车贷款合作机构管理的风险防控措施有：①加强贷前调查，切实核查经销商的资信状况，坚持实地调查原则，严格审查经销商的信用水平、领导层的资信及管理水平、自有资金实力、财务状况、履行保证责任的意愿及能力等；②严格控制合作担保机构的准入；③由经销商、专业担保机构担保的贷款，应实时监控担保方是否保持足额的保证金；④与保险公司的履约保证保险合作，应严格按照有关规定拟定合作协议，避免事后因合作协议的无效或漏洞造成贷款损失。

13. 已婚购车人购买自用车，申请个人汽车贷款需提交的申请材料有(　　)。[2014年6月真题]

A. 所购车辆合法运营的证明

B. 购车首付款证明

C. 配偶的居民身份证、户口本或其他有效身份证件

D. 收入证明和资产证明

E. 居民身份证、户口本或其他有效身份证件

【解析】申请个人汽车贷款需提交的申请材料包括：①合法有效的身份证件，包括居民身份证、户口本或其他有效身份证件，借款人已婚的还需要提供配偶的身份证明材料；②贷款银行认可的借款人还款能力证明材料，包括收入证明材料和有关资产证明等；③购车首付款证明材料等。

14. 个人教育贷款贷后管理环节的主要风险点有(　　)。[2014年6月真题]

A. 对借款人违反借款合同约定的行为应发现而未发现

B. 他项权利证书未按规定进行保管，造成他项权证遗失，他项权利灭失

C. 未按规定保管借款合同、担保合同等重要贷款档案资料

D. 未对贷款使用情况进行跟踪检查，逾期贷款催收、处置不力

12ABCDE　13BCDE　14ABCD

E. 在发放条件不齐全的情况下发放贷款，未按规定办妥相关评估、公证等事宜

【解析】E 项属于个人教育贷款在贷款签约和发放过程中的风险。

15. 下列属于个人教育贷款流程中贷款的受理与调查环节的风险点的有(　　)。[2014 年 6 月真题]

A. 未通过账户分析、凭证查验或现场调查等方式，核查贷款支付是否符合约定用途

B. 未深入调查借款申请人所提交材料的真实性

C. 未对合同签署人及签字(签章)进行核实

D. 未深入调查借款申请人的主体资格是否符合银行个人教育贷款的相关规定

E. 未按权限审批贷款，使得贷款超越授权发放

【解析】贷款的受理与调查环节的风险点主要在于以下几个方面：①未深入调查借款申请人的主体资格是否符合银行个人教育贷款的相关规定；②未深入调查借款申请人所提交材料的真实性；③对于商业助学贷款而言，未深入调查借款申请人的担保措施是否足额、有效；④未按规定建立、执行贷款面谈、借款合同面签制度；⑤将贷款调查的全部事项委托第三方完成。

16. 在个人汽车贷款业务的贷款审批中需要注意的事项有(　　)。[2014 年 6 月真题]

A. 对于单笔贷款超过经办行审批权限的，必须逐笔将贷款申请及经办行审批材料报上级行进行后续审批

B. 确保符合转授权规定

C. 确保贷款申请资料合规，资料审查流程严密

D. 确保贷款方案合理

E. 确保业务办理符合银行政策和制度

【解析】贷款审批中需要注意的事项除 ABCDE 五项外，还包括严格按流程逐级审批。

17. 在签订商业助学贷款借款合同时，借款人、担保人必须严格履行合同条款，构成借款人、担保人违约行为的情况有(　　)。[2013 年 11 月真题]

A. 借款人拒绝或阻挠贷款银行监督检查贷款使用情况

B. 借款人未能履行有关合同所规定的义务

C. 抵押人取得银行书面同意赠与抵押物的情况

D. 借款人未能及时足额偿还贷款本息

E. 借款人和担保人提供虚假文件材料，可能造成贷款损失

【解析】除 ABDE 四项外，借款人、担保人构成违约行为的情况还包括：①抵押物受毁损导致其价值明显减少或贬值，以致全部或部分失去了抵押价值，足以危害贷款银行利益，而借款人未按贷款银行要求重新落实抵押、质押或保证的；②抵押人、出质人未经贷款银行书面同意擅自变卖、赠与、出租、拆迁、转让、重复抵(质)押、设定居住权或以其他方式处置抵(质)押物的；③借款人、担保人在贷款期间的其他违约行为。

18. 个人汽车贷款可以采取的担保措施包括(　　)。[2013 年 11 月真题]

A. 购买履约保证保险　　　　B. 第三方保证

15BD　16ABCDE　17ABDE　18ABCDE

C. 房地产抵押　　D. 以贷款所购车辆作抵押

E. 质押

【解析】申请个人汽车贷款，借款人应提供一定的担保措施，包括以贷款所购车辆作抵押、质押、房地产抵押和第三方保证等，还可采取购买个人汽车贷款履约保证保险的方式。在实际操作中，各商业银行通常会根据具体情况对各种担保方式做进一步的细化规定。

19. 汽车贷款风险控制的难度相对较大的原因包括(　　)。[2013 年 11 月真题]

A. 个人征信体系尚不完善

B. 商业银行对借款人的资信状况较难评价

C. 汽车贷款购买的标的产品为移动易耗品

D. 商业银行对借款人的违约行为缺乏有效的约束力

E. 汽车贷款多以信用作为担保方式

【解析】由于汽车贷款购买的标的产品为移动易耗品，以汽车做抵押的风险缓释作用有限，其风险相对于住房贷款来说更难把握。特别是在国内信用体系尚不完善的情况下，商业银行对借款人的资信状况较难评价，对其违约行为缺乏有效的约束力。因此，汽车贷款风险控制的难度相对较大。

20. 个人汽车贷款以所购车辆作抵押的，借款人须在办理完购车手续后，及时办理车辆抵押登记手续，并将(　　)交予贷款银行保管。[2013 年 11 月真题]

A. 购车发票原件　　B. 机动车登记证原件

C. 保险单　　D. 各种缴费凭证原件

E. 行驶证原件

【解析】个人汽车贷款以贷款所购车辆作抵押的，借款人须在办理完购车手续后，及时到贷款银行所在地的车辆管理部门办理车辆抵押登记手续，并将购车发票原件、各种缴费凭证原件、机动车登记证原件、行驶证复印件、保险单等交予贷款银行进行保管。

21. 个人汽车贷款回收的原则有(　　)。[2013 年 11 月真题]

A. 等额偿还本息　　B. 先收息、后收本

C. 全部到期、利随本清　　D. 分期偿还本金、一次付息

E. 先收本、后收息

【解析】贷款的回收是指借款人按借款合同约定的还款计划和还款方式及时、足额地偿还贷款本息。个人汽车贷款回收的原则是先收息、后收本，全部到期、利随本清。

22. 个人汽车贷款业务中，合作机构担保风险来自于(　　)。[2013 年 11 月真题]

A. 汽车经销商方面　　B. 专业担保公司的第三方保证担保方面

C. 评估公司方面　　D. 律师事务所方面

E. 保险公司的履约保证保险方面

【解析】个人汽车贷款业务中合作机构的担保主要是保险公司的履约保证保险以及汽车经销商和专业担保公司的第三方保证担保。

19ABCD　20ABCD　21BC　22ABE

23. 在办理个人汽车贷款业务中，对保证人及抵(质)押物进行检查的主要内容有(　　)。[2012年6月真题]

A. 质押权利凭证的时效性和价值变化情况

B. 保证人的经营状况和财务状况

C. 经销商及其他担保机构的保证金情况

D. 抵押物的存续状况、使用状况和价值变化情况

E. 对以车辆抵押的，对车辆的使用情况及其车辆保险有效性和车辆实际价值进行检查评估

【解析】对保证人及抵(质)押物进行检查的主要内容包括：①保证人的经营状况和财务状况；②抵押物的存续状况、使用状况和价值变化情况；③质押权利凭证的时效性和价值变化情况；④经销商及其他担保机构的保证金情况；⑤对以车辆抵押的，对车辆的使用情况及其车辆保险有效性和车辆实际价值进行检查评估；⑥其他可能影响担保有效性的因素。

24. 对个人汽车贷款抵押担保情况的调查应包括(　　)。[2011年10月真题]

A. 保证人是否符合《民法典》规定，具备保证资格

B. 抵押人对抵押物占有的合法性

C. 抵押物价值与存续状况

D. 抵押物的合法性

E. 保证人与借款人的关系

【解析】个人汽车贷款采取抵押担保方式的应调查：①抵押物的合法性；②抵押人对抵押物占有的合法性；③抵押物价值与存续状况。AE两项是采取保证担保方式应调查的内容。

25. 下列关于个人留学贷款说法正确的有(　　)。[2010年10月真题]

A. 需要提供一定的担保措施

B. 贷款对象为拟留学人员或其直系亲属、配偶、法定监护人

C. 贷款期限一般为1~6年

D. 贷款到期日时借款人的实际年龄不得超过60周岁

E. 贷款的偿还遵循"贷人民币还人民币"和"贷外汇还外汇"的原则

【解析】D项，借款人在贷款到期日的实际年龄不得超过55周岁。

26. 个人购买(　　)，可以申请个人耐用消费品贷款。[2010年5月真题]

A. 汽车　　B. 电脑　　C. 家用电器　　D. 家具

E. 房屋

【解析】耐用消费品通常是指价值较大、使用寿命相对较长的家用商品，包括除汽车、住房外的家用电器、电脑、家具、健身器材、乐器等。个人购买上述耐用消费品时，可以申请个人耐用消费品贷款。

27. 对未按期还款的个人汽车贷款，银行可以采取的催收方式包括(　　)。[2009年6月

23ABCDE　24BCD　25ABCE　26BCD　27ABCDE

真题]

A. 电话催收　B. 信函催收　C. 上门催收　D. 律师函催收

E. 司法催收

【解析】对未按期还款的借款人，应采用电话催收、信函催收、上门催收、通过中介机构催收，以及采取法律手段，如律师函、司法催收等方式督促借款人按期偿还贷款本息，以最大限度降低贷款损失，有担保人的要向担保人通知催收。

28. 根据《汽车贷款管理办法》的规定，可以申请汽车贷款的是(　　)。

A. 在中国境内有固定住所的中国公民

B. 国内机构借款人

C. 在中国境内累计居住 2 年的外国人

D. 在中国境内累计居住 6 个月的港、澳、台居民

E. 国内汽车经销商

【解析】为便于对汽车贷款进行风险管理，《汽车贷款管理办法》将借款人细分为个人、汽车经销商和机构借款人，并首次明确除中国公民以外，在中国境内连续居住 1 年以上(含 1 年)的港、澳、台居民以及外国人均可申请个人汽车贷款。

29. 银行办理个人汽车贷款的流程包括(　　)。

A. 贷款的受理和调查　B. 贷款的审查和审批

C. 贷款的签约与发放　D. 购车合同的签订

E. 贷后管理

【解析】个人汽车贷款的贷款流程具体包括贷款的受理与调查、贷款的审查与审批、贷款的签约与发放、支付管理以及贷后管理等五个环节。D 项是客户和经销商之间的行为，不属于贷款的流程。

30. 《个人汽车贷款借款合同》的内容应符合法律规定，明确约定(　　)。

A. 各方当事人的诚信承诺　B. 贷款资金的用途

C. 支付对象　D. 支付金额

E. 支付条件和支付方式

【解析】对经审批同意的贷款，应及时通知借款申请人以及其他相关人(包括抵押人和出质人等)，确认签约的时间，签署个人汽车贷款借款合同和相关担保合同。借款合同应符合法律规定，明确约定各方当事人的诚信承诺和贷款资金的用途、支付对象、支付金额、支付条件、支付方式等。

31. 申请二手车个人汽车贷款时，还需特别提供的资料有(　　)。

A. 贷款银行认可的评估机构出具的车辆评估报告书

B. 车辆出卖人的车辆产权证明

C. 所交易车辆的机动车辆登记证

D. 车辆年检证明

E. 首付款证明材料

28ABCE　29ABCE　30ABCDE　31ABCD

【解析】如借款所购车辆为二手车，还需提供购车意向证明或购车合同、贷款银行认可的评估机构出具的车辆评估报告书、车辆出卖人的车辆产权证明、所交易车辆的机动车辆登记证和车辆年检证明等。E 项是一般性的要求。

32. 对于车贷提前还款，银行一般约定(　　)。

A. 借款人应向银行提交提前还款申请书

B. 借款人的贷款账户未拖欠本息及其他费用

C. 银行按规定计收违约金

D. 借款人在提前还款前应归还当期的贷款本息

E. 银行应退还提前还款额的利息

【解析】个人车贷业务中，对于提前还款，银行一般有以下基本约定：①借款人应向银行提交提前还款申请书；②借款人的贷款账户未拖欠本息及其他费用；③提前还款属于借款人违约，银行将按规定计收违约金；④借款人在提前还款前应归还当期的贷款本息。

33. 在保险公司为个人汽车贷款提供履约保证保险的过程中，银行可能面临的风险包括(　　)。

A. 保险公司依法解除保险合同

B. 免责条款使贷款银行难以追究保险公司的保险责任

C. 保证保险的责任仅限于贷款本金和利息

D. 保证担保的责任仅限于贷款本金和利息

E. 银保合作协议的法律效力不确定

【解析】D 项，保证担保的责任范围包括贷款本金及利息、违约金、损害赔偿金和实现债权的费用等。

34. 下列主体中可开展汽车贷款业务的是(　　)。

A. 中国建设银行　　B. 城乡信用社

C. 中国银行　　D. 上汽通用汽车金融公司

E. 股份制商业银行

【解析】《汽车贷款管理办法》第三条规定，可以提供汽车贷款的贷款人包括在中华人民共和国境内依法设立的、经中国银行保险监督管理委员会及其派出机构批准经营人民币贷款业务的商业银行、城乡信用社及获准经营汽车贷款业务的非银行金融机构。

35. 下列关于商业助学贷款担保方式的说法，正确的有(　　)。

A. 可以采用抵押、质押、保证或其组合，或借款人投保相关保险

B. 以资产作抵押的，借款人应根据贷款银行的要求办理抵押物保险

C. 以质押方式申请商业助学贷款的，需办理质物或其权利凭证转移占有手续及相关出质登记

D. 以第三方保证方式申请贷款的，第三方提供的保证为一般责任保证

E. 因为同学之间互相了解情况，贷款银行应允许同学之间互保

【解析】D 项，以第三方保证方式申请商业助学贷款的，保证人和贷款银行之间应签订

32ABCD　33ABCE　34ABCDE　35ABC

"保证合同"，第三方提供的保证为不可撤销的连带责任保证；E 项，对于采用保证方式的，保证人应具备品质良好、有合法稳定的收入来源及与借款人同城户籍等条件，原则上不允许同学之间互保。

36. 申请商业助学贷款时，借款人须具备的条件有(　　)。

A. 信用记录良好

B. 成绩排名在班级前 30%

C. 家庭经济确实困难，无法支付正常完成学业所需的基本费用

D. 必要时提供其法定代理人同意申请贷款的书面意见

E. 必要时提供有效的担保

【解析】借款人申请商业助学贷款，须具备贷款银行要求的下列条件：①具有中华人民共和国国籍，具有完全民事行为能力，并持有合法身份证件；②无重大不良信用记录，不良信用等行为评价标准由贷款银行制定；③必要时需提供有效的担保；④必要时需提供其法定代理人同意申请贷款的书面意见；⑤贷款银行要求的其他条件。

37. 在个人教育贷款的业务流程中，可能产生的操作风险的有(　　)。

A. 借款人身份弄虚作假

B. 第三方保证人不具备保证资格和保证能力

C. 审批人对应审查的内容审查不严，导致向不具备贷款发放条件的借款人发放贷款

D. 合同制作不合格

E. 未按规定保管借款合同、担保合同等重要贷款档案资料，造成合同损毁

【解析】个人教育贷款的操作风险包括贷款受理和调查中的风险、贷款审查和审批中的风险、贷款签约和发放中的风险、管理支付管理中的风险和贷后管理中的风险。AB 两项属于贷款受理和调查环节的风险；C 项属于贷款审查和审批环节的风险；D 项属于贷款签约与发放环节的风险；E 项属于贷后管理环节的风险。

38. 个人教育贷款支付管理中的风险点主要包括(　　)。

A. 将学费和住宿费的贷款资金全额发放至借款人账户

B. 未详细记录资金流向和归集保存相关凭证，造成凭证遗失

C. 未按规定办妥相关评估、公证等事宜

D. 未通过账户分析、凭证查验或现场调查等方式，核查贷款支付是否符合约定用途

E. 未按规定的贷款额度发放贷款

【解析】个人教育贷款支付管理中的风险点主要包括：①未落实受托支付要求，将学费和住宿费的贷款资金全额发放至借款人账户；②未详细记录资金流向和归集保存相关凭证，造成凭证遗失；③未通过账户分析、凭证查验或现场调查等方式，核查贷款支付是否符合约定用途。CE 两项属于贷款签约与发放中的风险。

三、判断题(请对下列各题的描述做出判断，正确的用 A 表示，错误的用 B 表示)

1. 个人住房贷款之后，个人汽车贷款由于其业务操作方面的独特性，也逐步发展成为个人贷款业务中自成特色的一类。(　　)[2017 年 6 月真题]

36ADE　37ABCDE　38ABD　▌　1A

【解析】继个人住房贷款之后，个人汽车贷款由于其业务操作方面的独特性，逐步发展成为个人贷款业务中自成特色的一类，该类贷款的特点主要体现在以下几个方面：①作为汽车金融服务领域的主要内容之一，在汽车产业和汽车市场发展中占有一席之地；②与汽车市场的多种行业机构具有密切关系；③风险管理难度相对较大。

2. 由于个人汽车贷款购买的标的产品为移动易耗品，其风险相对于个人住房贷款来说更难把握。(　　)[2016 年 11 月真题]

【解析】由于汽车贷款购买的标的产品为移动易耗品，以汽车作抵押的风险缓释作用有限，其风险相对于住房贷款来说更难把握。特别是在国内信用体系尚不完善的情况下，商业银行对借款人的资信状况较难评价，对其违约行为缺乏有效的约束力。因此，汽车贷款风险控制的难度相对较大。

3. 个人汽车贷款的贷款期限(含展期)不得超过 5 年，其中二手车贷款期限(含展期)不得超过 3 年。(　　)[2016 年 6 月真题]

【解析】个人汽车贷款的贷款期限(含展期)不得超过 5 年，其中，二手车贷款的贷款期限(含展期)不得超过 3 年。展期之后全部贷款期限不得超过贷款银行规定的最长期限，同时对展期的贷款应重新落实担保。

4. 国家助学贷款实行借款人按学年(期)申请、贷款银行单户核算、分次发放的方式。学费和住宿费按学年(期)发放，直接划入借款人所在学校在贷款银行开立的账户上。(　　)[2016 年 6 月真题]

【解析】国家助学贷款实行借款人一次申请、贷款银行一次审批、单户核算、分次发放的方式。学费和住宿费贷款按学年(期)发放，直接划入借款人所在学校在贷款银行开立的账户上。

5. 在中国境内连续居住 1 年的美国人也可申请个人汽车贷款。(　　)[2015 年 10 月真题]

【解析】借款人申请个人汽车贷款，须具备贷款银行要求的下列条件：①中华人民共和国公民，或在中华人民共和国境内连续居住 1 年以上(含 1 年)的港、澳、台居民及外国人；②具有有效身份证明、固定和详细住址且具有完全民事行为能力；③具有稳定的合法收入或足够偿还贷款本息的个人合法资产；④个人信用良好；⑤能够支付贷款银行规定的首期付款；⑥贷款银行要求的其他条件。

6. 借款人的还款意愿是信贷资金安全，特别是个人汽车贷款资金安全的重要前提。(　　)[2015 年 10 月真题]

【解析】个人汽车贷款信用风险内容有：①借款人的还款能力风险；②借款人的还款意愿风险，借款人的还款意愿是信贷资金安全，特别是个人汽车贷款资金安全的重要前提；③借款人的欺诈风险；④抵押物风险。

7. 经办银行在发放国家助学贷款后，应汇总已发放的贷款学生名单、贷款金额、利率、利息，经合作高校确认后上报总行。(　　)[2015 年 10 月真题]

【解析】经办银行在发放贷款后，于每季度结束后的 10 个工作日内，按照“中央部门所属

2A　3A　4B　5A　6A　7A

高校国家助学贷款贴息资金汇总表”汇总已发放的国家助学贷款学生名单、贷款金额、利率、利息，经合作高校确认后上报总行。

8. 个人汽车贷款展期之后全部贷款期限不得超过贷款银行规定的最长期限，同时对展期的贷款应重新落实担保。（　　）[2015 年 5 月真题]

【解析】借款人应按合同约定的计划按时还款，如果确实无法按照计划偿还贷款，可以申请展期。展期之后全部贷款期限不得超过贷款银行规定的最长期限，同时对展期的贷款应重新落实担保。

9. 个人汽车贷款中，借款人恶意欺诈、骗贷和贷款后恶意转移资产的逃废债等现象，是对贷款资金安全威胁很大的信用风险。（　　）[2015 年 5 月真题]

【解析】个人汽车贷款的信用风险主要表现为借款人还款能力的降低和还款意愿的变化。此外，借款人恶意欺诈、骗贷和贷款后恶意转移资产的逃废债等现象，是借款人信用风险的重要表现形式。

10. 如果投保人因为疏忽大意或过失而未履行如实告知义务，保险人无权解除保险合同。（　　）[2014 年 11 月真题]

【解析】《保险法》赋予保险公司解除保险合同的权利，即如果投保人故意或过失不履行如实告知义务，足以影响保险人决定是否同意承保或提高保险费率的，保险人有权解除保险合同。

11. 个人汽车贷款实行“设定担保、分类管理、特定用途”的原则。（　　）[2014 年 11 月真题]

【解析】个人汽车贷款实行“设定担保、分类管理、特定用途”的原则。其中，“设定担保”指借款人申请个人汽车贷款需提供所购汽车抵押或其他有效担保；“分类管理”指按照贷款所购车辆种类和用途的不同，对个人汽车贷款设定不同的贷款条件；“特定用途”指个人汽车贷款专项用于借款人购买汽车，不允许挪作他用。

12. 发放个人汽车贷款所确定的汽车价格，对于新车是指汽车实际成交价格，对于二手车是指贷款银行认可的评估价格，上述价格均扣除政府补贴，且不含有各类附加税费及保费等。（　　）[2014 年 11 月真题]

【解析】个人汽车贷款中的汽车价格，对于新车是指汽车实际成交价格与汽车生产商公布价格中的低者；对于二手车是指汽车实际成交价格与贷款银行认可的评估价格中的低者。上述成交价格均扣除政府补贴，且不含有各类附加税费及保费等。

13. 全日制研究生申请国家助学贷款，每人每年申请贷款额度不超过 12000 元。（　　）[2014 年 6 月真题]

【解析】国家助学贷款中，全日制研究生每人每年申请贷款额度不超过 12000 元；年度学费和住宿费标准总和低于 12000 元的，贷款额度可按照学费和住宿费标准总和确定。

14. 个人汽车贷款可以委托保险公司和经销商完成从借款申请到签订合同的全部贷款手续。（　　）[2013 年 11 月真题]

8A　9A　10B　11A　12B　13A　14B

【解析】为防控信用风险，应严格审查客户信息资料的真实性，坚持与借款人面谈的原则，必须面谈客户了解信息，不得由保险公司和经销商包办从借款申请到签订合同的全部手续。认真审查借款人购车行为的真实性，严防经销商伪造合同从而虚构借款人购车事实的行为。

15. 个人汽车贷款履约保证保险是财产保险的一种，银行只是保证保险合同中的被保险人而不是保险合同的一方当事人。(　　)［2013 年 11 月真题］

【解析】采取购买个人汽车贷款履约保证保险方式的，借款人需购买与贷款银行有相关业务合作的保险公司的履约保证保险产品，并在保险单中明确第一受益人为银行。保证保险是财产保险的一种，银行只是保证保险合同中的被保险人而不是保险合同的一方当事人。

16. 为防范假车贷，银行贷前调查人可通过借款人对所购车辆的了解程度、所购买汽车价格和本地区价格是否差异很大和二手车的交易双方是否有关联关系等来判断借款申请人购车行为的真实性。(　　)［2012 年 6 月真题］

【解析】贷前调查人在调查申请人基本情况、贷款用途和贷款担保等情况时，应通过借款申请人对所购汽车的了解程度、所购买汽车价格与本地区价格是否差异很大和二手车的交易双方是否有关联关系等判断借款申请人购车行为的真实性、了解借款申请人购车动机是否正常、额度是否合理。

17. 国家助学贷款的利率执行中国人民银行规定的同期贷款基准利率，不上浮。(　　)［2012 年 6 月真题］

【解析】国家助学贷款的利率执行中国人民银行同期公布的同档次基准利率，不上浮。如遇中国人民银行调整贷款利率，执行中国人民银行的有关规定。

18. 国家助学贷款的贷后贴息是每季进行，由各商业银行的总行向全国学生贷款管理中心申请。(　　)［2012 年 6 月真题］

【解析】经办银行在发放贷款后，于每季度结束后的 10 个工作日内，按照“中央部门所属高校国家助学贷款贴息资金汇总表”汇总已发放的国家助学贷款学生名单、贷款金额、利率、利息，经合作高校确认后上报总行。全国学生资助管理中心在收到各贷款银行总行提供的贴息申请资料后的 10 个工作日内，将贷款贴息统一划入总行国家助学贷款贴息专户，由总行直接划入各经办行贴息专户。

19. 某同学大学三年级时在某行申请了国家助学贷款，四年级时因病于当年 10 月起休学一年，一年后继续上学，在休学期间，国家财政给其贴息。(　　)［2010 年 5 月真题］

【解析】对于国家助学贷款，如借款学生在学校期间发生休学、退学、转学、出国(境)、被开除学籍、死亡及其他不能正常完成学业的情况，学校应在为借款学生办理相关手续之前及时通知银行，并要求学生到银行办理归还贷款或还款确认手续。经办银行在得到学校通知后应停止发放尚未发放的贷款，并采取提前收回贷款本息和签订还款协议等措施，主动为学生办理相关手续。休学的借款学生复学当月恢复财政贴息。

15A　16A　17A　18A　19B

20. 与商业助学贷款相比，国家助学贷款的适用范围更广。(　　)[2009 年 6 月真题]

【解析】商业助学贷款的贷款对象是在境内高等院校就读的全日制本专科生、研究生和第二学士学位学生。国家助学贷款的贷款对象是中华人民共和国境内的(不含香港特别行政区和澳门特别行政区、台湾地区)普通高等学校中经济确实困难的全日制本专科生(含高职生)、研究生和第二学士学位学生。

21. 个人旅游消费贷款只能用于借款申请人本人参加的旅游消费。(　　)[2009 年 6 月真题]

【解析】个人旅游消费贷款是指银行向自然人发放的、用于借款人个人及其家庭成员(包括借款申请人的配偶、子女及其父母)参加银行认可的各类旅行社(公司)组织的国内、外旅游所需费用的贷款。

22. 以资产作抵押，申请商业助学贷款的，借款人应根据贷款银行的要求办理抵押物保险。在保险有限期内，借款人可以申请中断或撤销保险。(　　)

【解析】以资产作抵押，申请商业助学贷款的，借款人应根据贷款银行的要求办理抵押物保险。在保险有限期内，借款人不得以任何理由中断或撤销保险，如保险中断，贷款银行有权代为投保，费用由借款人负担；如发生保险责任范围以外的损毁，借款人应及时通知贷款银行，并落实其他担保，否则，贷款银行有权提前收回贷款。

四、综合题

小周在某公司工作，月收入 15000 元，现欲购买一辆汽车代步，小周在走访了某汽车品牌的 4S 店后，看中了其中一款标价为 250000 元的 SUV，与 4S 店砍价后，以 225000 元价格成交。小周在某 4S 店的帮助下，向某银行申请一笔个人汽车贷款，期限 3 年，定价为基准利率上浮 20%，贷款申请时，对应期限贷款的基准利率为 4.75%，在还款 2 年 6 个月后，小周因家中突遇变数，还款能力出现临时性下降，银行考虑到借款人仍有较强的还款意愿，银行批准给予贷款展期。[2018 年 6 月真题]

(1)小周购车贷款的流程为(　　)。(单项选择题)

A. 借款人选车、签订购车合同→借款人提交贷款申请资料→银行审批贷款，通知客户存入首付款→银行与借款人签订借款合同→办理购车和抵押登记手续→银行发放贷款→借款人提车

B. 借款人选车、签订购车合同→借款人提交贷款申请资料→银行审批贷款，通知客户存入首付款→银行与借款人签订借款合同→借款人提车→办理购车和抵押登记手续→银行发放贷款

C. 借款人选车、签订购车合同→借款人提交贷款申请资料→银行审批贷款，通知客户存入首付款→办理购车和抵押登记手续→银行与借款人签订借款合同→银行发放贷款→借款人提车

D. 借款人选车、签订购车合同→借款人提交贷款申请资料→银行审批贷款，通知客户存入首付款→银行与借款人签订借款合同→办理购车和抵押登记手续→借款人提车→银行发放贷款

20B　21B　22B　|　(1)A

【解析】个人汽车贷款客户办理流程如图4－1所示：

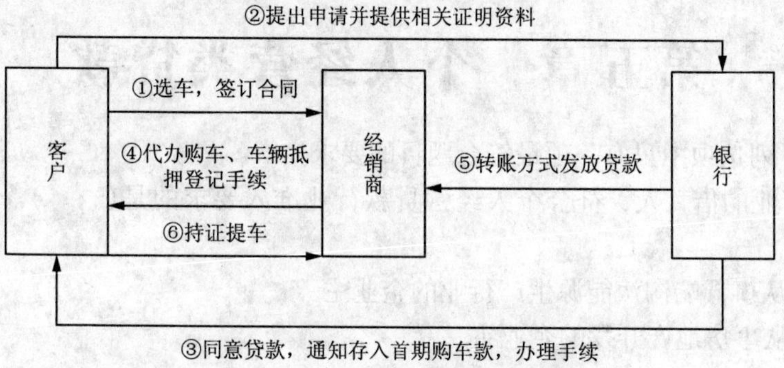

图4－1　个人汽车贷款客户办理流程

(2)小周办理汽车贷款的额度最高为________元，如果用等额本金的方式还款，则第一个月的还款金额为________元。(　　)(单项选择题)

A. 180000；5855　　B. 200000；5855

C. 180000；6055　　D. 160000；6055

【解析】所购车辆为自用传统动力汽车的，贷款额度不得超过80%，所以小周办理汽车贷款的额度最高＝225000×80%＝180000(元)。等额本金还款法是指在贷款期内每月等额偿还贷款本金。每月还款额计算公式如下：每月还款额＝贷款本金/还款期数＋(贷款本金－已归还贷款本金累计额)×月利率，则第一个月的还款金额＝180000/36＋180000×[4.75%×(1＋20%)/12]＝5855(元)。

(3)小周申请展期贷款的年限最高为(　　)。(单项选择题)

A. 1年半　　B. 2年　　C. 1年　　D. 2年半

【解析】个人汽车贷款的贷款期限(含展期)不得超过5年。小周向某银行申请的一笔个人汽车借款期限为3年，所以，小周申请展期贷款的最高年限＝5－3＝2(年)。

---

(2)A　(3)B

第五章　个人经营类贷款

一、单选题(下列选项中只有一项最符合题目的要求)

1. 从事下列行业的借款人，符合个人经营贷款行业准入要求的是(　　)。[2018 年 10 月真题]

A. 在山西从事低端淘汰能源生产行业的企业主

B. 在北京从事房地产开发的企业主

C. 在义乌从事小商品批发的企业主

D. 在深圳从事小贷公司业务的企业主

【解析】个人经营贷款行业严禁介入属于以下任一种情况的行业：①法律、法规和监管规定禁止或限制准入的行业；②《国家产业结构调整目录》中明确为限制类和淘汰类的项目、工艺或产品等；③货币金融服务业、资本市场服务业、保险业及其他金融业；④房地产业、担保服务业。

2. 个人商用房贷款的借款人必须是具有完全民事行为能力的自然人，且年龄在(　　)周岁之间。[2018 年 6 月真题]

A. 18(含)~65(不含)　　B. 18(不含)~65(不含)

C. 18(不含)~65(含)　　D. 18(含)~65(含)

【解析】个人商用房贷款的借款人必须是具有完全民事行为能力的自然人，年龄在 18(含)~65(不含)周岁之间，在境内工作、学习的境外个人还须满足我国关于境外人士购房相关政策。

3. 下列不属于个人经营贷款信用风险的是(　　)。[2017 年 10 月真题]

A. 抵押物价值发生变化　　B. 借款人还款能力发生变化

C. 保证人担保能力发生变化　　D. 借款人申请材料不完整

【解析】个人经营贷款信用风险主要包括：①借款人还款能力发生变化；②借款人还款意愿下降；③保证人担保能力发生变化；④抵押物价值发生变化。

4. 在个人经营贷款业务中，贷款人需对借款人所经营企业的盈利状况进行调查，主要是为了(　　)。[2017 年 6 月真题]

A. 确定借款人的还款能力　　B. 确定借款人的贷款用途

C. 符合监管机构的要求　　D. 确定借款人的还款意愿

【解析】贷前调查人应通过面谈了解借款申请人的基本情况、贷款用途、还款意愿和还款能力以及调查人认为应调查的其他内容，尽可能多地了解会对借款人还款能力产生影响的信息，如借款人所经营企业的盈利状况等。

5. 个人商用房贷款的贷前调查人应通过(　　)了解借款申请人的基本情况、贷款用途、还款意愿和还款能力等内容，尽可能多地了解会对借款人还款能力产生影响的信息。

1C　2A　3D　4A　5A

[2016年11月真题]

A. 面谈　　B. 走访　　C. 他人　　D. 电话

【解析】贷前调查人应通过面谈了解借款申请人的基本情况、贷款用途、还款意愿和还款能力以及调查人认为应调查的其他内容，尽可能多地了解会对借款人还款能力产生影响的信息，如借款人所经营企业的盈利状况等。此外，可配合电话调查和其他辅助调查方式核实有关申请人身份、收入等其他情况。

6. 关于个人商用房贷款，下列说法错误的是(　　)。[2016年11月真题]

A. 个人商用房贷款期限最长不超过20年

B. 采用抵押方式申请商用房贷款的，借款双方必须签订书面抵押合同

C. 贷款支持的商用房所占用土地使用权性质为国有出让，土地类型为商业、商住两用或综合用地

D. 贷款额度不得超过所购商用房价值的50%，所购商用房为商住两用房的，贷款额度不得超过所购商用房价值的45%

【解析】个人商用房贷款期限最长不超过10年。

7. 下列关于个人商用房贷款贷前调查的表述，错误的是(　　)。[2016年11月真题]

A. 应调查借款人是否已支付首期房款，首付款比例是否符合要求

B. 在计算借款人收入时，不可将所购商用房未来可能产生的租金收入作为借款人收入

C. 贷款经办行调查完毕后，应及时将贷款资料移交审查审批部门

D. 个人商用房贷款调查由贷款经办行负责，贷款实行双人调查和见客谈话制度

【解析】B项，在计算借款人收入时，可将所购商用房未来可能产生的租金收入作为借款人收入。所购商用房租金的估算，可参考该商用房内外部评估报告中确认的收益水平，或由调查人员参考同一区域同类型商用房近1年的平均租金进行计算。

8. 柳先生向A银行申请个人商用房贷款100万元，购买B房地产公司经销的一手商品房，经A银行审核同意后，A银行贷款资金应划转至(　　)。[2016年6月真题]

A. B房地产公司名下账户　　B. 其他三项账户都可

C. 柳先生名下账户　　D. A银行名下账户

【解析】个人商用房贷款须采取受托支付的方式，银行须将贷款资金划转至开发商账户。

9. 个人经营贷款期限最长一般不超过________年，采用保证担保方式的一般不得超过________年。(　　)[2016年6月真题]

A. 5；1　　B. 3；1　　C. 4；2　　D. 4；3

【解析】个人经营贷款期限一般不超过5年，采用保证担保方式的不得超过1年。贷款人应根据借款人经营活动及借款人还款能力确定贷款期限。

10. 采用抵押担保方式申请个人经营贷款的，贷款期限不得超过抵押房产剩余的土地使用权年限，一般情况下，贷款金额最高不超过抵押物价值的(　　)。[2016年6月真题]

A. 60%　　B. 50%　　C. 70%　　D. 65%

【解析】申请个人经营贷款，借款人需提供一定的担保措施，包括抵押、质押和保证等

6A　7B　8A　9A　10C

方式。采用抵押担保方式的，贷款期限不得超过抵押房产剩余的土地使用权年限，贷款金额最高不超过抵押物价值的 70%。

11. 下列关于个人经营贷款中规范并加强对抵押物管理的表述，错误的是(　　)。[2015 年 10 月真题]
   A. 抵押文件资料须具有真实有效性、抵押物的合法性、抵押物权属的完整性、抵押物存续状况的完好性等
   B. 谨慎受理产权、使用权不明确或当前管理不够规范的不动产抵押
   C. 借款人以自有或第三人的财产进行抵押，抵押物须产权明晰、价值稳定、变现能力强、易于处置
   D. 原则上贷款银行经办人员不应直接参与抵押手续的办理，为保证专业水准尽量交由外部中介机构办理

【解析】D 项，贷款抵押手续办理的相关程序应规范，原则上贷款银行经办人员应直接参与抵押手续的办理，不可完全交由外部中介机构办理。

12. 下列关于商用房贷款的表述，错误的是(　　)。[2015 年 10 月真题]
   A. 商用房包括临街商铺、住宅小区的商业配套房、商住两用房、写字楼等
   B. 商用房为二手房的，应取得房屋所有权证及土地使用权证
   C. 单纯以租金收入作为还款来源的商用房应作为银行商用房贷款的主要业务对象
   D. 申请个人商用房贷款，原则上以所购商用房设定抵押

【解析】C 项，商用房的租金收入存在较多不确定因素，稳定性较差，如单纯以租金收入作为还款来源，风险较高。

13. 下列关于采用抵押方式申请商用房贷款的表述，错误的是(　　)。[2015 年 10 月真题]
   A. 以房产作抵押的，借款人应符合《民法典》《城市房地产抵押管理办法》等法律法规的相关规定，并按要求办理抵押登记手续
   B. 用于抵押的财产需要估价的，可以由贷款银行进行评估，也可委托贷款银行认可的资产评估机构进行估价
   C. 在抵押期间，借款人未经贷款银行同意，不得转移、变卖或再次抵押已被抵押的财产
   D. 以所购商用房(通常要求借款人拥有该商用房的产权)作抵押的，由贷款银行和借款人协商后决定是否有必要与开发商签订商用房回购协议

【解析】D 项，采用抵押方式申请商用房贷款，以所购商用房(通常要求借款人拥有该商用房的产权)作抵押的，由贷款银行决定是否有必要与开发商签订商用房回购协议。

14. 下列各项中，不符合个人商用房贷款借款条件的是(　　)。[2015 年 10 月真题]
   A. 具有合法有效的身份证明、户籍证明(或有效居留证明)及婚姻状况证明(或未婚声明)
   B. 在银行开立个人结算账户
   C. 具有所购商用房的商品房销(预)售合同或房屋买卖协议

11D　12C　13D　14D

D. 已支付所购商用房市场价值30%的首付款

【解析】D项，个人商用房贷款的借款人须具备的基本条件为：已支付所购商用房市场价值50%(含)以上的首付款(商住两用房首付款比例须在45%及其以上)，并提供首付款银行进账单或售房人开具的首付款发票或收据。

15. 在贷款审查环节，个人商用房贷款的贷款人应建立和完善借款人的(　　)。[2015年10月真题]

A. 抵押物审查和评价体系　　B. 还款意愿和审查体系

C. 信用记录和评价体系　　D. 贷后审查和风险预警体系

【解析】贷款人应开展风险评价工作，以分析借款人现金收入为基础，采取定性和定量分析方法，全面动态地进行贷款审查和风险评估。贷款人应建立和完善借款人信用记录和评价体系。

16. 下列选项中，不属于个人经营贷款信用风险防控措施的是(　　)。[2015年10月真题]

A. 更换为其他足值抵押物　　B. 要求借款人恢复抵押物价值

C. 提高贷款利率并加收罚息　　D. 重新评估抵押物价值，择机处置抵押物

【解析】个人经营贷款信用风险防控措施包括：①加强对借款人还款能力的调查和分析；②加强对借款人所控制企业经营情况的调查和分析；③加强对保证人担保能力的调查和分析；④加强对抵押物的调查和分析，为了有效规避抵押物价值变化而带来的信用风险，除ABD三项外，还可以采取的措施有：按合同约定或依法提前收回贷款。

17. 下列对个人商用房贷款操作风险的理解中，错误的是(　　)。[2015年10月真题]

A. 贷款流程执行不严格

B. 操作风险是贷款发放之前的风险

C. 审批人员放松审批条件向关系人发放贷款

D. 未严格执行商业银行授权管理制度，超权限审批发放贷款

【解析】B项，个人商用房贷款的操作风险包括：①贷款受理与调查中的风险；②贷款审查与审批中的风险；③贷款签约与发放中的风险；④贷款支付管理中的风险；⑤贷后管理中的风险。

18. 下列关于农户贷款的表述，错误的是(　　)。[2015年10月真题]

A. 农户贷款仅可用于生产经营用途

B. 依据贷款审查结果，确定授信额度，作出审批决定，在办结时限以前，将贷款审批结果及时、主动告知借款人

C. 贷中审查应当对贷款调查内容的合规性和完备性进行全面审查

D. 金融机构应当遵循审慎性与效率原则，建立完善独立审批制度

【解析】A项，农户贷款是指银行业金融机构向符合条件的农户发放的用于生产经营、生活消费等用途的本外币贷款。

19. 商用房贷款的贷款人应开展风险评价工作，以分析借款人的(　　)为基础，采取定性和定量分析方法，全面动态地进行贷款审查和风险评估。[2015年5月真题]

15C　16C　17B　18A　19D

A. 资产规模　　B. 负债规模　　C. 现金支出　　D. 现金收入

【解析】商用房贷款审查时，贷款人应开展风险评价工作，以分析借款人现金收入为基础，采取定性和定量分析方法，全面动态地进行贷款审查和风险评估。贷款人应建立和完善借款人信用记录和评价体系。

20. 商用房贷款审查和审批环节中的主要风险点不包括(　　)。[2015 年 5 月真题]

A. 业务不合规　　B. 合同制作不合格

C. 对内容审查不严　　D. 未按权限审批贷款

【解析】商用房贷款审查和审批环节的主要风险点包括：①业务不合规，业务风险与效益不匹配；②未按权限审批贷款，使得贷款超授权发放；③审批人员对应审查的内容审查不严，导致向不具备贷款发放条件的借款人发放贷款。B 项，合同制作不合格属于贷款签约与发放中的风险。

21. 对以“商住两用房”名义申请贷款的，首付款比例不得低于(　　)，贷款期限和利率水平按照商业性用房贷款管理规定执行。[2015 年 5 月真题]

A. 80%　　B. 30%　　C. 45%　　D. 70%

【解析】已支付所购商用房市场价值 50%(含)以上的首付款(商住两用房的首付款比例须在 45% 及其以上)，并提供首付款银行进账单或售房人开具的首付款发票或收据。

22. 根据有关规定，当前各商业银行须执行的个人商用房贷款最低利率水平是(　　)。[2015 年 5 月真题]

A. LPR + 60BP　　B. LPR + 30BP

C. LPR　　D. 基准利率上浮 10%

【解析】个人商用房贷款利率不得低于相应期限贷款市场报价利率(LPR) + 60BP。个人商用房贷款执行浮动利率，如遇 LPR 调整，应按照合同约定的调整时间进行调整。

23. 下列不可以作为个人经营贷款申请材料中个人收入证明的是(　　)。[2015 年 5 月真题]

A. 个人纳税证明　　B. 在银行近 3 个月内的存款

C. 工资薪金证明　　D. 个人在经营实体的分红证明

【解析】个人经营贷款申请材料中个人收入证明包括个人纳税证明、工资薪金证明、个人在经营实体的分红证明、租金收入、在银行近 6 个月内的存款、国债、基金等平均金融资产证明等。

24. 个人经营贷款利率同时符合中国人民银行和商业银行总行对相关产品的风险定价政策，并符合商业银行总行利率授权管理规定，个人经营贷款可在同期同档次(　　)的基础上上下浮动。[2015 年 5 月真题]

A. 实际利率　　B. 固定利率　　C. LPR　　D. 基准利率

【解析】个人经营贷款是指银行向从事合法生产经营的自然人发放的，用于满足个人控制的企业(包括个体工商户)生产经营流动资金需求和其他合理资金需求的贷款。个人贷款利率需同时符合中国人民银行和各银行总行对相关产品的风险定价政策，并符合各行总行利率授权管理规定，在同期同档次 LPR 的基础上上下浮动。

20B　21C　22A　23B　24C

25. 在审查个人商用房贷款借款人所提交的材料是否真实、合法时，审查的内容不包括(　　)。[2014年6月真题]

A. 审查借款人、保证人、抵押人、出质人的身份证件是否真实、有效

B. 审查借款人提供的还款账户是否是借款人本人所有的活期储蓄账户

C. 审查借款人户籍所在地是否在贷款银行所在地区

D. 审查抵(质)押物的权属证明材料是否真实，有无涂改现象

【解析】在审查个人商用房贷款借款人所提交的材料是否真实、合法时，审查的内容包括：①借款人、保证人、抵押人、出质人的身份证件是否真实、有效；②抵(质)押物的权属证明材料是否真实，有无涂改现象；③借款人提供的还款账户是否是借款人本人所有的活期储蓄账户等。

26. 不可以作为个人经营贷款还款能力证明的是(　　)。[2014年6月真题]

A. 借款人或其自有经营实体近期连续一段时间所得税税票

B. 借款人教育对象的存款证明

C. 借款人的收入证明

D. 借款人的资产状况证明

【解析】个人经营贷款还款能力证明包括：①个人收入证明，如个人纳税证明、工资薪金证明、个人在经营实体的分红证明、租金收入、在银行近6个月内的存款、国债、基金等平均金融资产证明等；②能反映借款人或其经营实体近期经营状况的银行结算账户明细或完税凭证等证明资料；③抵押房产权属证明原件及复印件。

27. 下列属于个人经营贷款操作风险管理措施的是(　　)。[2014年6月真题]

A. 银行规范抵押手续办理的相关程序

B. 银行考虑借款人所经营企业的主营业务量及现金流情况

C. 银行加强对借款人还款能力的调查与分析

D. 银行加强对抵押物价值的调查与分析

【解析】BCD三项属于个人经营贷款信用风险的防控措施。

28. 个人商用房贷款的贷款发放要遵循(　　)的原则，由独立的放款管理部门或岗位负责落实放款条件、发放满足约定条件的贷款。[2012年6月真题]

A. 审放分离　　B. 诚信申贷　　C. 协议承诺　　D. 实贷实付

【解析】个人商用房贷款的贷款人应加强对贷款的发放管理，遵循审贷与放贷分离的原则，设立独立的放款管理部门或岗位，负责落实放款条件、发放满足约定条件的个人贷款。

29. 个人经营类贷款一般面向从事合法生产经营的自然人，包括(　　)。[2012年6月真题]

A. 法人企业　　B. 股份有限公司　　C. 有限责任公司　　D. 个体工商户

【解析】个人经营类贷款是指银行向符合条件的自然人发放的，用于满足个人控制的企业(包括个体工商户)生产经营流动资金需求和其他合理资金需求以及用于购买商用房的贷款。

25C　26B　27A　28A　29D

30. 个人贷款越权发放属于(　　)。[2010 年 10 月真题]

A. 信用风险　　B. 系统风险　　C. 操作风险　　D. 法律风险

【解析】未按规定的贷款额度、贷款期限、担保方式、结息方式、计息方式、还款方式、适用利率、利率调整方式和发放方式等发放贷款，导致错误发放贷款和贷款错误核算属于操作风险。

31. 商用房贷款操作风险的主要内容不包括(　　)。[2010 年 5 月真题]

A. 借款人还款能力变化风险　　B. 贷后管理中的风险

C. 贷款签约和发放中的风险　　D. 贷款受理、调查、审查、审批中的风险

【解析】商用房贷款操作风险的主要内容包括：①贷款受理和调查中的风险；②贷款审查与审批中的风险；③贷款签约与发放中的风险；④贷款支付管理中的风险；⑤贷后管理中的风险。A 项属于信用风险的范畴。

32. 个人商用房贷款的还款来源主要是(　　)。[2010 年 5 月真题]

A. 借款人的经营收入以及租金收入　　B. 借款人的投资收益

C. 个人商用房的资产增值　　D. 借款人的工资薪金收入

【解析】商用房主要是用于盈利的经营性房屋，很多大金额个人商用房贷款的还款来源主要是借款人的经营性收入以及租金收入。

33. 对个人经营贷款借款人的生产经营收入，应重点调查的内容不包括(　　)。[2010 年 5 月真题]

A. 经营收入的合法性　　B. 经营收入的稳定性

C. 未来收入预期的合理性　　D. 经营成本的稳定性

【解析】对借款人的生产经营收入，应重点调查其经营收入的稳定性、合法性和未来收入预期的合理性。

34. 某客户向某金融机构申请商住两用房贷款，但不以所购商住两用房作为抵押，而是以现有自住房作为抵押，所购商住两用房成交价格为 100 万元，银行认可的自住房评估价格为 90 万元，则该金融机构最高可发放的贷款额度为(　　)。[2009 年 10 月真题]

A. 45 万元　　B. 55 万元　　C. 50 万元　　D. 49.5 万元

【解析】根据规定，商用房贷款额度不得超过所购商用房价值的 50%，所购商用房为商住两用房的，贷款额度不得超过所购商用房价值的 45%。因此本题最高贷款额 = 100 × 45% = 45(万元)。

35. 在商用房贷款保证期间，保证人发生的下列情况一般不会引起信用风险的是(　　)。

A. 保证人招聘新员工

B. 保证人陷入重大诉讼，可能影响其履约保证责任

C. 保证人有恶意破产倾向

D. 保证人有低价转让有效资产的行为

【解析】A 项属正常的企业经营，一般不会引发信用风险。

30C　31A　32A　33D　34A　35A

36. 关于商用房贷款的担保，下列说法错误的是（　　）。

A. 采用抵押方式申请商用房贷款的，借款双方必须签订书面抵押合同

B. 采用质押方式申请商用房贷款的，借款人提供的质物必须符合《民法典》的规定

C. 采用第三方保证方式申请商用房贷款的，借款人应至少提供第三方一般责任担保

D. 以财产作抵押的，贷款银行可要求借款人办理抵押物保险

【解析】采用第三方保证方式申请商用房贷款的，借款人应提供贷款银行可接受的第三方连带责任保证。

37. 个人商用房贷款借款人需满足的条件之一为：已支付所购商用房市场价值（　　）（含）以上的首付款（商住两用房首付款比例须在45%及其以上），并提供首付款银行进账单或售房人开具的首付款发票或收据。

A. 50%　　B. 55%　　C. 60%　　D. 65%

【解析】商用房包括临街商铺、住宅小区的商业配套房、商住两用房、办公用房（写字楼）以及购物中心等大型商业物业等。个人商用房贷款借款人需满足的条件之一为：已支付所购商用房市场价值50%（含）以上的首付款（商住两用房首付款比例须在45%及其以上），并提供首付款银行进账单或售房人开具的首付款发票或收据。

38. 在商用房贷款业务中，为了防控合作机构的风险，银行可采取的措施不包括（　　）。

A. 加强对开发商及合作项目的审查　　B. 加强对估值机构等合作机构的准入管理

C. 选择尽可能多的合作机构　　D. 业务合作中不过分依赖合作机构

【解析】商用房贷款合作机构风险的防控措施主要包括：①加强对开发商及合作项目的审查；②加强对估值机构、地产经纪和律师事务所等合作机构的准入管理；③业务合作中不过分依赖合作机构。C项，选择合作机构的多少与防控合作机构风险并无必然关系，合作机构过多还会加大银行防控风险的难度。

39. 在商用房贷款的受理与调查环节，银行所面临的操作风险不包括（　　）。

A. 借款人不具备规定的主体资格

B. 借款申请人所提交的材料不真实

C. 借款申请人的担保措施不足额

D. 贷款人未按规定保管借款合同，造成合同损毁

【解析】商用房贷款受理与调查环节的操作风险点主要在以下几方面：①未深入调查借款申请人的主体资格是否符合银行商用房贷款管理办法的相关规定；②未深入调查借款申请人所提交的材料是否真实、合法；③未深入调查借款申请人的担保措施是否足额、有效；④未按规定建立、执行贷款面谈、借款合同面签制度；⑤将贷款调查的全部事项委托第三方完成。D项，对银行来说，银行（贷款人）未按规定保管借款合同，造成合同损毁为其带来的风险属于贷后管理中的风险。

40. 个人经营贷款的贷款受理人应要求个人经营贷款申请人填写借款申请书，以（　　）形式提出个人贷款申请，并按银行要求提交相关申请材料。

A. 书面　　B. 口头　　C. 邮件　　D. 短信

36C　37A　38C　39D　40A

【解析】个人经营贷款的贷款受理人应要求个人经营贷款申请人填写借款申请书，以书面形式提出个人贷款申请，并按银行要求提交相关申请材料。对于有共同申请人的，应同时要求共同申请人提交有关申请材料。

41. 个人经营贷款的合作机构主要是(　　)。

A. 商业银行　　B. 担保机构　　C. 房地产开发商　　D. 保险机构

【解析】个人经营贷款的借款人多为经营规模偏中小型的个体工商户，自身资产实力不强，抵押物不足，需要引入专业担保机构为其提供增信服务。

42. 为了有效规避担保机构给银行贷款带来的风险，银行应采取的防控措施包括严格专业担保机构的准入和(　　)。

A. 严格执行回访制度　　B. 严格审查借款人

C. 严格控制操作风险　　D. 严格发放贷款

【解析】个人经营贷款的借款人多为经营规模偏中小型的个体工商户，自身资产实力不强，抵押物不足，需要引入专业担保机构为其提供增信服务。为了有效规避担保机构给银行贷款带来的风险，银行应采取如下防控措施：①严格专业担保机构的准入；②严格执行回访制度。

43. 对于房地产管理相对规范的地区，如可实施房地产抵押情况的查询，可将抵押办理手续委托经(　　)准入的中介机构代为办理。

A. 中国人民银行　　B. 银保监会

C. 经办行　　D. 一级分行

【解析】贷款抵押手续办理的相关程序应规范，原则上贷款银行经办人员应直接参与抵押手续的办理，不可完全交由外部中介机构办理。对于房地产管理相对规范的地区，如可实施房地产抵押情况的查询，可将抵押办理手续委托经一级分行准入的中介机构代为办理，但经办行必须在之后对抵押办理情况进行核实。

44. 贷款银行应当选择信用等级高、还款能力强的保证人，且保证人信用等级不能低于(　　)，不接受股东之间和家庭成员之间的单纯第三方保证方式。

A. 还款人　　B. 借款人　　C. 资金使用人　　D. 贷款人

【解析】为了有效规避个人经营贷款保证人还款能力发生变化的风险，贷款银行应当选择信用等级高、还款能力强的保证人，且保证人信用等级不能低于借款人，不接受股东之间和家庭成员之间的单纯第三方保证方式。

45. 在个人经营贷款中，借款人变更还款方式需要满足的条件不包括(　　)。

A. 借款人应向银行提交还款方式变更申请书

B. 借款人的贷款账户未拖欠本息及其他费用

C. 借款人不具备还款意愿和还款能力

D. 借款人在变更还款方式前应归还当期的贷款本息

【解析】个人经营贷款在贷款期限内，借款人可根据实际情况，提出变更还款方式，但需要满足如下条件：①应向银行提交还款方式变更申请书；②借款人的贷款账户中没

41B　42A　43D　44B　45C

有拖欠本息及其他费用；③借款人在变更还款方式前应归还当期的贷款本息。

46. 个人经营贷款常用的还款方式有按月等额本息还款法、按月(　　)和按周还本付息还款法三种。

A. 等额本金还款法　　B. 等额利息还款法
C. 滚动利息还款法　　D. 递增本金还款法

【解析】个人经营贷款可采用按月等额本息还款法、按月等额本金还款法、按周还本付息还款法。贷款期限在1年(含)以内的，可采用按月付息、到期一次性还本的还款方式。采用低风险质押担保方式且贷款期限在1年以内的，可采用到期一次性还本付息的还款方式。

47. 采用借款人自主支付的，金融机构应当通过账户分析或(　　)等方式，核查贷款使用是否符合约定用途。

A. 电话调查　　B. 邮件核对　　C. 现场调查　　D. 短信沟通

【解析】采用借款人自主支付的，金融机构应当与借款人在借款合同中明确约定；金融机构应当通过账户分析或现场调查等方式，核查贷款使用是否符合约定用途。

48. 金融机构(　　)部门、审计部门应当对分支机构贷后管理情况进行检查。

A. 风险管理　　B. 信贷管理　　C. 公司金融　　D. 个人贷款

【解析】金融机构应当建立贷后定期或不定期检查制度，金融机构风险管理部门、审计部门应当对分支机构贷后管理情况进行检查。

49. 农户贷款中已展期贷款不得再次展期，展期贷款最高列入(　　)进行管理。

A. 关注类　　B. 次级类　　C. 可疑类　　D. 损失类

【解析】对于因自然灾害、农产品价格波动等客观原因造成借款人无法按原定期限正常还款的，由借款人申请，经金融机构同意，可以对还款意愿良好、预期现金流量充分、具备还款能力的农户贷款进行合理展期，展期时间结合生产恢复时间确定。已展期贷款不得再次展期，展期贷款最高列入关注类进行管理。

50. 金融机构应当建立贷款档案管理制度，及时汇集更新客户信息及贷款情况，不包括确保农户贷款档案资料的(　　)。

A. 完整性　　B. 有效性　　C. 连续性　　D. 合法性

【解析】金融机构应当建立贷款档案管理制度，及时汇集更新客户信息及贷款情况，确保农户贷款档案资料的完整性、有效性和连续性。根据信用情况、还本付息和经营风险等情况，对客户信用评级与授信限额进行动态管理和调整。

51. 金融机构对按期还款、信用良好的借款人采取的奖励方式不包括(　　)。

A. 优惠利率　　B. 利息返还　　C. 信用累积　　D. 返还本金

【解析】金融机构要建立优质农户与诚信客户正向激励制度，对按期还款、信用良好的借款人采取优惠利率、利息返还、信用累积奖励等方式，促进信用环境不断改善。

52. 农户生产经营贷款且金额不超过(　　)万元，或用于农副产品收购等无法确定交易对

46A　47C　48A　49A　50D　51D　52A

象的，经农村金融机构同意可以采取借款人自主支付。

A. 50　　B. 40　　C. 30　　D. 20

【解析】有下列情形之一的农户贷款，经农村金融机构同意可以采取借款人自主支付：①农户生产经营贷款且金额不超过 50 万元，或用于农副产品收购等无法确定交易对象的；②农户消费贷款且金额不超过 30 万元；③借款人交易对象不具备有效使用非现金结算条件的；④法律法规规定的其他情形。

二、多选题(下列选项中有两项或两项以上符合题目要求)

1. 个人经营贷款中，抵押房产或土地需要满足的条件包括(　　)。[2018 年 6 月真题]

A. 不得接受不具备转让、交易、处置条件的房产或土地用于抵押

B. 抵押房产或土地已取得完整产权，无产权争议，未设定过抵押，易于变现

C. 不得接受除借款人及配偶以外的第三方房产或土地用于抵押

D. 已出租房产抵押的，承租人须出具因借款人违约导致房产处置时同意解除租赁合同的书面承诺

E. 以土地抵押或抵押房产具有共有人的，须提供土地所有权人及其共有人同意抵押的书面证明

【解析】个人经营贷款中，抵押房产或土地需满足以下条件：①抵押房产或土地已取得完整产权，未设定抵押(在银行已设定最高额抵押担保除外)，无产权争议，易于变现；②以第三人房产或土地抵押或抵押房产具有共有人的，须提供房屋或土地所有权人及共有人同意抵押的书面证明；③以出租房产抵押的，承租人须出具因借款人违约导致房产处置时同意解除租赁合同的书面承诺；④不得接受不具备转让、交易、处置条件的房产或土地用于抵押。

2. 申请商用房贷款，借款人需提供一定的担保措施，包括(　　)。[2018 年 6 月真题]

A. 抵押　　B. 质押　　C. 信用　　D. 履约保证保险

E. 保证

【解析】申请个人商用房贷款，原则上以所购商用房设定抵押。此外，部分商业银行也允许采用其他方式抵押、质押和保证等担保方式。

3. 下列关于个人商用房贷款的表述，错误的有(　　)。[2017 年 10 月真题]

A. 个人商用房贷款执行浮动利率

B. 贷款前应至少交付所购房产全部价款 50%(商住两用房 45%)

C. 采用第三方保证方式申请商用房贷款的，借款人应提供贷款银行可接受的第三方一般责任保证

D. 个人商用房贷款期限最长不超过 10 年

E. 借款人原则上为企业主，且所经营的企业具有一定的盈利能力

【解析】C 项，采用第三方保证方式申请商用房贷款的，借款人应提供贷款银行可接受的第三方连带责任保证；E 项，借款人为具有完全民事行为能力的自然人。

4. 关于个人经营贷款的信用风险管理，银行主要采取的措施中，正确的有(　　)。[2017

1ABDE　2ABE　3CE　4ABCE

年6月真题]

A. 重点调查借款人经营收入的稳定性、合法性和未来收入预期的合理性

B. 应当选择信用等级高、还款能力强的保证人

C. 查看借款人及其所经营企业的银行账户流水，分析其现金流量状况

D. 将对借款人所从事行业的市场现状及未来发展分析作为对借款人经营收入判断的参考因素，以未来收入为主测算借款人还款能力

E. 在抵押物价值明显贬值，不能满足银行抵押率要求时，可要求借款人更换其他足值抵押物

【解析】D项，对借款人的生产经营收入，应重点调查其经营收入的稳定性、合法性和未来收入预期的合理性。通过了解借款人在贷款银行及他行的资金结算情况来判断其经营收入的水平和稳定性；查看借款人及其所经营企业的银行账户流水，分析其现金流量状况，以现有收入为主测算借款人还款能力；查看其经营销售合同及进出仓库单，判断其预期现金流状况等。应将对借款人所从事行业的市场现状及未来发展分析作为对借款人经营收入判断的参考因素。

5. 在个人商用房贷款业务的风险管理中，银行的下列做法恰当的有(　　)。[2016年11月真题]

A. 在还款正常的情况下，对借款人经营情况及抵押物的价值、用途等变动状况进行持续跟踪监测

B. 遵循审贷与放贷分离的原则，设立独立的放款管理部门或岗位，负责落实放款条件、发放满足约定条件的贷款，对贷款资金的支付进行严格管理与控制

C. 进一步完善抵押物审查、评估、抵押登记等环节的管理，客观、公正估值，合法、有效落实抵押登记手续

D. 参考该商用房内外部评估报告中确认的收益水平估算所购商用房租金

E. 无需调查借款人所购商用房所在商业地段的未来发展规划，是否会出现大的拆迁变动、经济发展重心转移等情况

【解析】E项，要重点调查借款人所购商用房所在商业地段繁华程度以及其他商用房出租情况、租金收入情况，同时也要调查了解该地段的未来发展规划，是否会出现大的拆迁变动、经济发展重心转移等情况。

6. 借款人申请个人经营贷款须符合的条件包括(　　)。[2016年11月真题]

A. 具有稳定的收入来源和按时足额偿还贷款本息的能力

B. 借款人具有合法的经营资格

C. 具有完全民事行为能力的自然人

D. 借款人在银行开立单位结算账户

E. 具有良好的信用记录和还款意愿

【解析】借款人申请个人经营贷款，除ABCE四项以外，需具备的条件还包括：①具有合法有效的身份证明、户籍证明(或有效居住证明)及婚姻状况证明；②能提供贷款人认可的合法、有效、可靠的贷款担保；③借款人在银行开立个人结算账户；④贷款人规定的

5ABCD　6ABCE

其他条件。

7. 申请农户贷款，应当具备的条件有(　　)。[2016 年 6 月真题]

A. 贷款用途明确合法　　B. 农户贷款要明确一名家庭成员为借款人

C. 贷款申请数额、期限和币种合理　　D. 在农村金融机构开立结算账户

E. 以户为单位申请发放

【解析】除 ABCDE 五项外，申请农户贷款还应当具备以下条件：①借款人应当为具有完全民事行为能力的中华人民共和国公民；②户籍所在地、固定住所或固定经营场所在农村金融机构服务辖区内；③借款人具备还款意愿和还款能力；④借款人无重大信用不良记录；⑤农村金融机构要求的其他条件。

8. 个人商用房贷款的贷款审批需审查的内容包括(　　)。[2015 年 10 月真题]

A. 商用房的地段及质量状况　　B. 借款申请人的资信是否良好

C. 贷款用途是否合规　　D. 抵押房产权属关系是否清晰

E. 借款申请人是否符合贷款条件，是否有还款能力

【解析】个人商用房贷款的贷款审批人应对以下内容进行审查：①贷款资料是否完整、齐全，资料信息是否合理、一致，首付款金额与开发商开具的发票(收据)或银行对账单是否一致，有无"假按揭"贷款嫌疑；②借款人是否符合条件、资信是否良好、还款来源是否足额可信；③贷款金额、成数、利率、期限、还款方式是否符合相关规定；④贷款担保是否符合规定，以房产抵押方式设定担保的，抵押房产是否合法、充足和有效，价值是否合理，权属关系是否清晰，是否易于变现。

9. 个人经营贷款业务中，存在下列(　　)情况的担保机构，银行应暂停与其合作。[2015 年 10 月真题]

A. 所进行的合作对银行业务拓展没有明显促进作用

B. 经营出现明显的问题

C. 有违法、违规经营行为

D. 同时与多家银行合作

E. 已合作的业务出现严重不良贷款

【解析】对于已经准入的担保机构，银行应进行实时关注，动态管理，随时根据业务发展情况调整合作策略。存在以下情况的，银行应暂停与该担保机构的合作：①经营出现明显的问题，对业务发展严重不利的；②有违法、违规经营行为的；③与银行合作的存量业务出现严重不良贷款的；④所进行的合作对银行业务拓展没有明显促进作用的；⑤存在对银行业务发展不利的其他因素。

10. 银行发现个人经营贷款的抵押物价值出现较大波动，并可能危及银行贷款安全时，可采取的措施有(　　)。[2015 年 10 月真题]

A. 提前收回全部贷款本息

B. 提前收回部分贷款本息

C. 将借款人纳入银行不良信用客户名单库

7ABCDE　8BDE　9ABCE　10ABE

D. 追加银行认可的质押物

E. 追加银行认可的其他抵押物

【解析】抵押物的价值会因市场的波动而表现出不同的价格，当抵押物价值下降到可能危及银行贷款安全时，银行应要求借款人提前归还部分或全部贷款，或再追加提供其他贷款银行认可的抵押物，以保证全部抵押物现值乘以最高抵押率后仍大于或等于剩余贷款本金。

11. 个人经营贷款借款人不能妥善保管、合理使用银行贷款抵押物的，银行可以要求借款人停止其行为，恢复抵押物价值，借款人不予履行的，应(　　)。[2015 年 10 月真题]

A. 把借款人列入黑名单公布　　B. 对借款人加收罚息

C. 依法提前收回贷款　　D. 按合同约定提前收回贷款

E. 向法院提起诉讼

【解析】对抵押物已经发生毁损或灭失，抵押人不按银行要求恢复抵押物价值且不能提供其他担保的借款人，应按合同约定或依法提前收回贷款；对借款人不注意抵押物使用，使银行抵押物不能得到妥善保管、合理使用的，银行可要求借款人停止其行为，恢复抵押物价值，借款人不予履行的，应按合同约定或依法提前收回贷款。

12. 下列关于农户贷款的表述，错误的有(　　)。[2015 年 10 月真题]

A. 鼓励采用借款人自主支付方式进行支付

B. 农村金融机构应当建立借款人合理的收入偿债比例控制机制

C. 农户贷款还款方式可以采用分期还本付息、分期还息到期还本等方式

D. 一年期以上贷款一般采用到期利随本清方式

E. 农村金融机构应当根据贷款项目生产周期、销售周期和综合还款能力等因素合理确定贷款期限

【解析】A 项，农户贷款鼓励采用贷款人受托支付方式向借款人交易对象进行支付；D 项，原则上一年期以上贷款不得采用到期利随本清方式。

13. 在个人经营贷款业务操作中，对抵押物的调查和审查要重点关注(　　)。[2015 年 5 月真题]

A. 抵押文件资料的真实有效性　　B. 抵押物存续状况的完好性

C. 抵押物的合法性　　D. 抵押物的易变现性

E. 抵押物权属的完整性

【解析】个人经营贷款中，借款人以自有或第三人的财产进行抵押，抵押物须产权明晰、价值稳定、变现能力强、易于处置。银行在实际操作中要注意抵押文件资料的真实有效性、抵押物的合法性、抵押物权属的完整性、抵押物存续状况的完好性等。

14. 借款人申请个人商用房贷款，须提交的申请材料有(　　)。[2015 年 5 月真题]

A. 借款人与售房人签订的商品房销(预)售合同或房屋买卖协议原件

B. 借款申请表

C. 借款人及其配偶有效身份证件、户籍证明、婚姻状况证明原件及复印件

11CD　12AD　13ABCDE　14ABCE

D. 营业执照及相关行业的经营许可证

E. 收入证明和有关资产证明材料

【解析】贷款受理人应要求商用房贷款申请人以书面形式提出贷款申请，填写借款申请表，并按银行要求提交相关申请材料。申请材料清单如下：①借款申请表。②借款人及其配偶有效身份证件、户籍证明(户口簿或其他有效居住证明)、婚姻状况证明(结婚证、离婚证、未婚声明等)原件及复印件。③借款人还款能力证明材料，包括收入证明材料和有关资产证明等。④借款人与售房人签订的商品房销(预)售合同或房屋买卖协议原件。⑤所购商用房为一手房的，须提供首期付款的银行存款凭条或开发商开具的首期付款的发票原件及复印件；所购商用房为二手房的，须提供售房人开具的首期付款的收据原件及复印件。⑥拟购房产为共有的，须提供共有人同意抵押的证明文件；抵押房产如需评估，须提供评估报告原件。⑦贷款人要求提供的其他文件或资料。

15. 商用房贷款合作机构的风险主要包括(　　)。[2012 年 10 月真题]

A. 估值机构、地产经纪和律师事务所等中介机构不尽职或联合借款人欺诈银行骗贷

B. 未按权限审批贷款

C. 开发商不具备房地产开发的主体资格

D. 开发项目“五证”虚假或不全

E. 开发商同时开发多个项目

【解析】商用房贷款合作机构的风险主要包括：①开发商不具备房地产开发的主体资格或实力经验不足、开发项目“五证”虚假或不全、项目市场定位不准或运营不当、开发商恶意套取贷款资金等；②估值机构、地产经纪和律师事务所等中介机构不尽职或联合借款人欺诈银行骗贷等。

16. 个人经营贷款的抵押物中，银行应谨慎受理的包括(　　)。

A. 自建住房　　B. 仓库

C. 划拨土地及地上定着物　　D. 工业土地及地上定着物

E. 工业用房

【解析】为防范操作风险，银行应谨慎受理产权、使用权不明确或当前管理不规范的不动产抵押，包括自建住房、已设定居住权的住房、划拨土地及地上定着物、工业土地及地上定着物、工业用房、仓库等。

17. 办理商用房贷款时，贷前调查的内容包括(　　)。

A. 借款申请人所提供的资料是否真实、合法和有效，借款行为是否自愿、属实，购房行为是否真实，并告知借款人须承担的义务与违约后果

B. 借款人收入来源是否稳定，是否具备按时足额偿还贷款本息的能力

C. 通过查询银行客户信息系统、人民银行个人信息基础数据库，判断借款人资信状况是否良好，是否具有较好的还款意愿

D. 贷款年限加上借款人年龄是否符合规定

E. 借款人购买商用房的价格是否合理，是否符合规定的条件

【解析】贷前调查人在调查申请人基本情况、贷款用途、收入情况和贷款担保等情况时，

15ACD　16ABCDE　17ABCDE

应重点调查的内容除了以上 ABCDE 五项外，还包括：①借款人是否已支付首期房款，首付款比例是否符合要求；②双人现场核实借款人拟购买的房产是否真实、合法、有效；③贷款申请额度、期限、成数、利率与还款方式是否符合规定。

18. 对个人经营贷款进行贷前调查时，应重点调查的内容包括(　　)。

A. 借款申请人所提供的资料是否真实、合法和有效，通过面谈了解借款人申请是否自愿、属实，贷款用途是否真实合理，是否符合银行规定

B. 借款人收入来源是否稳定，是否具备按时足额偿还贷款本息的能力

C. 通过查询银行客户信息系统、人民银行个人信息基础数据库，判断借款人资信状况是否良好，是否具有较好的还款意愿

D. 借款人及其经营实体信誉是否良好，经营是否正常，是否涉及法律纠纷、诉讼，或纳入失信人员黑名单等

E. 对借款人拟提供的贷款抵押房产进行双人现场核实，调查抵押房产权属证书记载事项与登记机关不动产登记簿相关内容是否一致

【解析】对个人经营贷款的贷前调查除了 ABCDE 五项外，还应重点调查以下内容：①贷款采用保证担保方式的，保证人是否符合银行相关规定，保证人交存的保证金是否与银行贷款余额相匹配；②贷款申请额度、期限、成数、利率与还款方式是否符合规定。

19. 下列关于个人商用房贷款流程的说法，正确的有(　　)。

A. 贷款受理人应要求商用房贷款申请人以书面形式提出贷款申请，填写借款申请表，并按银行要求提交相关申请材料

B. 贷款审查人需要提出是否同意贷款的明确意见

C. 贷款审查应对贷款调查内容的合法性、合理性、准确性进行全面审查

D. 贷款审查人应对贷前调查人提出的调查意见和贷款建议是否合理、合规等提出书面审查意见

E. 贷款审批人应根据审查情况签署审批意见

【解析】B 项，应由贷前调查人提出是否同意贷款的明确意见。

20. 贷款经办行对个人商用房贷款的贷后管理包括(　　)。

A. 客户关系维护

B. 押品管理

C. 违约贷款催收

D. 贷后检查

E. 贷后监测

【解析】个人商用房贷款贷后管理相关工作由贷款经办行及信贷管理部门共同负责。贷款经办行贷后管理内容包括客户关系维护、押品管理、违约贷款催收及相应的贷后检查等工作。信贷管理部门负责贷后监测、检查及对贷款经办行贷后管理工作的组织和督导。

21. 在个人商用房贷款的贷后管理和检查环节，要检查的内容包括(　　)。

A. 客户信息变化情况

B. 借款人在银行及其他金融机构的信用状况

18ABCDE　19ACDE　20ABCD　21ABCDE

C. 抵押房产状况及价值、权属是否发生变化

D. 违约贷款违约原因，是否存在违规操作行为

E. 逾期贷款是否在诉讼时效之内

【解析】在个人商用房贷款中，贷款经办行贷后管理和检查工作除上述 ABCDE 五项外，还包括：①定期检查大额贷款及“一人多贷”借款人是否能按时偿还贷款本息，是否存在影响贷款按时偿还的因素；②及时对违约贷款进行催收，对通过电话等通讯方式无法联系到的借款人进行上门催收。

22. 个人商用房贷款的贷款审查应重点关注调查人的尽职情况和借款人的(　　)。

A. 偿还能力

B. 诚信状况

C. 担保情况

D. 抵(质)押比率

E. 贷款风险因素

【解析】个人商用房贷款的贷款审查应对贷款调查内容的合法性、合理性、准确性进行全面审查，重点关注调查人的尽职情况和借款人的偿还能力、诚信状况、担保情况、抵(质)押比率、贷款风险因素等。

23. 在个人商用房贷款中，贷款审批人应根据审查情况签署审批意见，下列说法正确的是(　　)。

A. 对未获批准的贷款申请，应写明拒批理由

B. 对未获批准的贷款申请，提出明确的调整意见

C. 对需补充材料后再审批的，应详细说明需要补充的材料名称与内容

D. 对未获批准的贷款申请，贷款人应及时告知借款人

E. 贷款条件与申报审批的贷款方案内容不一致的，应写明拒批理由

【解析】贷款审批人应根据审查情况签署审批意见，对未获批准的贷款申请，应写明拒批理由；对需补充材料后再审批的，应详细说明需要补充的材料名称与内容；对同意或有条件同意贷款的，如贷款条件与申报审批的贷款方案内容不一致的，应提出明确的调整意见。贷款审批人签署审批意见后，应将审批表连同有关材料退还业务部门。对未获批准的贷款申请，贷款人应及时告知借款人。

24. 加强对估值机构、地产经纪和律师事务所等合作机构的准入管理要求银行在该类机构的选择上，应把握(　　)的总体原则。

A. 具有合法、合规的经营资质

B. 具备较强的经营能力和好的发展前景，在同业中处于领先地位

C. 内部管理机制科学完善

D. 通过合作切实有利于商用房贷款业务的发展

E. 盈利能力极强

【解析】在估值机构、地产经纪和律师事务所等合作机构的选择上，银行应把握以下几条总体原则：①具有合法、合规的经营资质；②具备较强的经营能力和好的发展前景，在同业中处于领先地位；③内部管理机制科学完善，包括高素质的高管人员、有明确合理的发展规划、业务人员配备充足和有完善的业务办理流程等；④通过合作切实有

22ABCDE　23ACD　24ABCD

利于商用房贷款业务的发展，包括可以拓展客户营销渠道、提高业务办理效率和客户服务质量、降低操作成本等。

25. 以质押方式申请个人经营贷款时，可作为质物的有(　　)。

A. 定期储蓄存单　　B. 凭证式国债(电子记账)

C. 记账式国债　　D. 土地所有权

E. 集体所有的土地使用权

【解析】个人经营贷款采用质押担保的，可接受自然人(含第三人)名下的银行存单及国债等作为质物，相关规定按照个人质押贷款相关规定执行。

26. 贷款人受理借款人个人经营贷款申请后，应履行尽职调查职责，对个人经营贷款申请内容和相关情况的(　　)进行调查核实，形成贷前调查报告。

A. 真实性　　B. 准确性　　C. 完整性　　D. 审慎性

E. 合法性

【解析】在个人经营贷款的贷前调查中，贷款人受理借款人个人经营贷款申请后，应履行尽职调查职责，对个人经营贷款申请内容和相关情况的真实性、准确性、完整性进行调查核实，形成贷前调查报告。

27. 个人经营贷款中银行贷款审查应对(　　)进行全面审查。

A. 贷前调查人提交的个人经营贷款调查审查审批表

B. 贷款调查内容的合法性

C. 贷款调查内容的合理性

D. 贷款调查内容的准确性

E. 贷款调查内容的可靠性

【解析】贷款审查人应对贷前调查人提交的个人经营贷款调查审查审批表、贷款调查内容的合法性、合理性、准确性进行全面审查，重点关注调查人的尽职情况和借款人的偿还能力、诚信状况、担保情况、抵(质)押比率等，分析贷款风险因素和风险程度，调查意见是否客观，并签署审查意见。

28. 个人经营贷款发放后，贷款人要按照(　　)的原则要求进行贷后检查。

A. 主动　　B. 动态　　C. 持续　　D. 静态

E. 被动

【解析】个人经营贷款发放后，贷款人要按照主动、动态、持续的原则要求进行贷后检查，通过实地现场检查和非现场监测方式，对借款人有关情况真实性、收入变化情况，以及其他影响个人经营贷款资产质量的因素进行持续跟踪调查、分析，并采取相应补救措施。

29. 为加强对个人经营贷款借款人所控制企业经营情况的调查和分析，商业银行应(　　)。

A. 检查经营的合法、合规性　　B. 检查经营的商誉情况

C. 检查经营的盈利能力和稳定性　　D. 要求借款人恢复抵押物价值

E. 更换为其他足值抵押物

25ABC　26ABC　27ABCD　28ABC　29ABC

【解析】DE 两项是银行为了有效规避抵押物价值变化而带来的信用风险，可以采取的措施。

30. 办理个人经营贷款时，担保机构应具备的基本准入资质有(　　)。

A. 注册资金应达到一定规模

B. 原则上应从事担保业务一定期限，信用评级达到一定的标准

C. 具备符合担保业务要求的人员配置、业务流程和系统支持

D. 具有良好的信用资质，公司及其主要经营者无重大不良信用记录，无违法涉案行为等

E. 具有一定的信贷担保经验

【解析】办理个人经营贷款时，担保机构应具备的基本准入资质除 ABCDE 五项之外还包括：①具有监管认可的融资担保业务经营许可证；②原则上要求担保公司与贷款银行进行独家合作，如与多家银行合作，应对其担保总额进行有效监控。

31. 为防控个人经营贷款的操作风险，贷款银行原则上不能接受(　　)为抵押物。

A. 产权明晰的商用房

B. 价值不稳定的工业用房

C. 变现能力差的划拨土地

D. 集体土地使用权

E. 产权不明晰的租赁房

【解析】个人经营贷款中，借款人以自有或第三人的财产进行抵押，抵押物须产权明晰、价值稳定、变现能力强、易于处置。

32. 以家庭承包方式或者合法流转方式获得土地经营权，并以获得的土地经营权作抵押申请贷款的，应符合的条件包括(　　)。

A. 用于抵押的承包土地没有权属争议

B. 拥有县级以上人民政府或政府相关主管部门颁发的土地承包经营权证

C. 承包方已明确告知发包方承包土地的抵押事宜

D. 承包方同意承包土地的经营权可用于抵押及合法再流转

E. 已经与承包方或者经承包方书面委托的组织或个人签订了合法有效的经营权流转合同，或依流转合同取得了土地经营权权属确认证明，并已按合同约定方式支付了土地租金

【解析】通过家庭承包方式取得土地承包经营权的农户以其获得的土地经营权作抵押申请贷款的，应同时符合以下条件：①用于抵押的承包土地没有权属争议；②依法拥有县级以上人民政府或政府相关主管部门颁发的土地承包经营权证；③承包方已明确告知发包方承包土地的抵押事宜。通过合法流转方式获得承包土地的经营权的农业经营主体申请贷款的，应同时符合以下条件：①用于抵押的承包土地没有权属争议；②已经与承包方或者经承包方书面委托的组织或个人签订了合法有效的经营权流转合同，或依流转合同取得了土地经营权权属确认证明，并已按合同约定方式支付了土地租金；③承包方同意承包土地的经营权可用于抵押及合法再流转；④承包方已明确告知发包

30ABCDE　31BCDE　32ABCDE

方承包土地的抵押事宜。

33. 下列关于个人商用房贷款对象的说法正确的是(　　)。[2020 年 10 月真题]
A. 商用房包括临街商铺、住宅小区的商业配套房、商住两用房、办公用房(写字楼)以及购物中心等大型商业物业等
B. 商用房所占用土地使用权性质为国有出让或划拨用地
C. 二手商用房的房产，应为现房，尚未取得房屋所有权证
D. 一手商用房的房产，应取得合法销售资格且已竣工
E. 土地类型为商业、商住两用、综合用地或工业用地

【解析】商用房包括临街商铺、住宅小区的商业配套房、商住两用房、办公用房(写字楼)以及购物中心等大型商业物业等，贷款支持的商用房须满足以下条件：①商用房所占用土地使用权性质为国有出让，土地类型为商业、商住两用或综合用地；②商用房为一手房的，该房产应为已竣工的房屋，并取得合法销售资格；③商用房为二手房的，应取得房屋所有权证及土地使用权证。

三、判断题(请对下列各题的描述做出判断，正确的用 A 表示，错误的用 B 表示)

1. 商业银行发放个人商业用房(一手房)贷款时，借款人所购买商业用房必须已竣工验收。(　　)[2016 年 11 月真题]

【解析】个人商业用房贷款的贷款对象包括临街商铺、住宅小区的商业配套房、商住两用房、办公用房(写字楼)以及购物中心等大型商业物业等，贷款支持的商用房须满足以下条件：①商用房所占用土地使用权性质为国有出让，土地类型为商业、商住两用或综合用地；②商用房为一手房的，该房产应为已竣工的房屋，并取得合法销售资格；③商用房为二手房的，应取得房屋所有权证及土地使用权证。

2. 通常个人经营贷款单笔金额较大，借款人还本付息资金主要来源于其经营收入或利润。所以，无论贷款长短，银行鼓励借款人用一次利随本清还款方式，这样银行管理成本和风险成本都低。(　　)[2015 年 5 月真题]

【解析】个人经营贷款可采用按月等额本息还款法、按月等额本金还款法、按周还本付息还款法。贷款期限在 1 年(含)以内的，可采用按月付息、到期一次性还本的还款方式。采用低风险质押担保方式且贷款期限在 1 年以内的，可采用到期一次性还本付息的还款方式。

3. 申请商用房贷款，借款人可以使用的担保方式只能是抵押。(　　)[2014 年 6 月真题]

【解析】申请个人商用房贷款，原则上以所购商用房设定抵押。此外，部分商业银行也允许采用其他方式抵押、质押和保证等担保方式。

4. 保证人经济实力下降或信用状况恶化是导致保证人担保能力下降的主要原因，这种风险会使保证担保对银行债权的保障能力降低，第二还款来源不足。(　　)[2013 年 11 月真题]

【解析】商用房贷款信用风险的防范措施包括加强对保证人担保能力的调查和分析，保证人经济实力下降或信用状况恶化是导致保证人担保能力下降的主要原因，这种风险会使

33AD ▎ 1A　2B　3B　4A

保证担保对银行债权的保障能力降低，第二还款来源不足。

5. 办理商用房贷款时，第三方提供的保证为可撤销的、承担连带责任的、部分额度有效担保。(　　)

【解析】采用第三方保证方式申请商用房贷款的，借款人应提供贷款银行可接受的第三方连带责任保证。第三方提供的保证为不可撤销的承担连带责任的全额有效担保。

6. 农户贷款采取自主支付方式发放时，为方便借款人使用，可采取现金方式发放贷款。(　　)

【解析】借款合同生效后，农村金融机构应当按合同约定及时发放贷款。贷款采取自主支付方式发放时，必须将款项转入指定的借款人结算账户，严禁以现金方式发放贷款，确保资金发放给真实借款人。

四、综合题

李先生是做体育器械生意的，自己的公司近两年的营业状况良好，目前从厂家进货需要首付定金500万，但最近由于资金周转紧张一时间拿不出这么多钱。李先生家庭经济情况良好，拥有市值800万左右，评估价为650万的高档住宅。李先生本人为公司股东，且公司运营情况良好。李先生资金使用时间为3～6个月，且以后可能会有不定期资金需求，所以李先生拟向银行申请1年期个人经营贷款。[2016年6月真题]

(1)在不考虑生产经营等其他因素的情况下，将李先生所拥有的房地产作为抵押，银行最高可贷出的资金约为(　　)万。(填空题)

【解析】个人经营贷款的贷款金额最高不超过抵押物价值的70%。抵押房产应由银行确定的评估公司进行评估定价，也可由符合银行规定的相关资格的内部评估人员对抵押房产进行价值评估。本题中，银行最高可贷出的资金为650×70%=455(万)。

(2)最适合李先生申请的贷款种类为(　　)。(单项选择题)

A. 个人信用贷款　　B. 个人单笔贷款

C. 个人可循环授信额度　　D. 个人不可循环授信额度

【解析】个人可循环授信额度是指由自然人提出申请，并提供符合银行规定的担保或信用条件(一般以房产作为抵押)，经银行审批同意，对借款人进行最高额度授信，借款人可在额度有效期内随借随还、循环使用的一种个人贷款业务。题中，李先生以后可能会有不定期资金需求，所以应该申请个人可循环授信额度。

(3)对李先生来说，最适合的还款方式为(　　)。(单项选择题)

A. 等额本息还款法

B. 等额本金还款法

C. 按月还息、到期一次性还本还款法

D. 等比递增还款法

【解析】按月还息、到期一次性还本还款法，即在贷款期限内每月只还贷款利息，贷款到期时一次性归还贷款本金，此种方式一般适用于期限在1年以内(含1年)的贷款。

5B　6B　Ⅰ　(1)455　(2)C　(3)C

(4)该笔贷款的贷后管理中，银行还应做到(　　)。(多项选择题)

A. 关注抵押物价值情况的变化

B. 动态地评价企业的经济实力，并判断其是否具备可靠的还款能力

C. 做好个人贷款的档案管理

D. 持续跟踪、调查李先生公司的经营情况和借款资金使用情况

E. 向借款人发送还本付息通知单以督促借款人筹备资金按时足额还本付息

---

(4) ABCDE

第六章 信用卡业务

一、单选题(下列选项中只有一项最符合题目的要求)

1. 下列关于信用卡业务的描述正确的是(　　)。[2018年10月真题]

A. 对于首次申请本行信用卡的客户，可采取全程系统自动发卡方式核发信用卡

B. 在发放学生信用卡之前，发卡银行必须落实第一还款来源

C. 信用卡申请人在征信系统中无信贷记录的，应当从严审核，加强风险防控

D. 向符合条件的同一申请人核发学生信用卡，发卡银行不得超过3家(附属卡除外)

【解析】A项，对首次申请本行信用卡的客户，不得采取全程系统自动发卡方式核发信用卡；B项，在发放学生信用卡之前，发卡银行必须落实第二还款来源，取得第二还款来源方(父母、监护人、或其他管理人等)愿意代为还款的书面担保材料，并确认第二还款来源方身份的真实性；D项，向符合条件的同一申请人核发学生信用卡的发卡银行不得超过两家(附属卡除外)。

2. 发卡银行收到持卡人还款时，对逾期1~90天(含)的，应按照先________，后________的顺序进行冲还。(　　)[2019年6月真题]

A. 本金；应收利息　　B. 本金；应收利息或各项费用

C. 应收利息或各项费用；本金　　D. 应收利息；本金

【解析】发卡银行收到持卡人还款时，按照以下顺序对其信用卡账户的各项欠款进行冲还：逾期1~90天(含)的，按照先应收利息或各项费用、后本金的顺序进行冲还；逾期91天以上的，按照先本金、后应收利息或各项费用的顺序进行冲还。

3. 以下活动，不可以使用信用卡的是(　　)。[2018年10月真题]

A. 提现现金　　B. 购买汽车　　C. 购买股票　　D. 房屋装修

【解析】信用卡资金应用于合法合规的消费用途，不得以任何形式流入证券市场、期货市场，不得用于股本权益性投资，不得用于生产经营(不含服务“三农”的惠农信用卡)，不得用于房地产项目开发，不得用于购房，不得用于购买理财产品，不得用于投资账户交易类产品，不得用于购买债券，不得用于借贷，不得用于洗钱等违法犯罪活动，不得用于其他法律法规、规章、规范性文件明确规定禁入的领域。

4. 我国的信用卡业务最早出现在________，是由________发行的。(　　)[2016年11月真题]

A. 70年代末；中国银行　　B. 80年代初；建设银行

C. 70年代末；工商银行　　D. 80年代初；中国银行

【解析】1979年12月，中国银行广州分行与东亚银行签署协议，代理其信用卡业务，这是中国银行业第一次开展银行卡业务。

5. (　　)的诞生，是我国银行卡发展史上的里程碑事件，是推动我国银行卡产业快速发展

1C　2C　3C　4A　5D

的重大举措。

A. 牡丹卡　　B. 金卡工程　　C. 中银卡　　D. 中国银联

【解析】2002年3月，中国银联的诞生，是我国银行卡发展史上的里程碑事件，是推动我国银行卡产业快速发展、提高我国银行整体竞争力的重大举措，也是加快我国信用体系建设的一项重要技术保障因素。

6. 1995年3月，(　　)发行了中国内地第一张真正意义上的国际标准信用卡。中国信用卡与国际接轨的序幕由此拉开。

A. 中国银行珠海分行　　B. 中国工商银行

C. 广东发展银行　　D. 招商银行

7. 信用卡业务银行收取手续费，一般计入银行的________，手续费金额以________计算。(　　)

A. “中间业务收入”；“利率”　　B. “利息收入”；“利率”

C. “中间业务收入”；“费率”　　D. “利息收入”；“费率”

【解析】信用卡业务银行收取手续费，一般计入银行的“中间业务收入”，手续费金额以“费率”计算；个人贷款业务银行收取利息，一般计入银行的“利息收入”，利息金额以“利率”计算。

8. 在提前约定的前提下，发卡银行可以对超过6个月未发生交易的信用卡调减授信额度，但必须提前(　　)个工作日按照约定方式明确告知持卡人。

A. 3　　B. 5　　C. 10　　D. 20

【解析】在已通过信用卡领用合同(协议)、书面协议、电子银行记录或客户服务电话录音等进行约定的前提下，发卡银行可以对超过6个月未发生交易的信用卡调减授信额度，但必须提前3个工作日按照约定方式明确告知持卡人。

9. 下列哪一项不属于收单业务？(　　)

A. POS机收单业务　　B. 新型(二维码)收单业务

C. 线上收单　　D. ATM机收单业务

【解析】收单业务包括POS机收单业务、新型(二维码)收单业务和线上收单业务。

10. (　　)是指持卡人使用贷记卡消费时，银行向商户一次性支付持卡人所购商品或服务的消费资金，并根据持卡人申请，将消费资金在约定期限内分期通过持卡人贷记卡账户进行扣收，持卡人分期偿还的业务。

A. 消费透支　　B. 分期付款　　C. 取现透支　　D. 转账透支

11. (　　)是指贷记卡除取现及转账透支交易外，其他透支交易从银行记账日起至到期还款日(含)之间可享受免息待遇的时间段。

A. 到期还款日　　B. 银行记账日　　C. 还款日　　D. 免息还款期

【解析】计息及还款方式包含以下几个时期：①“银行记账日”指发卡银行根据持卡人发生的交易将交易款项记入其信用卡账户，或根据规定将费用(包括但不限于违约金、年

6C　7C　8A　9D　10B　11D

费、手续费)、利息等记入其信用卡账户的日期；②“还款日”指持卡人向发卡银行偿还其欠款的银行记账日期；③“到期还款日”指发卡银行与持卡人约定的，贷记卡持卡人归还当期应还款项或最低还款额的最后日期；④“免息还款期”指贷记卡除取现及转账透支交易外，其他透支交易从银行记账日起至到期还款日(含)之间可享受免息待遇的时间段。

12. 贷记卡持卡人非现金交易可享受免息还款期最长为(　　)天。

A. 15　　B. 30　　C. 60　　D. 90

【解析】银行记账日至发卡银行规定的到期还款日之间为免息还款期。免息还款期最长为 60 天。持卡人在到期还款日前偿还所使用全部银行款项即可享受免息还款期待遇，无须支付非现金交易的利息。

13. 分期付款业务手续费不包括以下哪一种？(　　)

A. 分期付款手续费　　B. 提前还款手续费

C. 分期付款展期手续费　　D. 提前还款展期手续费

【解析】分期付款业务向持卡人收取的手续费包括分期付款手续费、提前还款手续费和分期付款展期手续费，分别按照对应的费率标准收取。分期付款业务可针对不同客户进行差异化定价。

14. (　　)是指银行根据持卡人申请，将持卡人信用卡中一定额度的资金转入本人借记卡，用于借款人指定消费用途，并由持卡人分期偿还的业务。[2019 年 6 月真题]

A. 现金分期　　B. 消费转分期　　C. 专项分期　　D. 商户直接分期

【解析】分期付款业务根据业务类型分为商户直接分期(POS 机分期)、消费转分期、现金分期和专项分期。现金分期是指银行根据持卡人申请，将持卡人信用卡中一定额度的资金转入本人借记卡，用于借款人指定消费用途，并由持卡人分期偿还的业务。

二、多选题(下列选项中有两项或两项以上符合题目要求)

1. 关于信用卡催收，以下说法正确的有(　　)。[2018 年 10 月真题]

A. 发卡银行可对债务人本人及其直系亲属进行催收

B. 发卡银行不可以将违约透支部分或全部委托给行外第三方机构，因为催收属于信用卡核心业务，不能外包

C. 为提高催收效率，发卡银行应采用欠款回收金额作为催收人员的唯一考核指标

D. 发卡银行可将符合条件的信用卡逾期资产进行资产证券化

E. 催收方式包括短信催收、电话催收、信函催收、律师函催收、上门催收、司法催收、合作催收等

【解析】A 项，发卡银行应当对债务人本人及其担保人进行催收，不得对与债务无关的第三人进行催收，不得采用暴力、胁迫、恐吓或辱骂等不当催收行为，对催收过程应当进行录音，录音资料至少保存 2 年备查；B 项，发卡银行可采取合作催收方式，即将原由行内负责催收的违约透支部分或全部委托行外第三方机构，由其在发卡银行授权的基础上向持卡人催收、主张债权，持卡人向银行偿还信用卡债务；C 项，发卡银行不得对催

12C　13D　14A　▎　1DE

收人员采用单一以欠款回收金额提成的考核方式。

2. 以下关于信用卡的说法，错误的有(　　)。［2016 年 6 月真题］
A. 信用卡可以签字消费，但是不可以办理存取款和转账等业务
B. 持卡人非现金交易可以享受一定的优惠条件
C. 只有个人能够申领信用卡
D. 信用卡不属于借贷行为
E. 信用卡只能由银行签发

【解析】A 项，信用卡具有消费信用、分期付款、转账结算、存取现金等全部或者部分功能；C 项，信用卡按照发行对象不同分为个人卡和单位卡；D 项，信用卡的本质是发卡银行为持卡人提供的消费信用贷款；E 项，信用卡可由银行或专门的信用卡公司签发。

3. 信用卡的功能包括哪些？(　　)
A. 转账结算　B. 分期付款　C. 消费信用　D. 存取现金
E. 信用透支

【解析】信用卡是指记录持卡人账户相关信息，具备银行授信额度和透支功能，并为持卡人提供相关银行服务的各类介质。信用卡具有消费信用、分期付款、转账结算、存取现金等全部或者部分功能。

4. 信用卡按是否享受免息还款期分为(　　)。
A. 贷记卡　B. 实体卡　C. 联名(认同)卡　D. 准贷记卡
E. 银联卡

【解析】信用卡的分类有如下几种：①按是否享受免息还款期分，可分为贷记卡、准贷记卡两类；②按发行对象不同分，可分为个人卡和单位卡；③按是否联名(认同)分，可分为联名(认同)卡和非联名(认同)卡；④按品牌分，可分为银联卡、威士卡、万事达卡、运通卡、JCB 卡、大来卡和其他品牌卡；⑤按账户币种分，可分为人民币卡、外币卡；⑥按信息载体分，可分为磁条卡、芯片卡和磁条芯片复合卡；⑦按卡片规格分，可分为标准卡和异型卡；⑧按是否有实体介质分，可分为实体卡和数字信用卡。

5. 申请信用卡的渠道包括以下哪几项？(　　)
A. 智能终端发卡　B. 手机空中发卡　C. 网上申请办卡　D. 营业网点受理办卡
E. 便携终端办卡

【解析】申请信用卡的渠道主要包括：①营业网点受理办卡；②网上申请办卡；③邀请办卡；④手机空中发卡；⑤电子银行渠道申请数字信用卡；⑥便携终端办卡；⑦智能终端发卡。

6. 以下哪些对象可以成为特约商户？(　　)
A. 企事业单位　B. 个体经营户　C. 自然人　D. 实体特约商户
E. 网络特约商户

【解析】特约商户可以是向客户提供商品或服务的企事业单位、个体经营户或其他组织，也可以是按照国家工商行政管理机关有关规定，开展网络商品交易等经营活动的自

2ACDE　3ABCDE　4AD　5ABCDE　6ABCDE

然人。

7. 透支一般包括下列哪几种类型？（　　）

A. 消费透支　B. 分期付款　C. 取现透支　D. 转账透支

E. 透支扣收

【解析】"透支"指持卡人使用发卡银行为其核定的信用额度进行支付的方式，包括消费透支、分期付款、取现透支、转账透支、透支扣收等。

8. 分期付款期数一般包括哪些？（　　）

A. 3期　B. 6期　C. 9期　D. 12期

E. 15期

【解析】分期付款期数分为3、6、9、12、18、24、36期（每月为1期）等。分期付款金额应小于等于信用卡可用额度。

9. 下列选项中属于分期付款业务类型的有（　　）。

A. 商户直接分期　B. 消费转分期　C. POS机分期　D. 现金分期

E. 专项分期

【解析】分期付款业务根据业务类型分为商户直接分期（POS机分期）、消费转分期、现金分期和专项分期。

10. 发卡银行的风险管理包含以下哪几个方面的内容？（　　）

A. 资金用途管理　B. 持卡人资信状况监测

C. 信用卡催收　D. 逾期资产处置

E. 风险资产分类管理

【解析】发卡银行应当根据信用卡业务发展情况，建立完善的风险管理制度，包括信用卡资金用途管理、异常交易及持卡人资信状况监测、风险资产分类管理、追偿催收制度、逾期资产处置等，使信用卡业务风险保持在合理可控的水平。

11. 信用卡的催收方式包括以下哪几项？（　　）

A. 短信催收　B. 信函催收　C. 电话催收　D. 司法催收

E. 合作催收

【解析】催收方式主要包括短信催收、电话催收（含语音外呼催收）、信函催收、律师函催收、上门催收、司法催收、合作催收等。

12. 下列选项中哪些属于发卡银行对逾期资产处置的措施？（　　）

A. 扣收　B. 个性化分期还款

C. 核销　D. 资产证券化

E. 破产清算

【解析】发卡银行应加强信用卡风险资产认定，强化逾期资产管理，对逾期资产及时采取扣收、个性化分期还款、核销、资产证券化等方式进行处置，提升信贷资产质量管控水平。

7ABCDE　8ABCD　9ABCDE　10ABCDE　11ABCDE　12ABCD

13. 下列选项中属于个性化分期还款协议内容的有(　　)。

A. 欠款余额、币种

B. 还款周期

C. 还款期间是否计收年费

D. 持卡人在未全部结清还款前，可以向任何银行申领信用卡

E. 双方的权利义务

【解析】个性化分期还款协议的内容应当至少包括：①欠款余额、结构、币种；②还款周期、方式、币种、日期和每期还款金额；③还款期间是否计收年费、利息和其他费用；④持卡人在个性化分期还款协议相关款项未全部结清前，不得向任何银行申领信用卡的承诺；⑤双方的权利义务和违约责任；⑥与还款有关的其他事项。

14. 信用卡具有以下哪几个方面的特点？(　　)

A. 海量用户　　B. 具有普惠能力　　C. 小额、快速　　D. 大数据优势

E. 高频

【解析】信用卡可通过商户－客户双边市场获取海量交易数据，随着数据应用和风控手段成熟，信用卡逐渐由以往关注中高端客户转向关注普通消费者，形成普惠的金融服务能力。信用卡具有“海量用户”“大数据优势”“具有普惠能力”“小额、高频、快速”等特点。

三、判断题(请对下列各题的描述做出判断，正确的用 A 表示，错误的用 B 表示)

1. 准贷记卡是指发卡银行给予持卡人一定的信用额度，持卡人可在信用额度内先消费、后还款，并享受免息还款期的信用卡。(　　)

【解析】贷记卡是指发卡银行给予持卡人一定的信用额度，持卡人可在信用额度内先消费、后还款，并享受免息还款期的信用卡。准贷记卡是指可在发卡银行规定的信用额度内透支、不享受免息还款期的信用卡。

2. 信用卡的本质是发卡银行为持卡人提供的消费信用贷款，因此信用卡业务与一般个人贷款业务有相同的业务属性。(　　)

3. 信用卡一般无免息还款期；一般个人贷款具有免息还款期。(　　)

【解析】信用卡一般具有免息还款期；一般个人贷款无免息还款期。

4. 个人贷款业务银行收取利息，一般计入银行的“中间业务收入”，利息金额以“利率”计算。(　　)

【解析】个人贷款业务银行收取利息，一般计入银行的“利息收入”，利息金额以“利率”计算。

5. 发卡银行应当公开、明确告知申请人需提交的申请材料和基本要求，申请材料必须由申请人本人亲自签名，不得在客户不知情或违背客户意愿的情况下发卡。(　　)

6. 个人贷款资金可按照规定将资金用于购房和生产经营，也可用于投资领域。(　　)

【解析】个人贷款资金可按照规定将资金用于购房和生产经营，但不可用于投资领域。

13ABCE　14ABCDE　▌　1B　2A　3B　4B　5A　6B

7. 电子银行渠道申请数字信用卡是指客户通过发卡银行网站或登录个人网银、手机银行等自助终端完成个人信用卡的申办业务。(　　)

【解析】电子银行渠道申请数字信用卡是指客户可通过电话银行、网上银行、手机银行、短信银行等渠道申请数字信用卡的申办业务。网上申请办卡是指客户可通过发卡银行网站或登录个人网银、手机银行等自助终端完成个人信用卡的申办业务。

8. 当发卡银行发现信用卡申请人在征信系统中有不良记录时，发卡银行应该从严审核，拒绝发卡。(　　)

【解析】信用卡申请人有以下情况时，应当从严审核，加强风险防控：①在身份信息系统中留有相关可疑信息或违法犯罪记录；②在征信系统中无信贷记录；③在征信系统中有不良记录；④在征信系统中有多家银行贷款或信用卡授信记录；⑤单位代办商务差旅卡和商务采购卡；⑥其他渠道获得的风险信息。

9. 对新发信用卡、挂失换卡、毁损换卡、到期换卡等必须激活后才能为持卡人开通使用。(　　)

10. 信用卡自领用之日起开始收取各项费用。(　　)

【解析】信用卡未经持卡人激活，不得扣收任何费用。

11. 信用卡未经持卡人激活并使用，不得发放任何礼品或礼券。(　　)

12. 透支业务是银行卡业务的基础。(　　)

【解析】收单业务是银行卡(包括借记卡和信用卡)业务的基础。

13. POS 机收单业务的受理终端为 POS 机、MIS 等。(　　)

14. 信用卡及其账户经发卡银行批准后，可以出租和转借。(　　)

【解析】信用卡及其账户只限经发卡银行批准的持卡人本人使用，不得出租和转借。

15. 贷记卡持卡人支取现金、准贷记卡透支，享受免息还款期和最低还款额待遇。(　　)

【解析】贷记卡持卡人支取现金、准贷记卡透支，不享受免息还款期和最低还款额待遇。

16. 准贷记卡透支按月计收复利，透支利率为日利率万分之五。(　　)

【解析】贷记卡透支按月计收复利，准贷记卡透支按月计收单利，透支利率一般为日利率万分之五。自 2021 年 1 月 1 日起，信用卡透支利率由发卡机构与持卡人自主协商确定，取消信用卡透支利率上限和下限管理。

17. 发卡银行必须在为持卡人开通超授信额度用卡服务之前，提供关于超限费收费形式和计算方式的信息，并明确告知持卡人具有取消超授信额度用卡服务的权利。(　　)

18. 个人信用卡(不含服务“三农”的惠农信用卡)分期付款业务可以用于生产经营。(　　)

【解析】个人信用卡(不含服务“三农”的惠农信用卡)分期付款业务不得用于生产经营。

19. 一般信用卡分期付款的手续费要高于同期信用卡取现利息，低于银行同期商业贷款利

7B　8B　9A　10B　11A　12B　13A　14B　15B　16B　17A　18B　19B

率。(　　)

【解析】一般信用卡分期付款的手续费要低于同期信用卡取现利息，高于银行同期商业贷款利率。

20. 办理分期付款业务的当日可以办理提前还款或展期。(　　)

【解析】办理分期付款业务的当日不得办理提前还款或展期。

21. 信用卡支付方式呈现多元化发展趋势，其中以卡基为基础的闪付和以移动终端为基础的 HCE 云支付将成为主要支付形态。(　　)

22. 场景化营销现已成为信用卡营销的主流趋势。场景化营销针对消费者在指定场景产生的心理状态或消费需求，将产品的卖点嵌入该场景中，达到促使目标人群产生购买行为的效果。(　　)

20B　21A　22A

第七章　个人贷款新趋势

一、单选题(下列选项中只有一项最符合题目的要求)

1. 关于互联网个人贷款，以下说法错误的是(　　)。[2018 年 10 月真题]

A. 对于强增信基础类客户，多考虑发放场景化个人贷款

B. 非场景化个人贷款的发放不要求特定的消费场景，放贷机构可直接以现金方式支付给借款人

C. 按照贷款使用是否具有特定场景，可分为场景化个人贷款与非场景化个人贷款

D. 按照贷款提供主体的资金来源不同，可分为商业银行互联网个人贷款与非银行个人网络贷款

【解析】A 项，对非强增信基础类客户，多考虑发放场景化个人贷款，对强增信基础的客户，可适当放宽条件。

2. 财政部、税务总局出台了税收优惠政策支持普惠金融发展，对金融机构与小型企业、微型企业签订的借款合同，免收下列哪项税款？(　　)[2018 年 10 月真题]

A. 增值税　　B. 印花税　　C. 营业税　　D. 契税

【解析】财政部、税务总局等部门出台了税收优惠政策支持普惠金融发展。对金融机构向农户、小型企业、微型企业及个体工商户发放小额贷款取得的利息收入免征增值税，对金融机构与小型企业、微型企业签订的借款合同免征印花税等。

3. 为具备连续、详细的“五险一金”的社会保险缴纳记录的客户发放的互联网个人贷款，属于(　　)。[2019 年 6 月真题]

A. 非场景化个人贷款　　B. 非强增信基础的个人贷款

C. 场景化个人贷款　　D. 有强增信基础的个人贷款

【解析】按照客户是否具有较强的资信证明，可以将互联网个人贷款分为有强增信基础的个人贷款与非强增信基础的个人贷款。例如，“五险一金”的社会保险缴纳记录一定程度上代表了个人的社会背景与信用基础，具备连续、详细缴纳记录的情况属于强增信基础客户。

4. 关于互联网个人贷款业务，下列说法错误的是(　　)。[2016 年 11 月真题]

A. 商业银行互联网个人贷款具有“在线申请”“实时审批”“自助签约”“随债随还”以及“额度高”“期限长”等特点

B. 互联网个人贷款业务中，由商业银行为符合条件的借款人提供用于消费、日常生产经营周转的个人贷款

C. 个体网络借贷是指个体和个体之间通过互联网平台实现的直接借贷

D. 个人网络小额贷款是指持牌的小额贷款公司利用互联网向个人客户提供的小额贷款

【解析】A 项，商业银行互联网个人贷款通常具有“流程线上化”“审批时限短”“随借随还”以及“额度低”“期限短”等特点。

1A　2B　3D　4A

5. 对于互联网贷款的业务流程，下列说法错误的是(　　)。

A. 商业银行应当在贷款申请流程中，加入强制阅读贷款合同环节，并设置合理的阅读时间限制

B. 商业银行应当通过构建身份认证模型，采取联网核查、生物识别等有效措施识别客户，线上对借款人的身份数据、借款意愿进行核验，但不需留存

C. 互联网个人贷款的风险评估不仅包含传统个人贷款风险评估的各要素，更多融入互联网大数据加以综合分析

D. 商业银行应当建立人工复核验证机制，作为对风险模型自动审批的必要补充

【解析】B 项，商业银行应当按照反洗钱和反恐怖融资等要求，通过构建身份认证模型，采取联网核查、生物识别等有效措施识别客户，线上对借款人的身份数据、借款意愿进行核验并留存。

6. 某国发生自然灾害导致专注该国市场的国内旅游机构倒闭，给客户旅游贷款带来的风险属于(　　)。[2016 年 6 月真题]

A. 政策风险　　B. 技术风险　　C. 贷款风险　　D. 操作风险

【解析】贷款风险是指贷款投向的行业发展趋势不明朗或整体环境趋于恶化导致的风险，本质上是由行业波动导致的一种信用风险。这类风险在指定用途的贷款中较为多见。例如，某国发生自然灾害可能导致专注该国市场的国内旅游机构倒闭；客户通过中介机构申请留学，中介机构因为缺乏资质导致留学申请失败，客户无法实现留学的理想导致贷款收回风险。

7. 个贷业务全流程电子化，包括在电子渠道提交申请材料、审核、审批与发放贷款。比较常见的是(　　)。

A. 低风险质押贷款　　B. 高风险质押贷款

C. 低风险抵押贷款　　D. 高风险抵押贷款

8. 以下关于商业银行互联网个人贷款应遵循的原则与要求，表述不正确的是(　　)。

A. 应遵循小额、短期、高效和风险可控的原则

B. 单户用于消费的个人信用贷款授信额度应当不超过人民币 20 万元，到期一次性还本的，授信期限不超过半年

C. 商业银行应根据自身风险管理能力，按照互联网贷款的区域、行业、品种等，确定单户用于生产经营的个人贷款授信额度上限

D. 互联网贷款业务涉及合作机构的，授信审批、合同签订等核心风控环节应当由商业银行独立有效开展

【解析】B 项，单户用于消费的个人信用贷款授信额度应当不超过人民币 20 万元，到期一次性还本的，授信期限不超过一年。

9. 关于商业银行互联网个人贷款的合作机构管理要求，下列说法不正确的是(　　)。

A. 建立覆盖各类合作机构的全行统一的准入机制，明确相应标准和程序，并实行审核制管理

5B　6C　7A　8B　9A

B. 根据合作内容、对客户的影响范围和程度、对银行财务稳健性的影响程度，合作机构等实施分层分类管理，并按照其层级和类别确定相应审批权限

C. 按照合作机构资质和其承担的职能相匹配的原则，对合作机构进行准入前评估，确保合作机构与合作事项符合法律法规和监管要求

D. 商业银行应当在相关页面醒目位置向借款人充分披露自身与合作机构信息、合作类产品的信息、自身与合作各方权利责任，按照适当性原则充分揭示合作业务风险，避免客户产生品牌混同

【解析】A 项，商业银行互联网个人贷款的合作机构管理要求建立覆盖各类合作机构的全行统一的准入机制，明确相应标准和程序，并实行名单制管理。

10. 下列关于商业银行互联网个人贷款贷后管理的相关说法，错误的是(　　)。

A. 对借款人财务、信用、经营等情况进行监测，设置合理的预警指标与预警触发条件，及时发出预警信号

B. 任何借款合同及相关数据不可供借款人随时调取查用

C. 发现借款人违反法律法规或未按照约定用途使用贷款资金的，应当按照合同约定提前收回贷款，并追究借款人相应责任

D. 借款人到期归还全部贷款本息，贷款额度失效，贷款合同终止

【解析】B 项，商业银行应当按照相关法律法规的要求，储存、传递、归档以数据电文形式签订的借款合同、信贷流程关键环节和节点的数据。已签订的借款合同及相关数据应可供借款人随时调取查用。

11. (　　)主要是指支持网络小额贷款业务的互联网平台或服务器存在系统漏洞、缺陷或者受到黑客攻击等导致系统无法正常运营及客户信息泄露的风险。

A. 政策风险　　B. 信用风险　　C. 法律风险　　D. 技术性风险

【解析】技术性风险主要是指支持网络小额贷款业务的互联网平台或服务器存在系统漏洞、缺陷或者受到黑客攻击等导致系统无法正常运营及客户信息泄露的风险。各家银行由于所选择的软硬件技术标准不同，显现出不同的技术风险特点。

12. 由于个人网络小额贷款的全流程均通过互联网实现，放贷机构缺少与客户面对面核实身份的机会，面临着客户身份真实、信息真实确认的风险。这种风险是指(　　)。

A. 技术风险　　B. 操作风险　　C. 行业风险　　D. 信用风险

【解析】个人网络小额贷款信用风险的内容主要包括五个方面：①客户身份真实性风险；②系统信用评价模型准确性风险；③贷款用途合规性风险；④风险缓释手段不足风险；⑤不良客户通过网络信贷进行洗钱和恐怖融资风险。

13. 下列关于网络小额贷款的风险应对措施与管理要求，说法错误的是(　　)。

A. 网络小额贷款应遵循小额、集中原则

B. 对放贷资金(含自有资金及外部融入资金)应实施专户管理，与借款人要明确约定贷款用途

C. 网络小额贷款公司一般应在公司住所所属省级行政区域内经营网络小额贷款，跨省

10B　11D　12D　13A

经营的，应向监管部门申请批准

D. 网络小额贷款公司应当充分履行告知义务，使借款人明确了解贷款金额、期限、利率、还款方式等内容

【解析】A项，网络小额贷款应遵循小额、分散原则，根据借款人收入水平、总体负债、资产状况、实际需求等因素，合理确定贷款金额和期限。对同一借款人及其关联方的贷款余额不得超过小额贷款公司净资产的一定比例。

14. 与传统的金融相比，普惠金融的参与机构更加多元化。下列不属于普惠金融服务提供机构的有(　　)。

A. 银行类金融机构

B. 非银行机构

C. 政府机构

D. 合作性质、协会性质、基金会性质的机构

【解析】普惠金融服务提供机构主要有三类：①银行类金融机构，主要包括各类商业银行、信用社等；②非银行的机构，主要包括消费金融公司、小额贷款公司等；③合作性质、协会性质、基金会性质的机构。

15. (　　)是银行业金融机构向低保户发放的，用于除住房、购车之外的一般生活消费用途的贷款。

A. 农户消费贷款　　B. 低保户消费贷款

C. 校园消费贷款　　D. 助学贷款

16. 下列关于创业担保贷款担保基金的实行和运作，说法不正确的是(　　)。

A. 单独核算　　B. 合并入账　　C. 专款专用　　D. 封闭运行

【解析】创业担保贷款担保基金实行单独列账、单独核算，保证专款专用和封闭运行。

17. 当代许多企业会选择纳入产业链上下游，通过整理跟踪小微企业与上下游间的业务往来经营数据，判断企业真实贸易情况，这种小微金融运营和风控模式是(　　)。

A. 信贷员调查(IPC)模式　　B. 信贷工厂模式

C. 大数据模式　　D. 投资类模式

【解析】目前，小微金融运营和风控模式主要有信贷员调查(IPC)模式、信贷工厂模式、大数据模式和投资类模式等。大数据模式指的是借助互联网和金融科技(Fintech)等手段，扩大信息源的获取和交叉验证的运用。如纳入产业链上下游的情况，通过整理跟踪小微企业与上下游间的业务往来经营数据，判断企业真实贸易情况。

18. 间接融资不能充分满足新兴行业中成长性企业的融资需求，由(　　)进行补充，并由股权类投资产生的高收益来补偿不良贷款出现的损失。

A. 信贷员调查(IPC)模式　　B. 信贷工厂模式

C. 大数据模式　　D. 投资类模式

【解析】银行以直接融资的产品分享小微企业的共同成长，通过投贷联动、股权投资等方式提供融资支持。间接融资不能充分满足新兴行业中成长性企业的融资需求，由投

14C　15B　16B　17C　18D

资类模式进行补充。

二、多选题(下列选项中有两项或两项以上符合题目要求)

1. 下列有关商业银行互联网个人贷款风险数据与风险模型管理的说法，正确的是(　　)。

A. 互联网个人贷款的风险数据是指商业银行在对借款人进行身份确认，以及贷款风险识别、分析、评价、监测、预警和处置等环节收集、使用的各类内外部数据

B. 商业银行进行互联网个人贷款借款人信息核验、授信审批、贷后管理时，应当至少包含借款人姓名、身份证号、联系电话、银行账户以及其他开展风险评估所必需的基本信息

C. 商业银行应当合理分配风险模型开发测试、评审、监测、退出等环节的职责和权限

D. 商业银行可与任何使用个人信息的第三方开展数据合作

E. 商业银行可以将风险模型开发测试的管理职责外包

【解析】D 项，商业银行不得与违规收集和使用个人信息的第三方开展数据合作；E 项，商业银行应当合理分配风险模型开发测试、评审、监测、退出等环节的职责和权限，做到分工明确、责任清晰。商业银行不得将上述风险模型的管理职责外包，并应当加强风险模型的保密管理。

2. 关于商业银行互联网个人贷款的信息科技风险管理，说法错误的有(　　)。

A. 加强对互联网贷款信息系统的安全运营管理和维护，定期开展安全测试和压力测试，确保系统安全、稳定、持续运行

B. 加强网络访问控制和行为监测，有效防范网络攻击等威胁

C. 应当每两年对与合作机构的数据交互进行信息科技风险评估，并形成风险评估报告，确保不因合作而降低商业银行信息系统的安全性，确保业务连续性

D. 确保商业银行与借款人、合作机构之间传输数据、签订合同、记录交易等各个环节数据的保密性、完整性、真实性和抗抵赖性，并做好定期数据备份工作

E. 加强对互联网贷款信息系统的安全运营管理和维护，不定期开展安全测试和压力测试

【解析】C 项，应当每年对与合作机构的数据交互进行信息科技风险评估，并形成风险评估报告，确保不因合作而降低商业银行信息系统的安全性，确保业务连续性；E 项，应当加强对互联网贷款信息系统的安全运营管理和维护，定期开展安全测试和压力测试，确保系统安全、稳定、持续运行。

3. 下列关于互联网金融的基础知识，说法正确的是(　　)。

A. 互联网金融、金融科技的新业态、新模式日益丰富，金融服务的效率和包容性大幅提高

B. 互联网金融和数字信贷从根本上改善了对小微企业、个体工商户和农户的贷款服务

C. 互联网金融和数字信贷对于促进小微企业发展和扩大就业发挥了积极作用

D. 互联网金融改变了金融风险隐蔽性的特点

E. 银行等金融机构利用大数据开展智能风控，减少对抵押物的依赖，大大提高了融资的可获得性

1ABC　2CE　3ABCE

【解析】D 项，互联网金融本质仍属于金融，没有改变金融风险隐蔽性、传染性、广泛性和突发性的特点，其传染性、涉众性反而更强，网络数据信息安全风险也更加突出。

4. 以下关于互联网金融发展的意义，表述正确的是(　　)。
A. 有利于提升金融服务质量和效率　B. 深化金融改革
C. 扩大金融业对内对外开放　D. 构建多层次金融体系
E. 促进金融创新发展

5. 商业银行互联网个人贷款比较常见的是低风险质押贷款，其中，质押物包括(　　)。
A. 金银首饰　B. 定期存单　C. 国债存单　D. 理财产品证明
E. 房地产

【解析】个贷业务全流程电子化，包括在电子渠道提交申请材料、审核、审批与发放贷款。比较常见的是低风险质押贷款，质押物包括定期存单、国债存单、理财产品证明等。

6. 下列说法中，属于商业银行互联网个人贷款的合作机构管理要求的有(　　)。
A. 分层分类管理　B. 签订书面合作协议
C. 联合放贷独立原则　D. 准入审核制管理
E. 限额管理与集中度管控

【解析】除了 ABCE 四项外，商业银行互联网个人贷款的合作机构管理要求还包括：①准入白名单管理；②严格准入评估；③尽职提示；④适度分散合作；⑤防范合作增信风险；⑥禁止暴力催收合作；⑦持续管理动态评估。

7. 个人网络小额贷款风险管理包括以下哪几个方面的内容？(　　)
A. 信用风险　B. 利率风险　C. 行业风险　D. 技术性风险
E. 资本金风险

【解析】个人网络小额贷款风险管理包括：①信用风险；②政策风险；③行业风险；④技术性风险；⑤资本金风险。

8. 个人网络小额贷款信用风险包括哪几种类型？(　　)
A. 客户身份真实性风险　B. 贷款用途合规性风险
C. 风险缓释手段不足风险　D. 系统信用评价模型准确性风险
E. 系统漏洞风险

【解析】E 项，技术性风险主要是指支持网络小额贷款业务的互联网平台或服务器存在系统漏洞、缺陷或者受到黑客攻击等导致系统无法正常运营及客户信息泄露的风险。

9. 下列属于网络小额贷款特征的有(　　)。
A. 额度较小　B. 审核简单
C. 借款期限较为灵活　D. 放款较慢
E. 适用范围较窄

【解析】网络小额贷款的特征包括：①额度较小；②审核简单；③放款较快；④借款期限

4ABCDE　5BCD　6ABCE　7ACDE　8ABCD　9ABC

较为灵活。

10. 我国普惠金融重点服务对象有(　　)。

A. 农村低收入群体　　B. 城镇下岗职工

C. 小微企业　　D. 农民工

E. 大学生群体

【解析】当前我国普惠金融重点服务对象有:①农村及偏远地区低收入群体;②城镇低收入群体、城镇下岗职工、农民工等进城务工人员、老年人等群体及大学生群体;③小微企业。

11. 普惠金融的重点业务领域包括哪些?(　　)

A. 普惠型小微企业贷款　　B. 普惠型农户经营性贷款

C. 普惠型消费贷款　　D. 普惠型贫困户经营性贷款

E. 普惠型非企业法人组织贷款

【解析】普惠金融的重点业务领域主要暂定为以下三类:①普惠型小微企业和其他组织贷款,包括普惠型小微企业法人贷款,向事业单位、机关法人、社会团体、居民委员会、村民委员会等非企业法人组织发放的普惠型贷款,普惠型个体工商户和小微企业主贷款,普惠型其他个人经营性贷款等;②普惠型农户及贫困户经营性贷款,包括家庭农场贷款、普惠型农户个体工商户和农户小微企业主贷款、建档立卡贫困户经营性贷款;③普惠型消费贷款,包括校园消费贷款、助学贷款、农户消费贷款、低保户消费贷款。

12. 以下属于普惠型消费贷款的有(　　)。

A. 助学贷款　　B. 校园消费贷款

C. 普惠型个体工商户贷款　　D. 低保户消费贷款

E. 农户消费贷款

【解析】普惠型消费贷款包括:助学贷款、校园消费贷款、农户消费贷款、低保户消费贷款。C 项,普惠型个体工商户贷款属于普惠型小微企业和其他组织贷款。

13. 下列关于扶贫小额信贷风险管理措施表述正确的是(　　)。

A. 加强贷款管理　　B. 稳妥办理无还本续贷业务

C. 加快完善尽职免责制度　　D. 适当提高不良贷款容忍度

E. 区别对待逾期和不良贷款

14. 以下属于小微企业金融运营和风控模式的有(　　)。

A. 信贷员调查(IPC)模式　　B. 信贷工厂模式

C. 大数据模式　　D. 投资类模式

E. 融资类模式

【解析】目前,小微金融运营和风控模式主要有信贷员调查(IPC)模式、信贷工厂模式、大数据模式和投资类模式等。

10ABCDE　11ABCDE　12ABDE　13ABCDE　14ABCD

15. 普惠型小微企业和其他组织贷款在个人贷款方面，主要涉及(　　)。

A. 普惠型个体工商户贷款　　B. 普惠型小微企业主贷款

C. 个人创业担保贷款　　D. 普惠型其他个人经营性贷款

E. 普惠型农户个体工商户贷款

【解析】E 项，普惠型农户个体工商户贷款属于普惠型农户及贫困户经营性贷款。

三、判断题(请对下列各题的描述做出判断，正确的用 A 表示，错误的用 B 表示)

1. 扶贫小额信贷贷款免担保抵押，以纯信用贷款形式发放。(　　)［2018 年 10 月真题］

【解析】扶贫小额信贷应符合以下条件：①以建档立卡贫困户为发放对象；②贷款用途主要为支持建档立卡贫困户发展生产或能有效带动贫困户致富脱贫的特色优势产业；③贷款总额 5 万元以下，贷款期限 3 年以内；④免担保抵押，以纯信用贷款形式发放；⑤原则上应执行优惠贷款利率，并可享受财政贴息。

2. 发展普惠金融应坚持借鉴国际经验与体现中国特色相结合，以政府引导为主。(　　)

【解析】发展普惠金融应坚持借鉴国际经验与体现中国特色相结合、政府引导与市场主导相结合、完善基础金融服务与改进重点领域金融服务相结合的指导思想。

3. 互联网贷款业务对资金用途的监测更为严格。(　　)

【解析】互联网贷款在提高贷款效率、创新风险评估手段、拓宽金融客户覆盖面等方面发挥了积极作用。与此同时，互联网贷款业务也暴露出风险管理不审慎、金融消费者保护不充分、资金用途监测不到位等问题和风险隐患。

4. 金融科技尤其是互联网技术应用的不断深化和普惠金融理念的持续深入，对个人信贷业务的服务对象、服务手段、操作流程、管理要求带来重大影响。(　　)

5. 个贷业务全流程电子化，实质上是银行线上个贷业务的线下化。(　　)

【解析】个贷业务全流程电子化，实质上是银行线下个贷业务的线上化。

6. 商业银行利用科技系统能够获得的客户数据信息，设定筛选规则，对个人客户进行风险评估和自动准入。(　　)

7. 互联网贷款如发生逾期未还，按照时间优先的原则选择适宜的手段进行催收处置。(　　)

【解析】互联网贷款如发生逾期未还，按照效率优先的原则选择适宜的手段如电话、委外、诉讼等进行催收处置，形成不良的，应当按照其性质及时制定差异化的处置方案，提升处置效率。

8. 非银行个人网络贷款包括 P2P 个体网络借贷和个人网络小额贷款。(　　)

9. 所有的地方法人银行开展互联网贷款业务，不得跨注册地辖区开展互联网贷款业务。(　　)

【解析】地方法人银行开展互联网贷款业务，应服务于当地客户，不得跨注册地辖区开展互联网贷款业务。无实体经营网点，业务主要在线上开展，且符合中国银行保险监督管

15ABCD　Ⅰ　1A　2B　3B　4A　5B　6A　7B　8A　9B

理委员会其他规定条件的除外。

10. 商业银行应根据自身风险管理水平、互联网贷款的规模和结构、应用场景、增信手段等确定统一的受托支付限额。(　　)

【解析】商业银行应遵守《个人贷款管理暂行办法》和《流动资金贷款管理暂行办法》的受托支付管理规定，同时根据自身风险管理水平、互联网贷款的规模和结构、应用场景、增信手段等确定差异化的受托支付限额。

11. 商业银行互联网个人贷款的风险模型管理中，对风险模型的监测至少包括已上线风险模型的有效性与稳定性，所有经模型审批通过贷款的实际违约情况等。(　　)

【解析】商业银行互联网个人贷款的风险模型管理中，对风险模型的监测至少包括已上线风险模型的有效性与稳定性，所有经模型审批通过贷款的实际违约情况等。监测发现模型缺陷或者已不符合模型设计目标的，应当保证能及时提示风险模型开发和测试部门或团队进行重新测试、优化，以保证风险模型持续适应风险管理要求。

12. 贷款投向的行业发展趋势不明朗导致的风险属于个人网络小额贷款面临的贷款风险。(　　)

【解析】个人网络小额贷款面临的贷款风险是指贷款投向的行业发展趋势不明朗或整体环境趋于恶化导致的风险。

13. 根据发展普惠金融的战略目标和规划布局，要把防风险放在十分重要的位置，坚持监管优于创新的原则。(　　)

【解析】根据发展普惠金融的战略目标和规划布局，要把防风险放在十分重要的位置，坚持监管和创新并行，加快建立适应普惠金融发展的法制规范和监管体系，提高金融监管有效性。

14. 普惠金融指的是政府扶贫，目的是让贫困人口能够获得及时、便捷、高质量的金融服务。(　　)

【解析】普惠金融不是政府扶贫，而是要遵循商业可持续的原则，不断地提高金融服务的覆盖面和深度，目的是让每一位社会成员能够获得及时、便捷、高质量的金融服务。

15. 面向个人发放的创业担保贷款期限最高不超过 5 年。(　　)

【解析】面向个人发放的创业担保贷款期限最高不超过 3 年；贷款经经办金融机构认可，可以展期 1 次，展期期限不超过 1 年，展期期限内贷款不贴息。

16. 农户消费贷款是用于除住房、购车之外的一般生活消费用途的贷款。信用卡透支同样也列在农户消费贷款中。(　　)

【解析】农户消费贷款是银行业金融机构向农户发放的，用于除住房、购车之外的一般生活消费用途的贷款。信用卡透支不列在农户消费贷款中。

17. 普惠型消费贷款是银行业金融机构向自然人发放的、单户授信总额 5 万元(含)以下的消费贷款。(　　)

10B　11A　12A　13B　14B　15B　16B　17B

【解析】普惠型消费贷款是银行业金融机构向自然人发放的、单户授信总额10万元（含）以下的消费贷款。

18. 创业担保贷款是指通过政府出资设立担保基金，委托担保机构提供贷款担保，由经办金融机构发放，以解决符合一定条件的待就业人员从事创业经营自筹资金不足的一项贷款。（　　）

19. 地方各级财政部门应当建立健全担保基金的持续补充机制，担保基金不足时要及时予以补充。（　　）

20. 风险补偿金要按规定及时拨付到位，专款专存、专款专用、开放运行。（　　）
【解析】风险补偿金要按规定及时拨付到位，专款专存、专款专用、封闭运行。

21. 信贷工厂模式与IPC信贷员模式差异在于，并不强调信贷员的专业能力，更强调集约化的信贷工厂专业人员和风控模型的处理能力。（　　）
【解析】在信贷工厂"专人专岗、尽职免责"原则下，将信贷流程不断细化，由专人负责特定的工作，批量化处理授信。信贷工厂模式与IPC信贷员模式差异在于，并不强调信贷员的专业能力，而主要依赖于集约化的信贷工厂专业人员和风控模型的处理能力。

22. 对于不良互联网贷款，应当及时制定统一的处置方案。（　　）
【解析】互联网贷款如发生逾期未还，按照效率优先的原则选择适宜的手段，如电话、委外、诉讼等进行催收处置，形成不良的，应当按照其性质及时制定差异化的处置方案，提升处置效率。

18A　19A　20B　21A　22B

第八章　个人征信系统

一、单选题(下列选项中只有一项最符合题目的要求)

1. 征信中心收到商业银行重新报送的更正信息后，应当在(　　)个工作日内对异议信息进行更正。[2018 年 10 月真题]

A. 5　　B. 3　　C. 2　　D. 4

【解析】征信中心收到商业银行重新报送的更正信息后，应在 2 个工作日内对异议信息进行更正。异议信息确实有误，但因技术原因暂时无法更正的，征信中心应当对该异议信息作特殊标注，以有别于其他异议信息。经过核查，无法确认异议信息存在错误的，征信中心不得按照异议申请人要求更改相关个人信用信息。

2. 关于个人信用报告中的信息表述，错误的是(　　)。[2018 年 10 月真题]

A. 异议标注是征信中心异议处理人员针对信用报告中异议信息所做的标注或因技术原因无法及时对异议事项进行更正时所做的特别说明

B. 个人基本信息表示客户本人的一些基本信息，包括身份信息、婚姻信息、居住信息、职业信息等内容

C. 公共信息是个人征信系统从其他部门采集的、可以反映客户各方面情况的信息

D. 银行信贷交易信息仅包括客户在各商业银行办理的贷款、信用卡等交易的汇总和明细信息

【解析】D 项，银行信贷交易信息是客户在各商业银行或者其他授信机构办理的贷款、信用卡等交易的汇总和明细信息。

3. 下列不属于个人信用报告内容的是(　　)。

A. 信贷概要　　B. 信贷交易信息明细

C. 公共信息明细　　D. 财产总额

【解析】个人信用报告内容包括个人基本信息、信贷概要、信贷交易信息明细、非信贷信息明细、公共信息明细、本人声明、异议标注、机构说明、征信中心说明和查询记录。

4. 商业银行查询个人信用报告时应当取得被查询人的书面授权。书面授权不可以通过下列(　　)方式取得。[2017 年 6 月真题]

A. 在担保申请书中增加相应条款　　B. 在贷记卡申请书中增加相应条款

C. 在借记卡申请书中增加相应条款　　D. 在贷款申请书中增加相应条款

【解析】商业银行查询个人信用报告时应当取得被查询人的书面(电子)授权。书面授权可以通过在贷款、贷记卡、准贷记卡以及担保等相关业务申请书中增加相应条款或通过单独的征信查询授权书取得。

5. 关于个人信用报告的档案管理，下列说法错误的是(　　)。[2016 年 11 月真题]

A. 查询机构要对所有查询相关的纸质和电子档案资料整理归档

1C　2D　3D　4C　5B

B. 信用报告查询相关档案资料保管期限为两年，到期可对档案资料进行销毁

C. 档案资料按照一事一档、编号管理的原则进行

D. 档案资料的借阅应当严格限定范围，无查询机构主管的审批，任何人不得擅自查询、借阅和复制档案资料

【解析】B 项，信用报告查询相关档案资料保管期限为三年，到期可对档案资料进行销毁。

6. 商业银行如果违反规定查询个人的信用报告，或将查询结果用于规定范围之外的其他目的，将被责令改正，并处以______万元以上______万元以下的罚款。(　　)[2016 年 6 月真题]

A. 1；20　　B. 2；30　　C. 2；20　　D. 2；40

【解析】商业银行如果违反规定查询个人的信用报告，或将查询结果用于规定范围之外的其他目的，将被责令改正，并处以 2 万元以上 20 万元以下的罚款；涉嫌犯罪的，则将依法移交司法机关处理。

7. 商业银行查询个人信用报告时应当取得被查询人的(　　)。[2015 年 10 月真题]

A. 书面(电子)授权　　B. 本人同意

C. 口头授权　　D. 单位同意

【解析】商业银行查询个人信用报告时应当取得被查询人的书面(电子)授权。书面授权可以通过在贷款、贷记卡、准贷记卡以及担保等相关业务申请书中增加相应条款或通过单独的征信查询授权书取得。

8. 对于个人征信查询管理，有关密码管理的说法错误的是(　　)。

A. 各查询用户的用户名可以转借他人

B. 各级用户应妥善保管用户密码

C. 各查询用户的密码仅限本人使用

D. 严禁将查询用户的密码告知他人

【解析】商业银行各级用户应妥善保管用户密码，各查询用户的用户名及密码仅限本人使用、严禁他人使用或将密码告知他人。

9. 个人征信查询系统中，(　　)涵盖了信用卡与贷款的明细等情况。[2014 年 6 月真题]

A. 个人身份信息　　B. 居住信息　　C. 贷款信息　　D. 个人质押信息

【解析】个人征信系统所搜集的个人信用信息包括个人基本信息、贷款信息、非银行信息、客户本人声明等各类信息。其中，贷款信息包括银行贷款汇总信息、准贷记卡汇总信息、贷记卡汇总信息、贷款汇总信息、为他人贷款担保汇总信息、信用明细信息以及查询机构查询信息主体信用报告形成的查询时间、查询原因、查询人等查询记录等信息。

10. 为加强对个人隐私的保护，中国人民银行对个人征信系统的安全管理采取的措施中不包括(　　)。[2013 年 11 月真题]

A. 查询记录　　B. 违规处罚　　C. 限定用途　　D. 分级管理

6C　7A　8A　9C　10D

【解析】为了保证个人信用信息的合法使用，保护个人的合法权益，中国人民银行对个人征信系统的安全管理采取了授权查询、限定用途、保障安全、查询记录、违规处罚等措施，保护个人隐私和信息安全。

11. 小李两年前在北京办理了一张信用卡，后调到上海工作，地址和电话信息都更换了，小李从此一直没收到信用卡对账单和通知短信，所以并不知道自己尚有几笔欠款未还清，今年，准备结婚的小李欲贷款买房时才发现，之前的信用卡因逾期还款时间太长而被强制停卡。则小李应该(　　)。[2013 年 11 月真题]

A. 只要在下次申请信用卡或贷款前去银行还清欠款，就不会留下信用污点

B. 立即通知信用卡中心更新其个人信息，及时还清欠款并保持按时还款

C. 发现之前的信用卡被停卡后，立即去另一家银行申请新信用卡，覆盖原来的不良信用记录

D. 发现之前的信用卡被停卡后，立即销卡，以销毁原来的不良信用记录

【解析】如果对个人信用报告中其他基本信息有异议，最简便的方法就是个人到与个人有业务往来的商业银行更新、更正个人信息，商业银行会在下一次报送数据时报送个人更新、更正过的信息。相应地，个人在个人信用数据库的基本信息也会得到更新或更正。

12. 我国个人信用数据库的个人信息更新频率为(　　)。[2013 年 11 月真题]

A. 不定期更新　　B. 每月更新　　C. 实时更新　　D. 每日更新

【解析】在我国，考虑到商业银行结算周期多以月为单位，相应地，个人信用数据库是每月更新一次信息，因此，最新的信用信息一般要间隔一个月以后才会在个人信用报告中展示出来。

13. 个人征信查询系统中，下列不属于个人基本信息的是(　　)。[2012 年 10 月真题]

A. 居住信息　　B. 身份信息　　C. 职业信息　　D. 贷款信息

【解析】个人征信系统所搜集的个人信用信息包括个人基本信息、贷款信息、非银行信息、客户本人声明等各类信息。个人基本信息包括个人身份、配偶身份、居住信息、职业信息等。

14. 对于个人信用报告的异议处理，商业银行应当在接到核查通知的(　　)个工作日内向征信中心作出核查情况的书面答复。[2012 年 6 月真题]

A. 7　　B. 2　　C. 10　　D. 5

【解析】征信中心内部核查未发现个人信用数据库处理过程存在问题的，应当立即书面通知提供相关信息的商业银行进行核查。商业银行应当在接到核查通知的 10 个工作日内向征信中心作出核查情况的书面答复。

15. 个人征信系统是由(　　)组织各商业银行建立的个人信用信息共享平台。[2010 年 10 月真题]

A. 中国人民银行　　B. 中国银行保险监督管理委员会

C. 司法部门　　D. 中国银行业协会

11B　12B　13D　14C　15A

【解析】个人征信系统是我国社会信用体系的重要基础设施，是由中国人民银行组织国内相关金融机构建立的个人信用信息共享平台。该数据库采集、整理、保存公民个人信用信息，为金融机构提供个人信用状况查询服务，为货币政策和金融监管提供信息服务。

16. 我国的个人征信体系建设始于(　　)。
A. 1993 年专门从事企业征信的新华信国际信息咨询有限公司开始正式对外提供服务
B. 1999 年 7 月人民银行批准建立上海资信有限公司
C. 2000 年 6 月建成上海个人信用联合征信服务系统
D. 2006 年 1 月个人征信系统在全国联网运行
【解析】我国个人征信的发展历史分为探索、起步、发展三个阶段。A 项，属于探索阶段，此时征信业的雏形初步显现。BC 两项，属于起步阶段。其中，我国的个人征信体系建设始于 1999 年 7 月人民银行批准建立上海资信有限公司，试点个人征信。D 项，属于发展阶段。

17. 下列关于《个人信用信息基础数据库管理暂行办法》的说法，错误的是(　　)。
A. 明确个人信用数据库是中国人民银行组织商业银行建立的全国统一的个人信用信息共享平台
B. 规定了个人信用信息保密原则
C. 规定了个人信用数据库采集个人信用信息的范围和方式
D. 规定商业银行和征信中心在采集信息时应结合自身的主观判断
【解析】D 项，《个人信用信息基础数据库管理暂行办法》规定了个人信用信息的客观性原则，即个人信用数据库采集的信息是个人信用交易的原始记录，商业银行和征信中心不得增加任何主观判断。

18. 关于个人征信系统的网络流程管理，下列说法错误的是(　　)。
A. 通过专线与商业银行分支机构信贷人员的业务柜台直接相连
B. 对用户实行分级管理、权限控制、身份认证、活动跟踪、查询监督的政策
C. 数据传输加压加密，对系统及数据进行安全备份与恢复
D. 对系统进行评估，有效防止计算机病毒和黑客攻击等
【解析】A 项，个人征信系统通过专线与商业银行等金融机构总部相连(一口接入)，汇总后金融机构实现共享的功能。

19. 关于个人征信系统的授权管理，下列说法错误的是(　　)。
A. 对已发放的个人贷款进行贷后风险管理时，商业银行查询个人信用报告无须取得被查询人的书面授权
B. 书面授权可以通过在贷款、贷记卡、准贷记卡以及担保申请书中增加相应条款取得
C. 商业银行应制定贷后风险管理查询个人信用报告的内部授权制度和查询管理程序
D. 征信中心可以根据个人申请提供其本人的信用报告，但无须核实申请人身份
【解析】D 项，征信中心可以根据个人申请提供其本人的信用报告，但必须核实申请人

16B　17D　18A　19D

身份。

20. 信用报告查询相关档案资料保管期限为(　　)年，到期可对档案资料进行销毁。[2019年6月真题]

A. 一　　B. 二　　C. 三　　D. 四

【解析】查询机构要按业务档案管理规定对档案资料(包括相关文件)进行管理。信用报告查询相关档案资料保管期限为三年，到期可对档案资料进行销毁。

21. 中国人民银行征信管理部门应当在收到个人异议申请的________个工作日内将异议申请转交征信中心，征信中心应当在接到异议申请的________个工作日内进行内部核查。(　　)

A. 1；2　　B. 2；2　　C. 5；5　　D. 5；7

【解析】中国人民银行征信管理部门应当在收到个人异议申请的2个工作日内将异议申请转交征信中心。征信中心应当在接到异议申请的2个工作日内进行内部核查。征信中心如发现异议信息是由于个人信用数据库信息处理过程造成的，应当立即进行更正，并检查个人信用数据库处理程序和操作规程存在的问题。

22. 征信中心应当在接受异议申请之日起(　　)日内进行核查和处理，并将结果书面答复异议人。

A. 7　　B. 10　　C. 20　　D. 30

【解析】征信中心应当在接受异议申请之日起20日内进行核查和处理，并将结果书面答复异议人。经核查确认相关信息确有错误、遗漏的，信息提供者、征信机构应当予以更正；确认不存在错误、遗漏的，应当取消异议标注；经核查仍不能确认的，对核查情况和异议内容应当予以记载。

二、多选题(下列选项中有两项或两项以上符合题目要求)

1. 个人征信系统数据的直接使用者包括(　　)。[2018年10月真题]

A. 商业银行　　B. 外国领事馆

C. 数据主体的贸易伙伴　　D. 金融监督管理机构

E. 数据主体本人

【解析】目前，个人征信系统数据的直接使用者包括商业银行、数据主体本人、金融监督管理机构，以及司法部门等其他政府机构，但其影响力已涉及税务、教育、电信等部门。

2. 司法部门查询个人基础数据库信用信息时应提交的资料包括(　　)。[2017年6月真题]

A. 查询经办人员的姓名

B. 查询经办人员填写的个人信用报告司法查询申请表

C. 司法部门签发的个人信用报告协查函或介绍信

D. 查询经办人员的身份证

E. 查询经办人员的工作证件原件及复印件

【解析】根据相关法律法规的规定，司法部门可以到当地的查询机构申请查询相关涉案人

20C　21B　22C　▌　1ADE　2BCE

员的信用报告。申请司法查询时应提交下列资料：①司法部门签发的个人信用报告协查函或介绍信，包含情况说明和查询原因、被查询人的姓名、有效身份证件号码；②申请司法查询经办人员的工作证件原件及复印件；③申请司法查询经办人员应如实、规范填写的个人信用报告司法查询申请表。

3. 公民个人可以通过(　　)渠道使用人民银行个人征信自助机查询本人的完整版信用报告。

A. 征信中心　　B. 人民银行网点　　C. 手机银行　　D. 网点智能查询机

E. 部分商业银行网点

【解析】公民个人可以到征信中心、人民银行网点、部分商业银行网点，使用人民银行个人征信自助机查询完整版信用报告；还可通过部分商业银行网点、手机银行、网点智能查询机等自助渠道查询简化版信用报告。

4. 在个人征信异议处理工作中可能会遇到的申请类型有(　　)。[2016 年 6 月真题]

A. 个人认为在金融机构的贷款余额与实际不符

B. 个人认为某一笔贷款或信用卡本人根本就没申请过

C. 个人对担保信息有异议

D. 个人的身份、居住、职业等基本信息与实际情况不符

E. 个人认为信用卡的逾期记录与实际不符

【解析】异议是指个人对自己的信用报告中反映的信息持否定或不同意见。目前，在异议处理工作中，常常遇到的异议申请主要有上述 BCDE 四种类型。

5. 个人征信系统中的银行信贷信息包括(　　)。[2015 年 10 月真题]

A. 婚姻信息　　B. 交通违章信息　　C. 经营信息　　D. 信用卡信息

E. 贷款信息

【解析】银行信贷交易信息是客户在各商业银行或者其他授信机构办理的贷款、信用卡等交易的汇总和明细信息。

6. 个人对征信的异议处理结果仍然有异议的，可以采取的处理方法有(　　)。[2015 年 5 月真题]

A. 向法院提起诉讼，借助法律手段解决

B. 向中国人民银行征信管理部门反映

C. 向上报个人信用记录的商业银行反映

D. 向当地中国人民银行征信管理部门申请在个人信用报告上发表个人声明

E. 向当地人民代表大会反映

【解析】如果个人对征信的异议处理结果仍然有异议，可以通过以下三个步骤进行处理：①向当地中国人民银行征信管理部门申请在个人信用报告上发表个人声明；②向中国人民银行征信管理部门反映；③向法院提起诉讼，借助法律手段解决。

7. 个人征信异议是指个人对自己的信用报告中反映的信息持否定或不同意见，产生个人征信异议的主要原因有(　　)。[2014 年 11 月真题]

3ABE　4BCDE　5DE　6ABD　7ABCDE

A. 个人的基本信息发生了变化，但没有及时更新

B. 个人忘记曾经与数据报送机构有过经济交易

C. 数据报送机构数据信息录入错误

D. 个人身份被盗用

E. 技术原因造成数据处理出错

【解析】产生个人征信异议的主要原因包括：①个人的基本信息发生了变化，但个人没有及时将变化后的信息提供给商业银行等数据报送机构，影响了信息的更新；②数据报送机构数据信息录入错误或信息更新不及时；③技术原因造成数据处理出错；④他人盗用或冒用个人身份获取贷款或信用卡；⑤个人忘记曾经与数据报送机构有过经济交易（如已办信用卡、贷款），因而误以为个人信用报告中的信息有错。

8. 下列关于个人征信安全管理的说法，正确的有（　　）。［2014 年 11 月真题］

A. 查询机构要做好对档案存放地的防火、防潮、防虫、防鼠等安全措施

B. 商业银行查询个人信用报告时应当取得被查询人的书面授权

C. 商业银行各级用户应妥善保管用户密码

D. 商业银行可在任意条件下查询个人的信用报告

E. 对于查询的结果用于规定范围之外的用途的，将被罚款甚至判刑

【解析】D 项，除了本人以外，商业银行只有在办理贷款、信用卡、担保等业务时，或贷后管理、发放信用卡时才能查看个人的信用报告。

9. 根据个人信用信息基础数据库保密和保护个人隐私管理要求，商业银行必须对信贷人员（即数据库用户）进行管理，措施主要有（　　）。［2013 年 11 月真题］

A. 禁止商业银行违反规定查询个人的信用报告

B. 每一个用户在进入系统时都要登记注册

C. 禁止商业银行将查询结果用于规定范围之外的其他目的

D. 计算机系统对违规操作自动报告并关闭

E. 计算机系统记录每一个用户对每一笔信用报告的查询操作

【解析】个人信用信息基础数据库须对查看信用报告的商业银行信贷人员（即数据库用户）进行管理，每一个用户在进入该系统时都要登记注册，而且计算机系统还自动追踪和记录每一个用户对每一笔信用报告的查询操作，并加以记录。商业银行如果违反规定查询个人的信用报告，或将查询结果用于规定范围之外的其他目的，将被责令改正，并处以经济处罚；涉嫌犯罪的，则将依法移交司法机关处理。

10. 个人信用报告有异议时，当事人可以采取以下方式处理（　　）。［2013 年 11 月真题］

A. 向所在地的人民银行分支行征信管理部门提出异议申请

B. 向与其发生信贷融资的商业银行总行提出异议申请

C. 向与其发生信贷融资的商业银行经办机构的直接上级机构反映

D. 向与其发生信贷融资的商业银行经办机构反映

E. 向人民银行征信中心提出异议申请

【解析】个人对信用报告有异议时，可以向所在地的中国人民银行分支行征信管理部门

8ABCE　9ABCE　10ADE

或征信中心提出个人信用报告的异议申请，个人需出示本人身份证原件、提交身份证复印件。个人客户也可持本人身份证向与其发生信贷融资的商业银行经办机构申请。

11. 个人征信系统依法采集和保存的全国银行信贷信用信息，主要包括(　　)。

A. 个人在商业银行的身份验证信息　　B. 个人在商业银行的借款信息

C. 个人的存款信息　　D. 个人在商业银行的担保信息

E. 个人在商业银行的抵押信息

【解析】全国个人信用信息基础数据库依法采集和保存的全国银行信贷信用信息主要包括个人在商业银行的借款、抵押、担保数据及身份验证信息，在此基础上，将逐步扩大到保险、证券、工商等领域，从而形成覆盖全国的基础信用信息服务网络。

12. 关于个人信用报告中的信息，下列说法正确的是(　　)。

A. 公安部身份信息核查结果实时来自于公安部公民信息共享平台的信息

B. 个人基本信息不包括客户的婚姻信息

C. 银行信贷交易信息是客户在各商业银行或者其他授信机构办理的贷款、信用卡等交易的汇总和明细信息

D. 公共信息是个人征信系统从其他部门采集的、可以反映客户各方面情况的信息

E. 本人声明是客户本人对信用报告中某些无法核实的异议所做的说明

【解析】B项，个人基本信息表示客户本人的一些基本信息，包括身份信息、婚姻信息、居住信息、职业信息等内容。

13. 信贷信息采集需要经过哪些环节？(　　)

A. 数据报送　　B. 数据加载　　C. 数据校验　　D. 数据整合

E. 数据反馈

【解析】信息采集需要经过数据报送、校验加载、反馈三个环节。数据报送环节：接入机构采用接口或非接口方式生成报文文件，并通过登录征信系统页面(或使用web service)将报文文件传送至征信中心文件服务器。数据校验、加载环节：征信中心接收到报文文件后，根据数据校验规则对报文文件中包含的数据进行校验，并将校验通过的数据保存至征信系统；将校验未通过的数据以及出错原因提示，生成在反馈报文中。反馈环节：征信系统将反馈报文反馈给接入机构。

14. 如果个人委托代理人对个人信用报告提出异议申请，代理人须提供(　　)。

A. 委托人的身份证原件及复印件　　B. 委托人的个人信用报告

C. 具有法律效力的授权委托书　　D. 代理人的身份证原件及复印件

E. 代理人的个人信用报告

【解析】如果个人委托代理人提出异议申请，代理人须提供委托人(个人自己)和代理人的身份证原件及复印件、委托人的个人信用报告、具有法律效力的授权委托书。E项，代理人的信用报告与委托人的异议申请并无关系，无需提供。

15. 商业银行经核查后，发现异议信息确实有误的，应(　　)。

A. 向征信中心报送更正信息　　B. 向个人报送更正信息

11ABDE　12ACDE　13ABCE　14ABCD　15ADE

C. 向征信中心报送程序优化建议　　　D. 检查个人信用信息报送程序

E. 对后续报送的其他个人信用信息进行检查

【解析】异议信息确实有误的，商业银行应当采取以下措施：①应当向征信中心报送更正信息；②检查个人信用信息报送的程序；③对后续报送的其他个人信用信息进行检查，一旦发现错误，应当重新报送。

16. 互联网金融本身的征信业务发展面临着重大的挑战，表现在（　）。

A. 大多数网络贷款无法完全利用银行间的征信系统，仅能进行有限的尽职调查

B. 信息征集授权未作规范，存在征集流程不合法现象

C. 信息更正流程冗长、救济方式操作性不强，存在法律风险

D. 信息使用标准不统一、保留期限未明朗，存在“征信不公”问题

E. 信息征集范围不明确，存在征集来源任意扩大化问题

【解析】与传统金融机构不同，目前大多数网络贷款无法完全利用银行间的征信系统，仅能进行有限的尽职调查，其具体表现为：①信息征集范围不明确，存在征集来源任意扩大化问题；②信息征集授权未作规范，存在征集流程不合法现象；③信息使用标准不统一、保留期限未明朗，存在“征信不公”问题；④信息更正流程冗长、救济方式操作性不强，存在法律风险。

三、判断题（请对下列各题的描述做出判断，正确的用A表示，错误的用B表示）

1. 个人征信系统的社会功能主要体现在帮助商业银行等金融机构控制信用风险，维护金融稳定，扩大信用交易，提高经济运行效率，促进经济可持续发展。（　）［2013年11月真题］

【解析】个人征信系统的经济功能主要体现在，帮助商业银行等金融机构控制信用风险，维护金融稳定，扩大信用交易，提高经济运行效率，促进经济可持续发展。

2. 个人征信系统在提高审贷效率、方便群众借贷、防止不良贷款等方面发挥了积极的作用。（　）［2012年6月真题］

【解析】个人征信系统在提高审贷效率、方便广大群众借贷、防止不良贷款、防止个人过度负债以及根据信用风险确定利率水平方面发挥了积极的作用。

3. 如果个人认为自己的信用报告中反映的个人住房公积金信息与实际情况不符，可以持本人身份证件到开立个人结算账户的金融机构核实情况和更改信息，也可以到当地中国人民银行征信管理部门申请异议处理。（　）［2010年5月真题］

【解析】如果个人认为自己的信用报告中反映的个人养老保险金信息或住房公积金信息与实际情况不符，可以直接向当地社保经办机构或当地住房公积金中心核实情况和更改信息，也可以向当地中国人民银行征信管理部门提出书面异议申请。

4. 个人信用报告中的信息主要有个人基本信息、银行信贷交易信息、公共信息、本人声明、异议标注和查询历史信息这六个方面。（　）

【解析】个人信用报告中的信息主要有七个方面：①公安部身份信息核查结果；②个人基本信息；③银行信贷交易信息；④公共信息；⑤本人声明；⑥异议标注；⑦查询历史

16ABCDE　　**|**　　1B　2A　3B　4B

信息。

5. 商业银行应当建立保证个人信用信息安全的管理制度，确保所有查询符合规定，不定期地向中国人民银行及征信中心报告查询检查结果。(　　)

【解析】商业银行应当建立保证个人信用信息安全的管理制度，确保只有得到内部授权的人员才能接触个人信用报告并经常对个人信用数据库的查询情况进行检查，确保所有查询符合规定，并定期向中国人民银行及征信中心报告查询检查结果。

6. 商业银行各查询用户的用户名及密码除本人使用外，还可以授权他人使用。(　　)

【解析】商业银行各查询用户的用户名及密码仅限本人使用、严禁他人使用或将密码告知他人。

5B　6B

附录　个人贷款相关法律法规

一、单选题(下列选项中只有一项最符合题目的要求)

1. 根据《民法典》的规定，(　　)是指按照被代理人的委托行使代理权。[2018 年 10 月真题]

A. 委托代理　B. 法定代理　C. 表见代理　D. 指定代理

【解析】根据《民法典》第一百六十三条规定，代理包括委托代理和法定代理。委托代理人按照被代理人的委托行使代理权，法定代理人依照法律的规定行使代理权。

2. 下列关于个人经营贷款的表述，错误的是(　　)。[2018 年 6 月真题]

A. 贷款期限一般不超过 5 年，业务实践中，银行根据担保方式，借款人经营活动以及借款人还款能力等因素确定贷款期限

B. 贷款借款人要具有稳定的收入来源和按时足额偿还贷款本息的能力，借款人月所有债务支出(本笔贷款的月还款 + 月物业管理费 + 其他债务月均偿付额)与月收入之比不超过 55%

C. 借款人要有良好的信用记录和还款意愿

D. 借款人要具有合法的经营资格，能够提供个体工商户营业执照

【解析】B 项属于个人住房贷款的规定，不属于个人经营贷款的规定。

3. 根据《民法典》，应当先履行债务的当事人，可以中止履行的情况不包括(　　)。

A. 对方经营状况严重恶化　B. 转移财产、抽逃资金，以逃避债务

C. 对方有可能拒绝履行合同约定　D. 丧失商业信誉

【解析】根据《民法典》第五百二十七条，应当先履行债务的当事人，有确切证据证明对方有下列情形之一的，可以中止履行：①经营状况严重恶化；②转移财产、抽逃资金，以逃避债务；③丧失商业信誉；④有丧失或者可能丧失履行债务能力的其他情形。

4. 根据《民法典》，民事活动中应当遵循的原则不包括(　　)。

A. 自由原则　B. 诚信原则　C. 自愿原则　D. 公平原则

【解析】根据《民法典》第五条至第七条规定，民事主体从事民事活动，应当遵循自愿原则、公平原则与诚信原则。

5. 某客户申请贷款购买首套 150 平方米住房(该住房为二手房)，并以该房产做贷款抵押物，房屋买卖合同交易价格为 120 万元，但银行评估价格为 100 万元，银行发放该笔贷款最多不得超过(　　)万元。[2016 年 6 月真题]

A. 80　B. 96　C. 70　D. 84

【解析】对于贷款购买首套普通自住房的家庭，贷款最低首付款比例为 30%。抵押物价值的确定以该房产在该次买卖交易中的成交价或评估价的较低者为准。因此银行发放该笔贷款最多不得超过 100 × 70% = 70(万元)。

1A　2B　3C　4A　5C

6. 下列关于代理的表述，错误的是(　　)。[2015 年 10 月真题]

A. 代理人知道或者应当知道代理事项违法仍然实施代理行为，被代理人和代理人应当承担连带责任

B. 民事主体可以通过代理人实施民事法律行为

C. 相对人知道或者应当知道行为人无权代理的，相对人和行为人按照各自的过错承担责任

D. 行为人没有代理权、超越代理权或者代理权终止后的行为，无论何种情况，被代理人均不用承担民事责任

【解析】D 项，行为人没有代理权、超越代理权或者代理权终止后，仍然实施代理行为，未经被代理人追认的，对被代理人不发生效力；相对人有理由相信行为人有代理权的，代理行为有效。

7. 下列各项中，会导致委托代理终止的情形是(　　)。[2015 年 10 月真题]

A. 作为代理人或者被代理人的法人、非法人组织终止

B. 代理人丧失民事行为能力

C. 代理人或者被代理人死亡

D. 被代理人取得或者恢复完全民事行为能力

【解析】根据《民法典》第一百七十三条，有下列情形之一的，委托代理终止：①代理期限届满或者代理事务完成；②被代理人取消委托或者代理人辞去委托；③代理人丧失民事行为能力；④代理人或者被代理人死亡；⑤作为代理人或者被代理人的法人、非法人组织终止。BCD 三项为法定代理终止的情形。

8. 根据《个人贷款管理暂行办法》规定，贷款人应按区域、品种、客户群等维度建立个人贷款(　　)管理制度。[2015 年 10 月真题]

A. 信用评级　　B. 还款记录　　C. 风险限额　　D. 担保情况

【解析】根据《个人贷款管理暂行办法》第六条，贷款人应按区域、品种、客户群等维度建立个人贷款风险限额管理制度。

9. 下列关于保证的表述，错误的是(　　)。

A. 保证合同可以是单独订立的书面合同，也可以是主债权债务合同中的保证条款

B. 在保证合同中对保证方式没有约定或约定不明的，按照一般保证承担保证责任

C. 保证的方式包括一般保证和连带责任保证

D. 当事人在保证合同中约定，债务人不能履行债务时，由保证人承担保证责任的，为连带责任保证

【解析】D 项，当事人在保证合同中约定，债务人不能履行债务时，由保证人承担保证责任的，为一般保证。当事人在保证合同中约定保证人和债务人对债务承担连带责任的，为连带责任保证。

10. 一般保证的保证人与债权人未约定保证期间的，保证期间为主债务履行期届满之日起(　　)。[2015 年 5 月真题]

6D　7A　8C　9D　10D

A. 1年　　　B. 4年　　　C. 2年　　　D. 6个月

【解析】根据《民法典》第六百九十二条，债权人与保证人可以约定保证期间，但是约定的保证期间早于主债务履行期限或者与主债务履行期限同时届满的，视为没有约定；没有约定或约定不明确的，保证期间为主债务履行期限届满之日起六个月。债权人与债务人对主债务履行期限没有约定或者约定不明确的，保证期间自债权人请求债务人履行债务的宽限期届满之日起计算。

11. 个人贷款业务中，债务人或者第三人可以抵押的财产是(　　)。[2017年6月真题]

A. 正在建造的建筑物、船舶、航空器

B. 集体所有的土地使用权

C. 医疗卫生设施

D. 学校、幼儿园、医疗机构等为公益为目的成立的非营利法人的财产

【解析】根据《民法典》第三百九十五条，债务人或者第三人有权处分的下列财产可以抵押：①建筑物和其他土地附着物；②建设用地使用权；③海域使用权；④生产设备、原材料、半成品、产品；⑤正在建造的建筑物、船舶、航空器；⑥交通运输工具；⑦法律、行政法规未禁止抵押的其他财产。根据《民法典》第三百九十九条，下列财产不得抵押：①土地所有权；②宅基地、自留地、自留山等集体所有土地的使用权，但是法律规定可以抵押的除外；③学校、幼儿园、医疗机构等为公益目的成立的非营利法人的教育设施、医疗卫生设施和其他公益设施；④所有权、使用权不明或者有争议的财产；⑤依法被查封、扣押、监管的财产；⑥法律、行政法规规定不得抵押的其他财产。BCD三项均为不得抵押的财产。

12. 根据《民法典》，下列不得作为个人质押贷款质押物的是(　　)。[2014年6月真题]

A. 可以转让的基金份额　　　B. 应付账款

C. 提单　　　D. 国债

【解析】根据《民法典》第四百四十条，债务人或者第三人有权处分的下列权利可以出质：①汇票、本票、支票；②债券、存款单；③仓单、提单；④可以转让的基金份额、股权；⑤可以转让的注册商标专用权、专利权、著作权等知识产权中的财产权；⑥现有的以及将有的应收账款；⑦法律、行政法规规定可以出质的其他财产权利。

13. 根据《贷款通则》，关于贷款展期的表述，错误的是(　　)。[2019年6月真题]

A. 中期贷款展期期限累计不得超过原贷款期限的一半

B. 短期贷款展期期限累计不得超过原贷款期限

C. 借款人未申请展期或申请展期未得到批准，其贷款从到期日次日起，转入逾期贷款账户

D. 是否展期由贷款人与借款人共同协商决定

【解析】D项，根据《贷款通则》第十二条，不能按期归还贷款的，借款人应当在贷款到期日之前，向贷款人申请贷款展期。是否展期由贷款人决定。

14. 下列各项中，不属于借款人权利的是(　　)。[2015年5月真题]

11A　12B　13D　14D

A. 在征得贷款人同意后，有权向第三人转让债务
B. 有权按合同约定提取和使用全部贷款
C. 可以自主向主办银行或者其他银行的经办机构申请贷款并依条件取得贷款
D. 按借款合同约定及时清偿贷款本息

【解析】D 项是借款人的义务。

15. 保证关系反映的是保证人、债权人、债务人三者之间的法律关系，一般签订保证合同的当事人是(　　)。[2015 年 10 月真题]

A. 保证人、债权人、债务人　　B. 债权人、债务人
C. 保证人、债务人　　D. 保证人、债权人

【解析】根据《贷款通则》第二十九条，保证贷款应当由保证人与贷款人签订保证合同，或保证人在借款合同上载明与贷款人协商一致的保证条款。加盖保证人的法人公章，并由保证人的法定代表人或其授权代理人签署姓名。

16. 贷款调查人员应对个人贷款申请内容和相关情况的________、________、准确性进行调查核实；贷款审查人员应对贷款调查内容的________、________、准确性进行全面审查。(　　)[2014 年 11 月真题]

A. 合理性；合法性；真实性；完整性　　B. 真实性；合法性；完整性；合理性
C. 真实性；完整性；合法性；合理性　　D. 完整性；合理性；真实性；合法性

【解析】根据《个人贷款管理暂行办法》，贷款人受理借款人贷款申请后，应履行尽职调查职责，对个人贷款申请内容和相关情况的真实性、准确性、完整性进行调查核实，并形成调查评价意见；贷款审查应对贷款调查内容的合法性、合理性、准确性进行全面审查，重点关注调查人的尽职情况和借款人的偿还能力、诚信状况、担保情况、抵(质)押比率、风险程度等。

17. 根据《个人贷款管理暂行办法》规定，在个人贷款业务中，按合同约定办理抵押物登记的，贷款人应当________；贷款人委托第三方办理的，应________。(　　)[2014 年 11 月真题]

A. 加强审查；审查第三方的资质
B. 参与；对抵押物登记情况予以核实
C. 加强审查；对抵押物登记情况予以核实
D. 参与；审查第三方的资质

【解析】根据《个人贷款管理暂行办法》第二十六条，按合同约定办理抵押物登记的，贷款人应当参与。贷款人委托第三方办理的，应对抵押物登记情况予以核实。以保证方式担保的个人贷款，贷款人应由不少于两名信贷人员完成。

18. 发放商业性个人贷款的商业银行应根据________原则，完善授权管理制度，规范审批操作流程，明确贷款审批权限，实行审贷分离和授权审批，确保贷款审批人员按照________审批贷款。(　　)[2014 年 11 月真题]

A. 审慎性；授权独立　　B. 盈利性；岗位职责

15D　16C　17B　18A

C. 自主性；岗位自主　　D. 合规性；职务逐级

【解析】根据《个人贷款管理暂行办法》第二十条，贷款人应根据审慎性原则，完善授权管理制度，规范审批操作流程，明确贷款审批权限，实行审贷分离和授权审批，确保贷款审批人员按照授权独立审批贷款。

19. 根据《个人贷款管理暂行办法》规定，贷款人应建立并严格执行贷款________制度，通过电子银行渠道发放________的，贷款人至少应当采取有效措施确定借款人真实身份。(　　)［2013 年 11 月真题］

A. 面谈；低风险住房贷款　　B. 面签；低风险质押贷款

C. 面签；低风险住房贷款　　D. 面谈；低风险质押贷款

【解析】根据《个人贷款管理暂行办法》第十七条，贷款人应建立并严格执行贷款面谈制度。通过电子银行渠道发放低风险质押贷款的，贷款人至少应当采取有效措施确定借款人真实身份。

20. 根据《个人贷款管理暂行办法》有关贷款资金支付管理的规定，采用贷款人受托支付的，贷款人应(　　)。［2013 年 11 月真题］

A. 把贷款资金专户存储，借款人的交易对象在用款时向贷款人提出用款申请

B. 把贷款资金专户存储，借款人用款时向贷款人提出申请

C. 要求借款人在使用贷款时提出支付申请，并授权贷款人按合同约定方式支付贷款资金

D. 要求贷款人在使用贷款时提出支付申请，并授权交易对方按合同约定方式提取资金

【解析】根据《个人贷款管理暂行办法》第三十一条，采用贷款人受托支付的，贷款人应要求借款人在使用贷款时提出支付申请，并授权贷款人按合同约定方式支付贷款资金。贷款人应在贷款资金发放前审核借款人相关交易资料和凭证是否符合合同约定条件，支付后做好有关细节的认定记录。

21. 职工个人缴存的住房公积金和职工所在单位为职工缴存的住房公积金，属于(　　)所有。［2015 年 10 月真题］

A. 职工个人、缴存单位和国家　　B. 职工个人

C. 职工个人和缴存单位　　D. 职工个人和国家

【解析】根据《住房公积金管理条例》第三条，职工个人缴存的住房公积金和职工所在单位为职工缴存的住房公积金，属于职工个人所有。

22. 下列关于住房公积金缴存的表述，错误的是(　　)。［2014 年 11 月真题］

A. 每个职工只能有一个住房公积金账户

B. 住房公积金管理中心应当在受委托银行设立住房公积金专户

C. 住房公积金管理中心应当建立职工住房公积金明细账，记载职工个人住房公积金的缴存、提取等情况

D. 单位与职工终止劳动关系的，单位应当自劳动关系终止之日起 10 日内到住房公积金管理中心办理变更登记

19D　20C　21B　22D

【解析】D 项，单位与职工终止劳动关系的，单位应当自劳动关系终止之日起 30 日内到住房公积金管理中心办理变更登记。

23. 根据《商业银行房地产贷款风险管理指引》规定，房地产开发企业开发项目的资本金比例不低于(　　)。[2015 年 5 月真题]

A. 10%　　B. 20%　　C. 35%　　D. 50%

【解析】根据《商业银行房地产贷款风险管理指引》第十六条，商业银行对申请贷款的房地产开发企业，应要求其开发项目资本金比例不低于 35%。

24. 根据《商业银行房地产贷款风险管理指引》的规定，商业银行应将借款人住房贷款的月房产支出与收入比控制在________，月所有债务支出与收入比控制在________。(　　)[2015 年 5 月真题]

A. 55% 以下(含 55%)；55% 以下(含 55%)

B. 50% 以下(含 50%)；55% 以下(含 55%)

C. 60% 以下(含 60%)；65% 以下(含 65%)

D. 45% 以下(含 45%)；50% 以下(含 50%)

【解析】根据《商业银行房地产贷款风险管理指引》第三十六条，商业银行应将借款人住房贷款的月房产支出与收入比控制在 50% 以下(含 50%)，月所有债务支出与收入比控制在 55% 以下(含 55%)。

25. 陈小姐是某公司职员，本月工资收入 8000 元，本月住房贷款还款 2500 元，本月支付物业管理费 500 元，其本月所有债务支出与收入比为(　　)。[2015 年 10 月真题]

A. 37.5%　　B. 30%　　C. 31.3%　　D. 62.5%

【解析】根据《商业银行房地产贷款风险管理指引》第三十六条，所有债务与收入比的计算公式为：(本次贷款的月还款额 + 月物业管理费 + 其他债务月均偿付额)/月均收入，故陈小姐本月所有债务支出与收入比 = (2500 + 500)/8000 × 100% = 37.5%。

26. 某客户本次贷款的月还本付息额 2350 元，所购房产的月物业管理费预计 150 元，其他债务月均偿付额 300 元，借款人月均收入 5000 元，依据《商业银行房地产贷款风险管理指引》，审查其房产支出与收入比、所有债务与收入比两项指标，下列说法正确的是(　　)。[2017 年 6 月真题]

A. 两项指标均未达到条件

B. 两项指标均达到条件

C. 房产支出与收入比达到条件、所有债务与收入比未达到条件

D. 房产支出与收入比未达到条件、所有债务与收入比达到条件

【解析】根据《商业银行房地产贷款风险管理指引》第三十六条，商业银行应将借款人住房贷款的月房产支出与收入比控制在 50% 以下(含 50%)，月所有债务支出与收入比控制在 55% 以下(含 55%)。本题中，月房产支出与收入比 = (本次贷款的月还款额 + 月物业管理费)/月均收入 = (2350 + 150)/5000 = 50%；所有债务与收入比 = (本次贷款的月还款额 + 月物业管理费 + 其他债务月均偿付额)/月均收入 = (2350 +

23C　24B　25A　26C

150 + 300)/5000 = 56%。

27. 个人住房贷款中，借款人的收入是指申请人自身的可支配收入，即单一申请为申请人本人的可支配收入，共同申请为(　　)的可支配收入。[2015 年 5 月真题]

A. 主申请人或共同申请人　　B. 主申请人

C. 共同申请人　　D. 主申请人和共同申请人

【解析】根据《商业银行房地产贷款风险管理指引》第三十六条，个人住房贷款借款人的收入是指申请人自身的可支配收入，即单一申请为申请人本人的可支配收入，共同申请为主申请人和共同申请人的可支配收入。

28. 商业银行在办理个人住房贷款业务时，应区别判断抵押物状况，抵押物价值的确定以该房产(　　)为准。[2014 年 6 月真题]

A. 最新的评估价

B. 该次买卖交易中的成交价或评估价的较高者

C. 该次买卖交易中的成交价

D. 该次买卖交易中的成交价或评估价的较低者

【解析】根据《商业银行房地产贷款风险管理指引》第三十八条，商业银行应区别判断抵押物状况。抵押物价值的确定以该房产在该次买卖交易中的成交价或评估价的较低者为准。

29. 某大学生在校期间申请到了一笔国家助学贷款，毕业时共形成 1000 元利息。毕业后由于工作未落实，不能归还贷款，又形成 500 元利息。根据国家有关规定，应由财政贴息的金额为(　　)元。[2015 年 5 月真题]

A. 500　　B. 1000　　C. 1500　　D. 750

【解析】国家助学贷款实行借款学生在校期间的贷款利息全部由财政补贴，毕业后全部自付的办法，借款学生毕业后开始计付利息。

30. 根据《关于进一步完善国家助学贷款工作的若干意见》，对国家助学贷款的理解，错误的是(　　)。[2015 年 5 月真题]

A. 普通高校每年的借款总额原则上按全日制普通本专科学生(含高职学生)、研究生以及第二学士学位在校生总数 20% 的比例、每人每年 6000 元的标准计算确定

B. 国家助学贷款风险补偿专项资金由财政和普通高校各承担 50%

C. 为鼓励银行积极开展国家助学贷款业务，按照“风险分担”原则，建立国家助学贷款风险补偿机制

D. 自学生毕业之日起即开始偿还贷款本金、4 年内还清

【解析】D 项，根据《关于进一步完善国家助学贷款工作的若干意见》，对国家助学贷款实行延长还贷年限的政策，改变目前自学生毕业之日起即开始偿还贷款本金、4 年内还清的做法，实行借款学生毕业后视就业情况，在 1 至 2 年后开始还贷、6 年内还清的做法。

31. 下列关于农户贷款的贷后管理的表述，错误的是(　　)。[2015 年 5 月真题]

27D　28D　29B　30D　31D

A. 农村金融机构应当在贷款还款日之前预先提示借款人安排还款，并按照借款合同约定按期收回贷款本息

B. 农村金融机构对逾期贷款应当及时催收，按逾期时间长短和风险程度逐级上报处理，掌握借款人动态，及时采取措施保全信贷资产安全

C. 农村金融机构贷后管理中应当着重排查防范假名、冒名、借名贷款，包括建立贷款本息独立对账制度、不定期重点检(抽)查制度以及至少两年一次的全面交叉核查制度

D. 对于因自然灾害、农产品价格波动等客观原因造成借款人无法按原定期限正常还款的，均可进行合理展期

【解析】D项，对于因自然灾害、农产品价格波动等客观原因造成借款人无法按原定期限正常还款的，由借款人申请，经农村金融机构同意，可以对还款意愿良好、预期现金流量充分、具备还款能力的农户贷款进行合理展期，展期时间结合生产恢复时间确定。已展期贷款不得再次展期。

32. 借款合同签订以后，如果(　　)，则允许变更借款合同。[2013年11月真题]

A. 借款人不履行借款合同，贷款难以收回

B. 借款人已经申请破产，进入清算程序

C. 借款人因不可抗拒的意外事故致使合同无法履行

D. 经借贷双方协商同意

【解析】借款合同依法需要变更的，必须经借贷双方协商同意，协商未达成之前，原借款合同继续有效。

33. 根据《个人贷款管理暂行办法》规定，以保证方式担保的个人贷款，贷款人应(　　)完成。[2013年6月真题]

A. 由不少于1名专职信贷人员　　B. 由信贷人员和审查人员共同

C. 由2名以上(不含2名)信贷人员　　D. 由不少于2名信贷人员

【解析】根据《个人贷款管理暂行办法》第二十六条，以保证方式担保的个人贷款，贷款人应由不少于两名信贷人员完成。

34. 下列关于商业助学贷款的说法，错误的是(　　)。[2009年10月真题]

A. 归还贷款在借款人毕业后两年开始

B. 借款人须提供一定的担保措施

C. 贷款银行可视情况给予借款人一定的宽限期，宽限期内不还本金

D. 期限原则上为借款人在校学制年限加6年

【解析】商业助学贷款的归还在借款人离校后次月开始，贷款可按月、按季或按年分次偿还，利随本清，也可在贷款到期时一次性偿还。

二、多选题(下列选项中有两项或两项以上符合题目要求)

1. 个人贷款应遵循的原则有(　　)。[2018年10月真题]

A. 依法合规　　B. 公平诚信　　C. 审慎经营　　D. 效率优先

32D　33D　34A　▌　1ABCE

E. 平等自愿

【解析】根据《个人贷款管理暂行办法》第四条，个人贷款应当遵循依法合规、审慎经营、平等自愿、公平诚信的原则。

2. 下列选项中，合同无效的情形有(　　)。[2018 年 10 月真题]

A. 无民事行为能力人实施的民事法律行为

B. 行为人与相对人以虚假的意思表示实施的民事法律行为

C. 违反法律、行政法规的强制性规定

D. 行为人与相对人恶意串通，损害他人合法权益

E. 违背公序良俗

【解析】根据《民法典》规定，合同无效包括以下情形：①无民事行为能力人实施的民事法律行为；②行为人与相对人以虚假的意思表示实施的民事法律行为；③违反法律、行政法规的强制性规定；④违背公序良俗；⑤行为人与相对人恶意串通，损害他人合法权益。

3. 在个人贷款业务活动中属于法律意义上有效的客户有(　　)。[2016 年 11 月真题]

A. 无民事行为能力人的法定代理人

B. 完全民事行为能力的自然人

C. 十六周岁以上不满十八周岁的公民，以自己的劳动收入为主要生活来源的

D. 限制民事行为能力人

E. 十八周岁以上的公民

【解析】个人贷款业务的客户应当是具有完全民事行为能力的自然人，以及无民事行为能力人、限制民事行为能力人的法定代理人。其中，十八周岁以上的公民是成年人，具有完全民事行为能力，可以独立进行民事活动，是完全民事行为能力人；十六周岁以上不满十八周岁的公民，以自己的劳动收入为主要生活来源的，视为完全民事行为能力人。

4. 根据《民法典》的规定，代理的分类不包括(　　)。

A. 指定代理　　B. 授权代理　　C. 委托代理　　D. 法定代理

E. 合同代理

【解析】根据《民法典》第一百六十三条，代理包括委托代理和法定代理。委托代理人按照被代理人的委托行使代理权，法定代理人依照法律的规定行使代理权。

5. 《民法典》中规定，以法人活动的性质为标准，将法人分为(　　)。[2015 年 10 月真题]

A. 事业单位法人　　B. 机关法人

C. 社会团体法人　　D. 企业法人

E. 自然人法人

【解析】法人是具有民事权利能力和民事行为能力，依法独立享有民事权利和承担民事义务的组织。《民法典》将法人分为营利法人、非营利法人及特别法人三类。其中，营利法人包括有限责任公司、股份有限公司和其他企业法人等；非营利法人包括事业单位、社

2ABCDE　3ABCE　4ABE　5ABCD

会团体、基金会、社会服务机构等；特别法人包括机关法人、农村集体经济组织法人、城镇农村的合作经济组织法人、基层群众性自治组织法人。

6. 代理的特点有(　　)。[2014 年 6 月真题]

A. 代理人以被代理人的名义实施代理行为

B. 代理人在代理活动中具有独立的法律地位

C. 代理行为必须是具有法律效力的行为

D. 代理人须在代理权限内实施代理行为

E. 代理行为须直接对被代理人发生效力

【解析】代理的特征包括：①代理人须在代理权限内实施代理行为；②代理人以被代理人的名义实施代理行为；③代理行为必须是具有法律效力的行为；④代理行为须直接对被代理人发生效力；⑤代理人在代理活动中具有独立的法律地位。

7. 下列财产中，不得用于贷款抵押的有(　　)。[2015 年 5 月真题]

A. 自留山　　B. 自留地　　C. 非法所得财产　　D. 宅基地

E. 幼儿园办公楼

【解析】根据《民法典》第三百九十九条，下列财产不得抵押：①土地所有权；②宅基地、自留地、自留山等集体所有土地的使用权，但是法律规定可以抵押的除外；③学校、幼儿园、医疗机构等为公益为目的成立的非营利法人的教育设施、医疗卫生设施和其他公益设施；④所有权、使用权不明或者有争议的财产；⑤依法被查封、扣押、监管的财产；⑥法律、行政法规规定不得抵押的其他财产。

8. 下列关于个人商用房贷款期限的表述，正确的有(　　)。[2014 年 6 月真题]

A. 借款人申请期限调整的应提交申请书

B. 贷款展期后全部贷款期限不得超过银行规定的最长期限

C. 贷款展期期限不得超过一年

D. 贷款期限最长不超过 10 年

E. 借款人可于贷款到期时向银行申请展期

【解析】C 项，1 年以内(含)的个人贷款，展期期限累计不得超过原贷款期限；1 年以上的个人贷款，展期期限累计与原贷款期限相加，不得超过该贷款品种规定的最长贷款期限。E 项，不能按期归还贷款的，借款人应当在贷款到期日之前，向贷款人申请贷款展期，是否展期由贷款人决定。

9. 下列情形中，职工可以提取职工住房公积金账户内的存储余额的有(　　)。[2017 年 6 月真题]

A. 购买、建造、翻建、大修自住住房的

B. 房租超出家庭工资收入的规定比例的

C. 出境定居的

D. 偿还购房贷款本息的

E. 完全丧失劳动能力，并与单位终止劳动关系的

6ABCDE　7ABCDE　8ABD　9ABCDE

【解析】根据《住房公积金管理条例》第二十四条，职工有下列情形之一的，可以提取职工住房公积金账户内的存储余额：①购买、建造、翻建、大修自住住房的；②离休、退休的；③完全丧失劳动能力，并与单位终止劳动关系的；④出境定居的；⑤偿还购房贷款本息的；⑥房租超出家庭工资收入的规定比例的。

10.《商业银行互联网贷款管理暂行办法》中明确规定了互联网贷款资金的用途，贷款资金不可用于(　　)。

A. 购房及偿还住房抵押贷款

B. 个人消费

C. 股票、债券、期货、金融衍生产品和资产管理产品等投资

D. 固定资产、股本权益性投资

E. 日常生产经营周转

【解析】根据《商业银行互联网贷款管理暂行办法》第二十四条，商业银行应当与借款人约定明确、合法的贷款用途。贷款资金不得用于以下事项：①购房及偿还住房抵押贷款；②股票、债券、期货、金融衍生产品和资产管理产品等投资；③固定资产、股本权益性投资；④法律法规禁止的其他用途。

11. 根据《商业银行房地产贷款风险管理指引》的规定，商业银行应将借款人住房贷款的月房产支出与收入比控制在一定比例之内，其中收入包括(　　)。[2014年6月真题]

A. 共同申请人的可支配收入

B. 申请人子女的可支配收入

C. 申请人配偶的可支配收入

D. 共同申请人配偶的可支配收入

E. 申请人自身的可支配收入

【解析】根据《商业银行房地产贷款风险管理指引》第三十六条，商业银行应将借款人住房贷款的月房产支出与收入比控制在一定比例之内，其中收入是指申请人自身的可支配收入，即单一申请为申请人本人可支配收入，共同申请为主申请人和共同申请人的可支配收入。但对于单一申请的贷款，如商业银行考虑将申请人配偶的收入计算在内，则应该先予以调查核实，同时对于已将配偶收入计算在内的贷款也应相应地把配偶的债务一并计入。

三、判断题(请对下列各题的描述做出判断，正确的用A表示，错误的用B表示)

1. 客户拟申请一笔个人住房贷款，商业银行对其还款能力进行调查得知，该客户月均可支配收入10000元，拟申请的住房贷款经测算月还款额4500元，月物业管理费200元，查询客户信息又得知其还有一笔未结清的个人贷款，月还款800元，商业银行可对其发放住房贷款。(　　)[2017年6月真题]

【解析】根据《商业银行房地产贷款风险管理指引》第三十六条，商业银行应着重考核借款人还款能力。应将借款人住房贷款的月房产支出与收入比控制在50%以下(含50%)，月所有债务支出与收入比控制在55%以下(含55%)。该客户支出与收入比=(4500+200)/10000=47%，所有债务的支出与收入比=(4500+200+800)/10000=55%。

10ACD　11ACE　▎　1A

2. 商业银行发放个人住房贷款时，借款人所购买住房必须主体结构已封顶。(　　)［2015年10月真题］

【解析】根据《商业银行房地产贷款风险管理指引》第二十三条，商业银行应密切关注房地产开发企业的开发情况，确保对购买主体结构已封顶住房的个人发放个人住房贷款后，该房屋能够在合理期限内正式交付使用。

3. 高校在读学生申请助学贷款，须承诺离开学校后向贷款人提供工作单位和通讯方式，承诺如贷款逾期一年未还又未提出展期，可由贷款人在其就读高校或相关媒体上公布其姓名、身份证号码。(　　)［2015年5月真题］

【解析】根据《助学贷款管理办法》第五条，高等学校在读学生申请助学贷款要按规定填写借款合同，承诺离开学校后向贷款人提供工作单位和通讯方式，承诺贷款逾期一年不还，又未提出展期，可由贷款人在就学的高等学校或相关媒体上公布其姓名、身份证号码，予以查询。

4. 互联网贷款是指商业银行运用互联网和移动通信等信息通信技术，线上为符合条件的借款人提供的用于投资、日常生产经营周转等的个人贷款和流动资金贷款。(　　)

【解析】根据《商业银行互联网贷款管理暂行办法》第三条规定，互联网贷款，是指商业银行运用互联网和移动通信等信息通信技术，基于风险数据和风险模型进行交叉验证和风险管理，线上自动受理贷款申请及开展风险评估，并完成授信审批、合同签订、贷款支付、贷后管理等核心业务环节操作，为符合条件的借款人提供的用于消费、日常生产经营周转等的个人贷款和流动资金贷款。

2A　3A　4B